Cesare Beccaria

Von Verbrechen und Strafen

Erster Band

Cesare Beccaria

Von Verbrechen und Strafen
Erster Band

ISBN/EAN: 9783744702713

Hergestellt in Europa, USA, Kanada, Australien, Japan

Cover: Foto ©Suzi / pixelio.de

Weitere Bücher finden Sie auf **www.hansebooks.com**

Des Herrn Marquis von Beccaria unsterbliches Werk von

Verbrechen und Strafen.

Neueste Ausgabe
von
neuem verbessert und vermehrt
nebst
dem Commentar des Voltaire
Widerlegungen
und
andern interessanten Werken
verschiedner Verfasser.

Erster Band.

In rebus quibuscunque difficilioribus non expectandum, ut quis simul et serat et metat; sed praeparatione opus est, ut per gradus maturescant. BACO Serm. Fidel. XLV.

Neu aus dem Italiänischen übersetzt.

Breslau, 1788.
bey Johann Friedrich Korn, dem Aeltern
im Buchladen auf dem großen Ringe nächst dem
Königl. Ober-Accis- und Zoll-Amt.

Nachricht des italiänischen Herausgebers.

Die wiederholten Auflagen, welche von der berühmten Abhandlung von Verbrechen und Strafen gemacht worden, und der geschwinde Absatz derselben, haben mich veranlasset, sie zu Venedig wiederum drucken zu lassen.

Der Eigennutz ist nicht allezeit die Triebfeder von dieser Art Unternehmungen, und diejenigen thun dem Herausgeber Unrecht, welche ihn aus einem andern Gesichtspunkt ansehen, und nicht als einen Mann, der sich angelegen seyn läßt, ein Buch in Menge zu verschaffen, welches der Menschlichkeit Ehre macht. Es war indessen mein Sinn nicht, genau den Weg der andern zu betreten, und nur schlechthin dieses bekannte Werk von neuem zu drucken. Vielleicht hätte ich dadurch die Wirkungen noch vermehret, welche dieses Werk hervorzubringen anfieng, als es zuerst ans Licht trat. Es ist zur Genüge bekannt, daß die vortreflichsten Geistesfrüchte großer Leute, die Werke der tiefsinnigsten philosophischen Untersuchungen, welche bekannt gemacht worden, um andrer Nachdenken aufzumuntern, und die Gemüther auf die Spur der Wahrheit zu bringen, sehr oft gegenseitige Wirkungen und verschiedene Meynungen hervorgebracht haben, welche keine andre Eigenschaft als einen Widerspruch hatten. Doch darüber darf man nicht erstaunen, denn es giebt solche verfinsterte Herzen, wo der schärfste Strahl der Philosophie nicht durchdringen kann; sintemal, nach des Lucians Aussprnch, der Schall der phrygischen Flöte nur die Ohren derjenigen rühret, die von der heiligen Wuth der Göttin Cybele begeistert sind, so bewegen auch die philosophischen Gespräche nur diejenigen, die schon eine Anlage haben, sie anzunehmen.

Daher hofte ich von dem berühmten Verfasser besagten Werkes einige Zusätze oder Anmerkungen zu erhalten, indem mir bekannt war, daß

er

er mehrmale sich verlauten lassen, es umzugießen, um einige Sachen, die es verdienten mehr auseinander zu setzen, andre zu mildern, die etwa allzu genau abgefasset waren, und es endlich dem gemeinen Haufen der Leser faßlicher zu machen.

Der Ausgang entsprach meinen Wünschen nicht, und ich sahe bald, daß eine so große Abziehung von seinen täglichen edlen Beschäftigungen nicht geschehen konnte.

Wenn man überdieses die Wahrheit sagen soll, so ist es eine gar zu kützliche Sache, und es ist sehr vielen Personen daran gelegen, die alten Mängel, worauf ein Theil ihres ministerialischen Ansehens beruhet, zu vertheidigen. Soll man ferner ein Werk, welches in viele gelehrte Sprachen übersetzt, in so vielen Ländern bekannt gemacht, welches die abstracten Beziehungen der Criminal-Verfassung im Verhältnis mit der öffentlichen Glückseeligkeit, welche der Gegenstand der politischen Verfassung ist und seyn muß, so genau untersucht, umgießen; so würde man nicht nur die erstern Ausgaben unnütz gemacht haben, und schwerlich dem Tadel eines schwachen Geistes entgangen seyn; sondern die Lehren und der Fleiß, welche vieles weggenommen, oder hinzugesetzet hätten, würden auch wahrscheinlicher Weise, dem Feuer der Empfindsamkeit, die durch das ganze Werk verwebet ist, nachtheilig gewesen seyn.

Um aber doch auf einige Art meine vorgenommenen Absichten zu erfüllen, habe ich die Arbeiten verschiedner Rechtsgelehrten zu sammlen mir angelegen seyn lassen, Leuten, die eben so große Philosophen als Liebhaber der Wahrheit sind, womit sie manchen Satz, der in dem Buche von Verbrechen und Strafen befindlich, zu bestreiten vermeinet haben. Ich habe sie in der gegenwärtigen Ausgabe in zwey Bände zusammen gesammlet, um sie dadurch desto nüzlicher und beliebter zu machen.

Das Publikum, dem es nun völlig übergeben ist, mag davon nach Gefallen urtheilen, und damit machen, was ihm beliebet. Ich kann nicht umhin es seiner Gewogenheit zu empfehlen, und zum Vortheil dessen, welcher für die Gesellschaft arbeitet, jene edle und wohlthätige Gesinnungen mir zu erbitten, die ein Merkmal empfindsamer Seelen sind, und die alles was aus gutem Willen herkommt, aufs geneigteste aufnehmen.

Vorrede.

Vorrede.

Einige Ueberbleibsel von Gesetzen eines alten siegreichen Volkes, so auf Befehl eines Prinzen, der vor zwölf Jahrhunderten in Constantinopel regierte, zusammen getragen, mit longobardischen Gebräuchen nach der Zeit vermischt und in ungeheure Werke unbekannter Privat-Ausleger eingewebet worden, machen die Ueberlieferung von Meynungen aus, denen ein großer Theil von Europa den Namen der Gesetze beyleget; und es ist eine traurige, heutiges Tages gewöhnliche Sache, daß eine Meynung von Carpzov, ein alter vom Clarus angezeigter Gebrauch, eine vom Farinacius mit erbitterter Freundlichkeit angegebne Art der Folter, die Gesetze sind, denen diejenigen mit Sicherheit gehorchen, welche mit Zittern über das Leben und die Güter der Menschen herrschen sollten. Diese Gesetze, die eine Sammlung der barbarischen Zeiten, werden in diesem Buche von der Seite untersucht, die die Criminal-Verfassung betrift, und man waget es, die Unordnungen derselben, den Vorstehern der öffentlichen Glückseeligkeit in einer Schreibart vorzulegen, die den ungeduldigen und unverständigen Pöbel davon abhält. Jene freymüthige Ausforschung der Wahrheit, jene Unabhängigkeit von gemeinen Meynungen, womit dieses Werk geschrieben ist, ist eine Wirkung der sanften und erleuchteten Regierung, unter welcher der Verfasser lebet. Die hohen Häupter, die Monarchen, die Wohlthäter des menschlichen Geschlechtes, welche uns beherrschen, lieben die von unbekannten Philosophen, aus freymüthigem aber nicht schwärmetischem Eifer, den blos derjenige, welcher entweder mit Gewalt oder List, Troz alles Widerstandes der Vernunft auf sie losgehet, erreget hat, vorgetragnen Wahrheiten; und die gegenwärtigen Unordnungen, wird der, so alle Umstände genau untersucht, als eine Satyre und eine Beschämung der vergangnen Zeiten, und ihrer Gesetzgeber, nicht aber dieses jetzigen Jahrhundertes ansehen.

Wer mich mit seinen Kritiken beehren will, beliebe nur zum Anfange die Absicht, welche dieses Werk hat, sich wohl vorzustellen, eine Absicht die weit entfernt, die rechtmäßige Macht zu schmälern, vielmehr sie zu vergrößern dienen würde,

wenn

wenn die Meynung in den Gemüthern mehr auszurichten vermag als die Gewalt, und wenn Sanftmuth und Menschlichkeit sie öffentlich rechtfertigen. Die übel angebrachten, gegen dieses Buch gerichteten Kritiken, gründen sich auf verwirrte Begriffe, und nöthigen mich meine, den einsichtsvollen Lesern, zu machenden Vorstellungen auf einen Augenblick zu unterbrechen, um ein vor allemal allen Zutritt, Irrthümern, die ein furchtsamer Eifer, und Verleumdungen, die der boshafte Neid ausgebrütet hat, zu verschließen.

Es sind drey Quellen, aus welchen die moralischen Grundsätze und die politischen Vorschriften der Menschen fließen. Die göttliche Offenbarung, das Naturgesetz, und die von Gesellschaften gemachten Verträge und Ordnungen. Zwischen der ersten und den beyden andern ist in Ansehung ihres Haupt-Endzweckes keine Vergleichung anzustellen; nur in dem Stücke sind sie einander ähnlich, daß sie alle drey zur Glückseeligkeit dieses zeitlichen Lebens führen. Wenn man die Anweisung der letzten betrachtet, so schließt man deswegen die Anweisungen der beyden ersten nicht aus; ja vielmehr weil jene, ob sie gleich göttlich und unveränderlich sind, durch die Schuld der Anhänger falscher Religionen, und

 will.

willkührlicher Begriffe von Tugend und Laster, auf tausenderley Art in den Gemüthern verändert wurden; so scheinet es nothwendig zu seyn, mit Beyseitesetzung aller andern Betrachtung zu untersuchen, was blos aus menschlichen ausdrücklichen oder als solche angenommnen Verträgen, die entweder aus Noth oder gemeinem Nutzen (eine Idee, worinnen jede Sekte und jedes moralische Lehrgebäude übereinstimmen muß) eingegangen worden, herfließet. Es wird allemal eine lobenswürdige Untersuchung seyn, welche auch die hartnäckigsten und ungläubigsten zwinget, nach denen Grundsätzen sich zu bequemen, die die Menschen antreiben in Gesellschaft zu leben. Es giebt demnach drey unterschiedne Classen von Tugenden und Lastern, religiöse, natürliche und politische. Diese drey Classen müssen niemals mit einander im Widerspruche stehen; allein deswegen entspringen nicht alle Folgen und Pflichten die aus einer entstehen, eben auch aus den andern. Das Gesetz der Natur erfordert nicht alles das, was die Religion befiehlt, das gesellschaftliche Gesetz verbindet nicht zu allem, was das natürliche vorschreibet. Höchst wichtig aber ist es, dasjenige was aus diesem Vertrage, das heißt, aus den ausdrücklichen und stillschweigenden Ver-

trägen

trägen der Menschen entspringet, abzusondern, denn das ist die Gränze derjenigen Gewalt, die ein Mensch gegen den andern rechtmäßig ausüben kann, ohne eine besondere Bestellung von dem höchsten Wesen zu haben. Man kann also ohne Tadel die Vorstellung der politischen Tugend veränderlich nennen; die Idee der natürlichen würde immer hell und offenbar seyn, wenn die menschliche Schwachheit oder ihre Leidenschaften sie nicht verdunkelten; der religiösen Tugend ihre ist immer einerley und beständig, denn sie ist unmittelbar von Gott offenbaret und erhalten worden.

Man würde also irren, wenn man den, der von gesellschaftlichen Verträgen und ihren Folgen handelt, beschuldigen wollte, er trüge Sätze vor, die dem natürlichen Gesetz oder der Offenbarung zuwider wären, weil er von diesen nicht redet. Man würde irren, wenn man dem, der vom Stande des Krieges vor dem Stande der Gesellschaft handelt, des Hobbes Meynung beylegen wollte, daß er vorher keine Pflicht und Verbindlichkeit zuließe, anstatt denselben als eine Thatsache, die im Verderbnis der menschlichen Natur ihren Grund hat, und in dem Mangel ausdrücklicher Gesetze, anzusehen. Man würde irren,

wenn

wenn man es einem Schriftsteller für ein Verbrechen anrechnen wollte, daß, wenn er die Wirkungen und Folgen des gesellschaftlichen Vertrages beschreibet, daß er sie nicht vor der Schließung des Vertrages selbst zuläßt.

Die göttliche Gerechtigkeit, und auch die natürliche sind ihrem Wesen nach unveränderlich und beständig, weil die Beziehung von zweyen gleichen Gegenständen unter einander immer einerley ist; da aber die menschliche oder politische Gerechtigkeit, nicht eine Beziehung einer Handlung auf die andre ist, und der mancherley Zustand der Gesellschaft sich verändern kann, nachdem jene Handlung für die Gesellschaft nüzlich oder nothwendig wird, so kann dieses niemand leicht unterscheiden, als wer die verwickelten und sehr veränderlichen Beziehungen der bürgerlichen Verbindungen zergliedert. So bald als diese wesentlich von einander unterschiedne Grundsätze, mit einander verwirret werden, so ist keine Hoffnung gründlich von öffentlichen Materien zu urtheilen. Für die Gottesgelehrten gehört es die Gränzen von Recht und Unrecht zu bestimmen, in sofern es auf die innere Güte oder Bosheit des Herzens ankommt. Die Beziehungen von politischem Recht und

und Unrecht gehören in das Fach des Staatslehrers; und kein Gegenstand kann dem andern nachtheilig seyn, weil ein jeder einsieht, wie sehr die blos politische Tugend der aus Gott entsprungenen unveränderlichen weichen müsse.

Wer also, ich wiederhole es, mich mit seinen Kritiken beehren wollte, der fange nicht damit an, mir Lehrsätze beyzumessen die Religion und Tugend aufheben, indem ich gezeiget habe, daß meine Gründe von der Art nicht sind, und anstatt mich zu einem ungläubigen zu machen, stelle er mich vielmehr als einen elenden Logiker oder unbesonnenen Politiker auf; er erschrecke aber nicht bey jedem Satze, worinnen ich das Wohl der Menschheit behaupte; er überführe mich entweder von der Unnützlichkeit, oder dem politischen Nachtheil den meine Grundsätze anrichten könnten, und zeige mir den Vortheil der im Schwange gehenden Rechte. Ich habe ein öffentliches Zeugnis meiner Religion abgelegt, und von meiner Unterwürfigkeit unter meinen Regenten, in der Antwort auf die Noten und Anmerkungen, die Beantwortung anderer dergleichen ähnlichen Schriften würde überflüßig seyn; wer aber mit solcher Anständigkeit, wie sie rechtschafnen Leuten zukommt, schreiben

ben wird, und mit der Einsicht, die mich der Mühe überhebt, die ersten Gründe wieder zu beweisen, er sey von welchem Stande er wolle, wird an mir nicht nur einen Mann finden, der sich bemühen wird zu antworten, sondern auch einen friedfertigen Liebhaber der Wahrheit.

Nach-

Nachricht des Uebersetzers.

Die italiänische Urschrift, wovon hier die Uebersetzung geliefert wird, ist die dritte Auflage dieser, von dem Herrn Marchese Beccaria, verfertigten Abhandlung von Verbrechen und Strafen, welche in Venedig 1781. von Rinaldo Benvenuti heraus gegeben worden. Derselbe meldet in seinem Vorbericht, wie er gehoffet hätte, von dem Herrn Verfasser einige Zusätze und Anmerkungen zu erhalten, zumal, da derselbe sich verlauten lassen, daß er, diese Abhandlung umzuändern, einige Sachen, die es verdienten, mehr zu erläutern, andere, die allzugenau abgefasset, zu mildern, und sie dem gemeinen Haufen der Leser verständlicher zu machen gesonnen sey; er habe aber von ihm, wegen überhäufter Geschäfte, es nicht erlangen können.

Indessen ist es doch von dem Herrn Verfasser in eine ganz andre, und von der Auflage, nach welcher der Herr Verleger Korn in Breslau seine erste Uebersetzung verfertigen lassen abweichende Ordnung gebracht worden. Indem nicht nur die Pragraphen in dieser neuen von jener unterschieden sind, sondern auch viele Stellen unter ganz andre Titel gebracht und einiges geändert worden. Die von Herrn Korn 1778. veranstaltete Auflage enthält blos die Abhandlung von Verbrechen und Strafen, nebst beygefügten Anmerkungen des Herrn Hofrath Hommels. Gegenwärtige neue Ausgabe aber hat, wie das Italiänische Original noch verschiedne andre Werke; als einen Commentar des Herrn Voltaire, einige Briefe und Abhandlungen, welche für und wider dieses Werk, Beurtheilungen, Lobsprüche und Einwürfe enthalten. Der Herr Verleger hat die in seiner vorigen deutschen Uebersetzung beygefügte Anmerkungen des Herrn Hofrath Hommels hier ebenfalls einrücken lassen, welche, wegen der, vom Herrn Verfasser, gemachten Abänderung, unter die gehörigen Stellen gesetzt worden.

Der

Nachricht des Uebersetzers.

Der Styl des Originals verfällt zu weilen ins Dunkle und Unverständliche, wovon der Herr Verfasser, in seiner, dieser dritten Auflage vorgesetzten Vorrede, zur Ursache angiebt, den ungeduldigen und unverständigen Pöbel davon abzuhalten. Mich dünket aber jene Ursache noch mehr Grund zu haben, welche einer von seinen Gegnern im zweyten Theile davon muthmaßlich angiebt. Er saget daselbst, der Verfasser habe sich einer Sprache in diesem Werke bedienet, die man eher für Rothwelsch (Gergo) als einen, dem Gegenstande gemäßen Ausdruck halten könne; vermuthlich, um, wenn er über diesen oder jenen Satz angegriffen würde, sich durch seine Auslegung zu schützen. Er hat dieses auch, wider einige auf ihn gethane Anfälle, besonders die ihm auf eine schmähsüchtige und grobe Art gemacht worden, in seinen darauf ertheilten Antworten, mit Vortheil benutzt. Verschiedne von ihm vorgetragne Sätze, die mit den Lehren mancher Mitglieder seiner Kirche nicht übereinstimmen, zeigen, so sehr er sie mildern will, seine Meynung ganz deutlich. Man betrachte zum Beyspiel nur diese aus dem XXXVII. §. S. 162. „Es würde mich zu „weit von meinem Endzwecke abführen, wenn ich „beweisen wollte, daß die Gewalt über die menschlichen

„lichen Gemüther, so verhaßt sie auch seyn mag, „weil sie doch nur Heuchler und sodann Verächter macht, und so sehr sie dem Geist der „Sanftmuth und der brüderlichen Liebe, die die „Vernunft uns gebieret, und die Obrigkeit, welche „wir verehren, uns anbefiehlt, zuwider ist, dennoch „unumgänglich nothwendig sey.“ Dem ungeachtet hat er doch die Erlaubnis der Reformatoren zu Padua dieses Buch, „worinnen, wie „sie sagen, nichts wider den heiligen Glauben, „noch gegen Regenten anstößiges enthalten;“ wieder aufzulegen, erhalten.

Es ist nicht zu läugnen, daß der Herr Verfasser, viele abscheuliche Misbräuche, unvernünftige Sätze und Gewohnheiten, der meist überall üblich gewesenen und Theils noch geltenden peinlichen Gerichtsverfassungen gerüget, die Unmenschlichkeit, und Unnützlichkeit bündig erwiesen, und durch Erweckung eines gerechten Abscheues, die Abschaffung und Verbesserung dadurch zu bewirken gesucht. Und ich glaube mich nicht zu irren, wenn ich muthmaße, daß er auch diesen Zweck glücklich erreichet habe, dadurch, daß zu den, in kaiserlichen Landen, als auch im Groß-Herzogthum Florenz, neu verfaßten Criminal-Gesetzen, die in vielen Stücken seinen Grund-

sätzen

sätzen gemäß sind, sein Buch Veranlassung gegeben haben mag. Denn es hat durch ganz Italien viel Aufsehen gemacht, und ist häufig aufgekaufet worden, wie man aus dem, bey der italiänischen Urschrift zu Ende des zweiten Bandes angehängten Verzeichnis sehen kann, da fast keine Stadt in Italien ist, aus welcher nicht Liebhaber und zwar in ansehnlichen Städten, in großer Menge auf dieses Werk unterschrieben haben.

Was die Veranlassung zu diesem Buche betrift, so erhellet aus der Seite 298 des ersten Bandes angehängten Anekdote, daß nach der schrecklichen Begebenheit der unglücklichen Calassischen Familie in Frankreich, die Encyclopädisten, welche über diese Hinrichtung schauderten, nach Mailand an einen ihrer Freunde geschrieben, daß dieses der Zeitpunkt wäre, wo man gegen die Härte der Strafen und der Unduldsamkeit in gerechte Klagen ausbrechen müßte. Worauf in der gelehrten Gesellschaft in Mailand, der Herr Marchese Beccaria die Ausführung übernommen, und diese Abhandlung verfertiget hat. Man merket ihm den Zwang an, den er sich besonders bey der Materie der Unduldsamkeit anthun müssen, da er aus Furcht seine Gesinnungen der Feder nicht anvertrauen wollen.

Er redet nur von der Ungerechtigkeit, die Menschen zum Schlachtopfer eines Wortes gemacht, Menschen, weil sie ihren Grundsätzen getreu geblieben, gemartert und grausam hingerichtet hat. Der Verfasser der Anklagen hat solches wohl gemerket, und ihn wütend deswegen angefallen, ist aber von ihm in der Beantwortung, welche zugleich die wahre Meynung des Herrn Beccaria über diese Materie deutlicher macht, sehr gut abgefertiget worden.

Man hat bey dieser neuen Uebersetzung der Abhandlung von Verbrechen und Strafen, größtentheils der vorigen gefolget. Die übrigen Abhandlungen aber, welche bey jener nicht waren, sind aus dem italiänischen Original übersetzet worden, wie denn auch des Herrn von Sonnenfels Vorstellung nach der italiänischen Uebersetzung des Herrn Abts Amoretti ins Deutsche übertragen worden.

Anzeigung

der Paragraphen die in diesem Buche enthalten sind.

§. VI.

Anzeigung der Paragraphen.

§. XXIII.

Anzeigung der Paragraphen.

§. XXXVIII.

Anzeigung der Paragraphen.

§. VII.

Anzeigung der Paragraphen.

§. XXII.

Von

Von Verbrechen und Strafen.

Einleitung.

§. I.

Menschen überlassen gemeiniglich ihre wichtigsten Dinge guten ehrlichen Leuten von alltäglicher Klugheit, oder wohl gar dem Gutbefinden solcher Personen, deren Eigennutz es erfordert, Männern von Einsicht, und den weisesten Erfindungen Hindernisse in Weg zu legen. Vernünftige Gesetze verbreiten natürlicher Weise allgemeines Wohl, und widerstehen dem Bestreben derjenigen, die einem geringen Theile des Staats alle nur mögliche Macht, hingegen dem andern alle Noth ünd alles Elend zuzuwenden suchen. Es wird daher vieles verdunkelt und unterdrückt, was das glückliche Leben und die Freyheit eigentlich ausmacht. Nur alsdenn, wenn es die äusserste Nothwendigkeit erheischet, wenn die Beschwerden auf das höchste gestiegen, und die Gedrückten müde sind länger zu leiden, verfallen die Menschen erst darauf, den Uebeln bösartiger Gesetze abzuhelfen. Dann erst verwünschen sie die Irrthümer, dann erst suchen sie Arzney gegen die entkräftende Krankheit, dann erst öfnen sie die Augen der allerdeutlichsten Wahrheit, die eben deswegen, weil sie allzu einfach und natürlich, vor dem unachtsamen Blödsinne gemeiner Einsicht vorbeyrauschet, und den blos nachbetenden Seelen entwischet, weil sie eine Sache zu zergliedern und in ihrer nackenden Schönheit zu betrachten, unfähig, da sie blos vom Hörensagen, nicht aber vom Selbstdenken Gebrauch zu machen wissen.

Schlagen wir die Geschichte nach, so werden wir finden, daß die Gesetze, welche doch eigentlich Verträge und Einwilligungen freyer Menschen sind und wenigstens seyn sollten, zum öftern nichts als Werkzeuge der Leidenschaften einiger Wenigen a) oder aber wohl gar Misgeburten

a) Leidenschaften. Diese Leidenschaften erstrecken sich so gar bis auf den Neid, welcher die Kleiderordnungen erschaffen, damit Vornehmere sich von den Niedern auszeichnen möchten. Wenn der Bauer sich in Seide hüllet so beleidigt er, wie mich dünkt, die öffentliche Ruhe dadurch im geringsten nicht. Er schadet niemanden, als vielleicht sich selbst. Edle Ritter! misgönnet ihm das nicht! er wird deswegen doch kein Edelmann. Pracht soll man nicht einschränken, denn sie ernähret Arme und belebet den Handel. Gesetze, welche ohne Ursache die natürliche Freyheit hemmen, und unschuldige Begebenheiten, durch welche Niemanden das Seinige entzogen wird, Missethaten gleich stellen, sind schädlich und von keiner Dauer. Der Fürst büsset ein, und die Accise leidet. Es sind also dergleichen Verbote weder gerecht noch ökonomisch. Die erträglichste Abgabe unter allen ist wohl unstreitig diejenige, die man gerne und willig zollet. Es hat das Ansehen als wäre es keine. Nun aber giebt für auswärtigen Putz die Zofe und der Stutzer ihre Accise mit Freuden hin. O wären doch alle Abgaben von dieser Art! Und das neidische Gesetz will gleich-

geburten einer zeitigen blos zufälligen und vorübergehenden Nothwendigkeit gewesen. Vergeblich suchet man in solchen einen stillen Beobachter der menschlichen Natur, der die Kunst versteht, die Menge menschlicher Handlungen in einem einzigen Mittelpunkte zu sammlen und also zu betrachten: Daß die größte in bürgerlicher Verfassung mögliche Vollkommenheit, diejenige sey, woran die größte Zahl der Bürger Antheil nimmt. Glücklich sind die Völker, welche ohne zu warten, bis der Nachbar es ihnen vorgemacht, aus eignem Nachsinnen durch vernünftige Gesetze zu ihrer Wohlfahrt eilen, und nicht so lange Anstand nehmen, bis die Erfahrung des höchsten Elendes, sie zum Uebergange guter Gesetze in eine langsame Bewegung setzet. Seyd dankbar jenem Weisen (er verdienet es) der es muthig

gleichwohl dem Landesherrn solche entziehen. Wie sehr ist der Minister zu loben, der die Schwachheit der Unterthanen zum Besten der Schatzkammer sich zu Nutze machet. Zergliedert die Policey- und Kleiderordnungen, wie ihr wollet, so werdet ihr finden, daß der Grund dieser Gesetze in der Misgunst verborgen liege, welche verursachet, daß die Gesetzgeber ihren eignen Nutzen verkannt haben. Eine neue auf vernünftige Grundsätze erbauete Policeyordnung, würde so schätzbar seyn, als eine neue Criminalordnung. Der Herr von Sonnenfels philosophiret zwar, aber zu wenig. Wie viel gesetzliche Verordnungen haben nicht die Reichen bey Bewilligungen und sonst gegen die Niedern erpresset! Man will, daß der Bauer, der doch dem ganzen Staat das Leben giebet, ohne Leben seyn, und daß selbst zu der Zeit, wenn der Vornehme der Armen Schweis mit Trompeten zum Fenster hinaus bläset, und sich im Weine badet, der gebeugte Landmann mit gesenktem Haupte in seiner Hütte Wermuth kochen soll. H.

wagte, aus dem Winkel seiner stillen und einsamen Kammer, den lange Zeit unfruchtbaren Samen nützlicher Warheiten unter den gemeinen Hausen auszustreuen.

Dem angezündeten Lichte philosophischer Wahrheiten, die durch Erfindung der Druckerey bekannter worden, ist man die Kenntniß der wahren Verhältnisse schuldig, welche zwischen dem Beherrscher und seinen Unterthanen obwaltet, und die Völker mit einander verbindet. Nationen belebt durch Eifer es einander zuvor zu thun, entbrannten nunmehro in einen vernünftigen Krieg, ohne Blutvergießen, der den Menschen ganz würdig war. Dieses sind die Früchte, welche man unserm erleuchteten Jahrhunderte zu verdanken hat.

Allein fast niemand hat die Abscheulichkeit grausamer Strafen, und das Unregelmäßige in peinlichen Verfahren zu untersuchen und zu bekämpfen sich die Mühe genommen, da es doch das Wohl und Weh der Unterthanen, also den wichtigsten Theil der gesetzgebenden Klugheit ausmachet, den man aber fast in ganz Europa aus der Acht gelassen hat. Nur wenige haben es gewagt, bis zu den allgemeinen Grundsätzen hinaufzusteigen, und die über einander aufgethürmten Irthümer voriger Zeiten zu stürzen. Kaum noch haben die neuerkannten Wahrheiten in etwas den übelgerichteten Lauf eines hergebrachten Misbrauches der peinlichen Gewalt gehemmet, welchen bisanher blos Vorurtheil des Alterthums mit einer kaltblütigen Grausamkeit b) bestätiget hatte.

Wie

b) Noch bis diese Stunde sind die frommen Verordnungen, welche Hexen verbrennen, nicht förmlich abgeschaffet,

Wie aber? Sollten nicht wenigstens nunmehr die Seufzer der Unterdrückten, welche einer schändlichen Unwissenheit und einer fühllosen Gleichgültigkeit der Reichen und Mächtigen gesetzmäßig aufgeopfert worden; sollten nicht die barbarischen Quaalen, welche bey unerwiesenen, oder, welches noch ärger, bey eingebildeten und chimärischen Verbrechen, mit verschwenderischer Strenge, leider! vervielfältiget worden; sollte nicht der schreckende Anblick eines gräslichen Kerkers, welchen noch dasjenige,

schaffet, sondern die Urthelssprecher schämen sich nur, nach dergleichen Gesetzen, welche wirklich noch stehen, zu erkennen. Noch jetzt erblickt man die Ketzerey, die wir andern vorwerfen, und die von Katholiken uns vorgeworfen wird, roth angestrichen unter den Verbrechen. Und wenn ich noch einige Bogen dergleichen Beyspiele anführen wollte, wie ich thun könnte, so würde ich doch nicht alles erschöpfet haben, woraus sich erkennen ließe, wie bey der gemeinen Sorte alltäglicher Criminalisten noch so große Unwissenheit herrsche, daß selbige nicht einmal das große A. ich meyne den Grund und Endzweck aller Strafgesetze zu nennen wissen, welcher darinne bestehet, daß nie eine bürgerliche Strafe gerecht zu nennen, außer nur diejenige, welche die Stöhrer der öffentlichen und Privatsicherheit in Schranken hält. Daher kommt es, daß gedachte peinliche Rechtslehrer, denen dieser Grundsatz, dieser erste und ursprüngliche Vertrag der Völker noch fremde ist, frisch darauf in Lüften herum hauen, ohne daß sie wissen, wornach sie hauen sollen: Gedächtniß und das Herkommen, nicht Vernunftschlüsse sind ihre hohe Gelehrsamkeit. Niemand unter ihnen hat das Vermögen zu zweifeln, sie beten nach, und schreiben gelehrten Unsinn mit goldenen Buchstaben vom Großvater bis zum Enkel. Hingerichtet durch den Dolch der Gerechtigkeit, haben Socrates, das Mädchen von Orleans, Johann Huß, Calas und tausend andre die Gesetze zu verwünschen wohl Ursache gehabt. H.

worinnen die meiste Quaal der Gefangenen bestehet, und der Angeklagten größter Henker ist, nämlich die folternde Ungewißheit vom Ausgange des Processes, vervielfältiget; sollten nicht, sage ich, diese schrecklichen Dinge die Beherrscher der Welt, die zwar zum Theil selbst noch durch jene altväterische Meynungen beherrschet werden, von ihrem Schlummer erwecken, und zur Rettung beflügeln?

Der unsterbliche Präsident von Montesqvieu ist sehr schnell über diesen Gegenstand hingehüpfet. Unterdessen hat Liebe zur Warheit, die immer einerley ist, mich bewogen, den hellen Spuren dieses großen Mannes zu folgen. Nichts destoweniger werden Leute, die zu denken gewohnt (und für solche schreibe ich) meine Schritte von den seinigen wohl zu unterscheiden wissen. Wie glücklich würde ich seyn, wenn mein Unternehmen, so wie das seinige, den geheimen Dank der verborgenen und friedsamen Schüler der Vernunft mir erwerben, und ihnen einen gewissen Wiederhall und angenehmen Schauer einflößen könnte, wodurch fühlbare Seelen der Stimme desjenigen antworten, der den Adel und die Hoheit des menschlichen Geschlechtes zu vertheidigen unternimmt. Nun sollte uns die Ordnung dahin leiten, daß wir alle verschiedne Arten der Verbrechen, die Art und Weise solche zu bestrafen, untersuchten, und auseinander setzten, wenn nicht die veränderliche Beschaffenheit derselben in Ansehung der verschiednen Zeiten und Orte uns zu einer unermeßlichen und verdrießlichen Zergliederung dadurch nöthigte. Ich will mich begnügen die Hauptgrundsätze und die schädlichsten und gemeinsten Irrthümer anzuzeigen, um sowohl denjenigen, welche durch eine übelverstandne Liebe zur Freyheit einen gesetzlosen Zustand ein-

zuführen

zuführen wünschten, als auch diesen, welche die Menschen in eine strenge Klosterzucht gerne einschränken wollten, aus ihrem Irrthum zu helfen.

Welche Strafen werden sich für diese Verbrechen schicken? Ist der Tod würklich eine nützliche und nothwendige Strafe, um die Sicherheit und gute Ordnung der Gesellschaft zu erhalten? Sind die Marter und die Peinigungen gerecht, und erreichen sie den Endzweck, auf welchen die Gesetze zielen? Welches ist die beste Weise den Verbrechen zuvor zu kommen? Sind einerley Strafen auf gleiche Art zu allen Zeiten nützlich? was für einen Einfluß haben sie auf die Gewohnheiten? Diese Aufgaben verdienen mit einer solchen geometrischen Schärfe aufgelöset zu werden, welcher weder der Nebel von Trugschlüssen, noch eine verführerische Beredsamkeit, oder eine furchtsame Zweifelsucht widerstehen können. Wenn ich auch kein andres Verdienst als dasjenige hätte, daß ich meinem Vaterlande Italien, zum ersten, dasjenige mit etwas mehrerer Deutlichkeit hätte vorstellen können, was sich andre Nationen zu schreiben unterstanden haben, und auch anfangen in Ausübung zu bringen, würde ich mich schon für glücklich halten. Könnte ich aber, indem ich die Rechte der Menschheit und der unüberwindlichen Wahrheit behaupte, etwas beytragen, ein unglückliches Schlachtopfer der Tyranney oder gleich schädlichen Unwissenheit, aus der Angst und Quaal des Todes zu reissen, so würden die Seegenswünsche eines einzigen Unschuldigen, in der Entzückung seiner Freudenthränen, mich wegen der Verachtung der Menschen schadlos halten.

§. II.

Ursprung der Strafen. Recht zu strafen.

Man darf sich keinen dauerhaften Vortheil von der sittlichen Staatskunst versprechen, wenn solche nicht auf die unauslöschlichen Empfindungen der Menschen gegründet ist c). Welches Gesetz sich von denselben entfernet, wird

c) Empfindungen der Menschen. Diejenige Sittenlehre taugt nichts, welche vom Menschen fodert, daß er vier Centner von der Erde heben, d. h. sich über die Menschheit empor heben solle. Er thut sich weh; ein Bruch oder Verrenkung der Glieder, und das Gelächter derer so die Natur des Menschen kennen, sind die Belohnung dieses kindischen Unternehmens. Ganz Geist zu seyn ist kein Loos der Sterblichkeit, wohl aber Thorheit, Leidenschaften zu entsagen, die derjenige erschuf, der meine Seele und meinen Körper erschaffen hat. Den meisten Sittenlehrern ist die menschliche Natur gänzlich verborgen. Sie erdichten sich ein Muster der Vollkommenheit einer übersteigenden menschlichen Natur, die nur da anzutreffen, wo man den vollkommnen stoischen Weisen findet, und ein albernes Gesetz fordert, ich soll mich besser machen, als es der, welcher die Natur erschaffen hat, haben wollte. D. Luther spricht, da er wider den Mönchsstand eifert: Sich selbst die Gabe der Enthaltung zu geben, ist eben so viel, als sich ein ander Geschlecht zu geben. Gesetze, die nicht gehalten werden können, sind in den Augen eines Weltweisen lächerlich, und zerstäuben in kurzem. Natur und Vernunft glänzen bey Mohren und Weisen. Heilig und dreymal heilig sey uns allenthalben das Beyspiel der großen Natur, die auch der Gesetzgeber verehren muß. Ihre Stimme ist Gottes Stimme. Höchst erleuchtet, sagt Justinian im 73. Cap. der 134. Novelle: Der Gesetzgeber muß der menschlichen Schwachheit nachsehen, d. h. er muß die Natur der Sterblichkeit kennen, und nicht glauben, daß er Gesetze

wird einen starken Widerstand jederzeit finden, der endlich die Oberhand behält, fast auf eben die Weise, wie eine sehr geringe Kraft, wenn sie beständig angewendet wird, eine heftige Bewegung eines Körpers zum Stillestand bringet.

Wir wollen das menschliche Herz zu Rathe ziehen, so werden wir die wahrhaften Gründe, von dem wirklichen Rechte des Oberherrn die Verbrechen zu strafen, in ihm finden:

Kein Mensch hat einen Theil seiner eignen Freyheit, der öffentlichen Wohlfarth zum besten freywillig weggeschenkt: diese Hirngespinnste trifft man nur in Romanen an. Vielmehr würde jeder von uns, wenn es sich nur thun ließe, es gern dahin richten, daß die Verträge welche andre binden, uns nicht verbinden möchten. Ein jeder Mensch macht sich zum Mittelpunkt aller Verknüpfungen auf dem Erdboden.

Die Vermehrung des menschlichen Geschlechtes, die an sich zwar geringe, aber doch bey weitem zu stark war, als daß die unfruchtbare und unbenutzte Natur Mittel hätte verschaffen können, die Nothdurften zu befriedigen, welche einander durchkreuzten, vereinigten die ersten Wil-

setze für Götter schreibe. Also darf ein Hirte der Völker Strafgesetze nicht übertreiben. Er muß kein Aristarch seyn. Alle Gesetze, die verlangen, daß man seine eigne oder seiner Familie Schande anzeigen solle, sind wider die Natur. Würde es wohl Kenntniß des Menschen verrathen, wenn jemand behauptete, daß ein Mann, der ein Mädchen ihrer Schönheit halber zur Ehe nimmt, und nicht hauptsächlich dabey die heilige Absicht hat Kinder zu erzeugen, eine Todsünde begehe und giebt Worten den Triumph über die allerdeutlichste Warheit. H.

den. Die ersten Vereinigungen brachten nothwendiger weise die andern hervor, um den ersten zu widerstehen und also pflanzte sich der Stand des Krieges, von einem einzelen Menschen, auf die Nation fort.

Die Gesetze sind die Bedingungen, durch welche freye und unabhängige Menschen in eine Gesellschaft sich vereinigten, indem sie in einem beständigen Zustande des Krieges und der Unruh zu leben müde waren, und ihre Freyheit nicht recht genießen konnten, weil sie in einer steten Unsicherheit solche zu erhalten, lebten. Daher nun opferten sie einen Theil derselben auf, um die übrige in Ruhe und Sicherheit zu genießen. Die Summe also aller dieser, dem Wohl eines jeglichen aufgeopferten Antheile der Freyheit, macht die Oberherrschaft einer Nation aus, und der Regent ist der rechtmäßige Verwahrer und Verwalter derselben d); allein damit war es noch nicht ausge-

d) Dieser Ursprung der Republiken ist zwar nur erdichtet. Denn ich glaube nicht, daß alle und jede Völker durch Verträge, sondern daß sie allermeist durch die Macht des Ueberwinders vereiniget worden. Allein dem ohnerachtet ist diese Erdichtung vom Ursprunge der Gesellschaft, gesetzt auch, daß sie nicht historisch wahr, dennoch von unvergleichlichem Nutzen. Die Meßkünstler, wenn sie vorgeben, daß aus der fließenden Bewegung eines Punkts die Linie, aus dem Flusse einer Linie die Fläche, und aus der Fortbewegung der Fläche ein Würfel entstanden sey, wissen gar wohl daß dieses ein bloßer Traum. Aber sie leiten daraus nützliche Warheiten ab. Es mag also immerhin ein Staat erwachsen seyn, wie er will, so ist doch nöthig, daß, weil der eigentliche Ursprung der Städte unbekannt, man sein Lehrgebäude auf diese durchgängig angenommene Erdichtung gründe. Alles läßt sich daraus ableiten und erweisen, und wissen Rechtsgelehrte von sich selbst, daß dergleichen Fictionen

ausgerichtet, daß man solche in Verwahrung gegeben, man mußte sie auch vor den einzelen Beeinträchtigungen eines jeden Menschen insbesondere vertheidigen. Jeder will nicht nur seinen Antheil dieses in Verwahrung gegebnen Gutes zurück nehmen, sondern sich auch der übrigen ihrer Antheile bemächtigen. Es wurden also empfindliche Bewegungsgründe erfordert, die vermögend waren, eines jeden Menschen herrschsüchtigen Sinn abzuhalten, damit er die Gesetze der Gesellschaft nicht wieder in die alte Verwirrung stürzte. Diese empfindlichen Bewegungsgründe sind nun die, gegen die den Gesetzen zuwiderhandelnde, bestimmte Strafen. Ich sage empfindliche Bewegungsgründe, weil die Erfahrung gezeiget hat, daß der Pöbel festgesetzte Vorschriften seines Verhaltens nicht annimmt, noch sich von dem allgemeinen Grundsatz der Zertrennung, welchen man in der Geister- und Körperwelt bemerket, abhalten lässet, als durch Bewegungsgründe die unmittelbar die Sinnen erschüttern und sich dem Gemüthe unabläßig vorstellen, um den starken Eindrücken, der besondern Leidenschaften, die sich dem allgemeinen Wohl widersetzen, das Gegengewicht zu halten. Denn keine Beredsamkeit, keine Ueberredungen, ja auch nicht einmal die erhabensten Warheiten sind vermögend gewesen,

nen so gut als Warheit sind. Auch wird der Besiegte nicht eben ein Galerensclave. Die Bedingungen des Friedens sind mancherley. Oefters wird er blos ein Freund und künftiger Bundesgenosse Kurz eine Erdichtung auf die Hobbes und Puffendorf auf gleiche Art sich berufen, muß wohl richtig seyn. Man nenne mir nur einen einzigen, der nicht die ganze Lehre des natürlichen Rechts auf diesen, ob schon nur erdichteten Vertrag gebauet hätte. H.

wesen, die durch lebhafte Erschütterungen gegenwärtiger Vorwürfe lange Zeit hindurch erregten Leidenschaften zu bezähmen.

Es war also eine unumgängliche Nothwendigkeit, die die Menschen zwang, einen Theil ihrer eignen Freyheit abzutreten. Es ist also gewiß, daß jeder nur den möglichst kleinsten Theil davon in öffentliche Verwahrung abgeben will, so viel nur blos, als hinlänglich ist, die andern zu vermögen, daß sie ihn vertheidigen. Der Bestand dieser möglichst kleinsten Antheile, macht das Recht zu strafen aus; das übrige alles ist Mißbrauch und nicht Gerechtigkeit; ist eine That, aber kein Recht *). Die Strafen, welche die Nothwendigkeit, (das Depositum) die Verwahrung des allgemeinen Wohls zu erhalten überschreiten, sind ihrer Natur nach ungerecht. Und die Strafen

*) Man muß hierbey sehr wohl bemerken, daß das Wort Recht nicht mit dem Worte Gewalt in Widerspruche stehet; sondern das erste ist vielmehr eine Bestimmung des andern, die Bestimmung des nützlichsten für die größte Anzahl. Durch die Gerechtigkeit verstehe ich nichts anders, als die nothwendige Verbindung um die einzelen Vortheile vereiniget zu erhalten, welche ohne dieselbe in den alten Zustand der Ungeselligkeit wieder würden aufgelöset werden.

Man muß sich sehr hüten mit dem Worte: Gerechtigkeit, nicht die Vorstellung einer würklichen Sache zu verknüpfen, als einer körperlichen Stärke, und eines würklich vorhandnen Dinges: sie ist nur eine einfache Art, womit sich Menschen einen Begrif von etwas machen; eine Art, die einen unendlichen Einfluß auf eines jeden Glückseeligkeit hat: noch weniger verstehe ich darunter jene andre Art der Gerechtigkeit, welche von Gott ausgeflossen, und ihre unmittelbare

Strafen sind um so viel gerechter, je heiliger und unverletzlicher die Sicherheit ist, und je grösser die Freyheit, welche der Regent den Unterthanen erhält.

§. III.

Folgerungen.

Die erste Folgerung aus diesen Gründen ist, daß die Gesetze blos allein die Strafen auf die Verbrechen setzen können; und dieses in Niemandes als in des Gesetzge-

mittelbare Beziehung auf die Strafen und Belohnungen jenes Lebens hat e) Beccar.

e) Walch in seinem philosophischen Lexicon saget: Die Gerechtigkeit Gottes müssen wir uns anders vorstellen, als die Gerechtigkeit der Menschen. Da diese leztere sich auf die menschliche Natur gründet, so gehet dieses bey Gott nicht an. Der heil. Augustin *de Praedestin c. 2.* erinnert eben dieses, wenn er spricht: de justitia Dei non disputandum est lege justitiae humanae, welchem Luther *de Servo arbitrio c 163.* beystimmet: Si talis esset Dei justitia, quae humano capiti posset judicari, plane non esset diuina, vielmehr müssen wir hier mit dem Apostel ausrufen: Wie gar unbegreiflich sind Gottes Gerichte, und wie unerforschlich sind seine Wege! Der Ritter Michaelis in der Vorrede des 6ten Theils seines Mosaischen Rechts schreibet als Theologe hiervon folgendes: „Man hat sich häufig eingebildet, Gott strafte blos aus Haß gegen die Sünde, aus einem unwiderstehlichen Wesenstriebe von Antipathie gegen moralisches Uebel, den man Heiligkeit zu nennen beliebet. Die gesunde Vernunft lehret uns nichts davon, und die Bibel auch nicht. Gesezt aber, man wolle der Gottheit aus zurückzitterndem, unbegreifendem und undenkendem Respect ein ganz anders Recht, als bey uns Menschen Recht heißt, andichten, und ihm ganz andere Ursachen der Strafen leihen, so ist doch u. s. w." H.

setzgebers Macht stehen kann, als welcher die durch einen Gesellschafts-Vertrag vereinigte ganze Nation vorstellet. Keine Obrigkeit, als die ein Theil der Gesellschaft ist, kann, der Gerechtigkeit gemäß, einem andern Mitgliede derselben Gesellschaft eine Strafe auflegen. Eine über die, von den Gesetzen festgesetzten Gränzen erhöhete Strafe bestehet erstlich aus der rechtmäßigen und sodenn noch einer andern Strafe. Es kann also eine Obrigkeit, unter keinerley Vorwande des Amtseifers oder des gemeinen Besten, die auf das von einem Bürger begangne Verbrechen festgesetzte Strafe erhöhen.

Die zweyte Folgerung ist, daß der Regent, welcher die Gesellschaft selbst vorstellt, nur allgemeine Gesetze machen kann, welche alle Glieder verbinden, aber keineswegs das Urtheil fällen, daß einer den Gesellschafts-Vertrag verletzet habe, weil auf solche Art die Nation sich in zwei Theile theilen würde, einen von dem Regenten vorgestellet, der die Verletzung des Vertrages behauptet, und dem andern dem Angeklagten, welcher sie leugnet. Es ist also nothwendig, daß ein Dritter die Wahrheit der Sache beurtheile. Da haben wir die Nothwendigkeit der Obrigkeit, deren Urtheilssprüche unumstößlich seyn, und blos in der Behauptung oder Verneinung der einzelen Handlungen bestehen müssen [f]).

Die

f) Hierwider findet man triftige Zweifel in meiner Rhapsodie Obs. 439. wo ich zeige, daß ein Richter mit gutem Gewissen abgeschmackte Gesetze zu umschiffen bemühet seyn kann, und die Hexen nicht verbrennen soll, wenn gleich das Gesetz, so es anbefiehlt, noch bis diese Stunde nicht abgeschaffet. Grönewegen hat ein ganzes Buch von dergleichen Beyspielen zusammen getragen. H.

Die dritte Folge ist, daß, wenn man auch erweisen könnte, daß die Grausamkeit der Strafen wenn sie nicht unmittelbar dem gemeinen Besten zuwider und der Absicht die Verbrechen zu verhindern entgegen sondern nur blos unnütz wäre; so würde auch in diesem Fall dieselbe jenen wohlthätigen Tugenden, die die Wirkung einer erleuchteten Vernunft sind, welche einen großen Vorzug darinnen findet, wenn sie glückliche Menschen beherrschen, als einem Haufen Sclaven befehlen kann, zuwider seyn. Denn bey diesen gienge nicht nur eine furchtsame Grausamkeit im Schwange, sondern es wäre auch der Gerechtigkeit, und der Natur des gesellschaftlichen Vertrags selbst zuwider.

§. IV.

Auslegung der Gesetze.

Die vierte Folgerung: Noch weniger kann es in der Macht der Criminal-Richter stehen die Strafgesetze auszulegen, aus eben dem Grunde weil sie keine Gesetzgeber sind g). Die Richter haben die Gesetze von unsern Voraltern nicht etwan, als eine Uebergabe oder durch eine testamentarische Verordnung erhalten, die die Nachkommen verpflichtete solche genau in Erfüllung zu bringen, sondern sie erhalten solche von der lebenden Gesellschaft, oder vom Regenten der dieselbe vorstellet, als rechtmäßigem Verwahrer des durch allgemeine Stimmung gemachten

g) Er hätte dieses nur von der Auslegung, so die Strafgesetze erweitern will, nicht aber von der so sie einzuschränken suchet, sagen sollen. Siehe vorige Anmerkung. H.

gemachten Abschlusses. Sie erhalten solche nicht als Verbindlichkeiten eines alten Eidschwures; welcher ungültig wäre *), weil er den Willen derer binden wollte, die noch nicht da waren; unbillig, weil er die Menschen aus dem Stande der Gesellschaft, in den Zustand einer Heerde Vieh versetzen würde; sondern als Wirkungen eines stillschweigenden oder ausdrücklichen Eides, welchen der vereinigte Wille aller lebenden Unterthanen dem Regenten abgeleget hat, als nothwendige Bande den innerlichen Aufruhr der einzelen Vortheile in Ordnung und Zucht zu erhalten. Dieses ist nun die physische und eigentliche Macht der Gesetze. Wer soll also der rechtmäßige Ausleger der Gesetze seyn? der Regent, d. h. der welcher die würklichen Stimmen von allen in seiner Ver-

*) Wenn jedes einzelne Glied mit der Gesellschaft verbunden ist, so ist dieselbe ebenfalls durch einen Vertrag mit jedem einzelen Gliede verbunden. Diese Verbindlichkeit welche sich vom Throne bis zur Hütte erstrecket, welche auf gleiche Weise den Größten und Geringsten unter Menschen verbindet, bedeutet nichts anders, als daß es aller ihr Nutzen erfordert, daß die Verträge, welche der größten Anzahl vortheilhaft, gehalten und beobachtet werden.

Das Wort Verbindlichkeit ist eines von denen, welches in der Sittenlehre, viel gebräuchlicher als in andern Wissenschaften, und eigentlich ein abgekürzter Vernunftschluß ist, und keine Idee: man suche eine für das Wort Verbindlichkeit, man wird sie nicht finden, man mache aber einen Schluß, so wird man sich selbst verstehen und von andern verstanden werden h).

Beccar.

h) Warum nicht? Verbindlichkeit ist wenn man etwas thun muß. Müssen ist eben so viel als gezwungen werden. Also ist Verbindlichkeit ein Zwang etwas zu thun oder zu leiden. H.

Verwahrung hat, oder der Richter, dessen Amt es blos ist zu untersuchen, ob der oder jener Mensch, die oder jene gesetzwidrige Handlung begangen habe?

Bey einem jeden Verbrechen muß der Richter einen vollständigen Vernunftschluß machen; dessen Vordersatz aus dem allgemeinen Gesetze bestehet, der Hintersatz aus der mit dem Gesetz übereinstimmenden oder zuwiderlaufenden Handlung; worauf der Schluß die Lossprechung oder Strafe enthalten muß. Wenn aber der Richter will oder gezwungen ist zwey Schlüße zu machen, so macht man der Ungewißheit Thor und Thür auf.

Es ist nichts gefährlicher als der gemeine Grundsatz, daß man den Sinn des Gesetzes zu Rathe ziehen müsse. Dieses ist ein vom Strom der Meynungen durchrißner Damm. Diese Wahrheit, worüber gemeine Seelen, die mehr von einer kleinen gegenwärtigen Unordnung, als von den entfernten schädlichen Folgen, die aus einem falschen bey einer Nation eingewurzelten Grundsatze entspringen, erschüttert werden, dünket mir erwiesen zu seyn. Alle unsre Kenntnisse und alle unsre Vorstellungen haben eine wechselseitige Verbindung; je verwickelter sie sind, desto mehr sind der Wege, die von ihnen ab und auf sie zugehen. Ein jeder Mensch hat seinen eignen Gesichtspunkt. Ein jeder Mensch hat zu verschiedenen Zeiten, wieder einen verschiednen. Der Sinn der Gesetze würde also der Ausspruch einer guten oder schlimmen Logik eines Richters von einer leichten oder ungesunden Verdauung seyn; er würde von der Heftigkeit seiner Leidenschaften abhängen, von der Schwächlichkeit des Leidenden, von den Verbindungen des Richters mit dem Beleidigten,

leidigten, und von allen den kleinen Eindrücken, die das Ansehen einer jeden Sache, in dem unbeständigen Gemüthe des Menschen verändern. Daher sehen wir, wie das Schicksal eines Bürgers so oft sich verändert, nachdem er von einem Gerichte zum andern kommet, und wie das Leben der Elenden ein Opfer falscher Schlüsse oder der aufbrausenden Galle des Richters wird, welcher den schwankenden Ausspruch aller dieser verwornen Begriffe, die seinen Kopf einnehmen, für eine rechtmäßige Auslegung hält. Daher sehen wir, wie einerley Verbrechen vor einerley Gerichte zu verschiedenen Zeiten verschiedentlich bestrafet wird, weil man nicht die unveränderliche und festgesetzte Stimme des Gesetzes, sondern die schwankende Ungewißheit der Auslegung sich hat leiten lassen.

Ein Fehler, der daraus entsteht, daß man streng, sich an den Buchstaben des Straf-Gesetzes hält i) kommt bey weitem nicht in Vergleichung mit den Fehlern, die aus der Auslegung entstehen. Ein solcher augenblicklicher Fehler bringt eine leichte und nothwendige Verbesserung der Worte des Gesetzes zu wege, welche die Ungewißheit verursachten; hingegen verhindert er die nachtheilige Freyheit zu klügeln und Schlüsse zu machen, woraus die willkührlichen und feilen Zänkereyen entstehen. Wenn eine festgesetzte Verfassung von Gesetzen, welche buchstäblich

i) Es sey ein Gesetze: Wer zwey Weiber auf einmal sich antrauen läßt, werde des Landes verwiesen. Dieze wird angeklagt, daß er zwey Weiber habe. Nein, sagt er, ich habe deren drey. Nach den Regeln des Beccaria wird er loszusprechen seyn, denn der Buchstabe des Gesetzes redet nur von zweyen. H.

stäblich beobachtet werden müssen, dem Richter keine andre Pflicht überläßt, als die Handlungen der Bürger zu untersuchen, ob sie mit dem geschriebnen Gesetze übereinstimmen oder nicht; wenn die Vorschrift des Rechts und Unrechts, nach welcher der unwissende und philosophische Bürger seine Handlungen einrichten muß, über nichts zu streiten hat, als über die That; alsdenn erst sind die Unterthanen nicht den kleinen Tyranneyen vieler unterworfen, die um soviel grausamer sind, je geringer der Abstand zwischen dem Leidenden, und dem der ihm das Leiden zufügt, ist; so viel unerträglicher, als eines einigen Tyrannen, weil jener ihre Herrschsucht nur durch eines einigen kann aufgehoben werden, und weil die Grausamkeit eines einigen nicht in Verhältnis mit seiner Macht, sondern mit den Hindernissen stehet. Auf solche Art nun erlangen die Bürger ihre eigne Sicherheit, welches die rechtmäßige ist, indem sie der Endzweck ist, um deswillen die Menschen in Gesellschaft sind, sie ist auch nützlich, weil sie sie in den Stand setzet, eine Missethat genau zu bestimmen. Es ist zwar auch wahr, daß sie sich zu einer gewissen Art der Unabhängigkeit angewöhnen werden, die aber den Gesetzen keinen Eintrag thun, oder sich der höchsten Obrigkeit widersetzen wird. Es wäre denn solchen, die die Schwachheit ihren eigennützigen und eigensinnigen Meynungen nachzugeben, mit dem heiligen Namen der Tugend benennen. Diese Gründe werden denjenigen sehr misfallen, die sich das Recht zugeeignet haben, die tyrannischen Schläge, welche sie bekommen haben, die Niedern wieder fühlen zu lassen. Was hätte ich nicht zu befürchten, wenn der Geist der Tyranney mit der Lesebegierde sich vereinigen ließe?

§. V.

Dunkelheit der Gesetze.

Wenn die Auslegung der Gesetze ein Uebel ist, so ist es klar, daß die Dunkelheit es nicht weniger ist, als welche nothwendiger Weise die Auslegung nach sich ziehet, und sie wird es im höchsten Grade seyn, wenn die Gesetze, in einer dem Volke fremden Sprache geschrieben sind [k]), welche dasselbe einigen wenigen unterwirft. Es ist ihm auf solche Art unmöglich den Ausgang seiner eignen oder seiner Mitglieder Freyheit zu beurtheilen; denn auf die Weise wird aus einem öffentlichen und für alle geschriebenen Buche, gleichsam ein geheimes und verborgenes Buch.

Je mehrere hingegen das heilige Gesetzbuch selbst in Händen haben, und es verstehen, je weniger Verbrechen werden vorkommen, weil nicht im geringsten daran zu zweifeln ist, daß die Unwissenheit und Ungewißheit der Strafen, den schmeichelnden Leidenschaften sehr beförderlich sind. Was sollen wir von solchen Menschen denken, wenn wir sehen, daß dieses eine eingewurzelte Gewohnheit, eines ansehnlichen Theils des gesitteten und erleuchteten Europens ist.

Eine

k) Dieser Seufzer ist vergeblich. Die heiligen zehen Gebote Gottes hat man in allen Landessprachen, man lernet sie so gar auswendig. Deutschland hat Kaiser Carl des fünften peinliche Halsgerichtsordnung deutsch geschrieben und gedruckt. Wer liest sie? Wer hat sie? Man braucht sie auch nicht zu lesen, da jeder Mensch von Natur schon weiß, daß Unrecht unrecht sey. Wer eine Uebelthat zu begehen Willens ist, schlägt dieses Strafgesetz so wenig nach, als derjenige, so sündigen will, die Bibel. H.

Eine Folge von diesen letzten Betrachtungen ist, daß ohne schriftliche Gesetze eine Gesellschaft niemals zu einer festgesetzten Regierungsform gelangen wird, worinnen die Macht nur auf dem ganzen Körper und nicht auf den Theilen beruhet, in welcher die Gesetze anders nicht, als mit aller Bewilligung können abgeändert werden, und dadurch, daß sie durch so viele Privat-Vortheile durchdringen, keinen Eintrag leiden. Vernunft und Erfahrung haben uns gezeigt, daß die Wahrscheinlichkeit und Gewißheit in mündlichen Ueberlieferungen, immer schwächer werden, je mehr sie sich von der Quelle entfernen. Wenn also nicht ein dauerhaftes Denkmal des gesellschaftlichen Vertrages vorhanden ist, wie sollen die Gesetze der unvermeidlichen Gewalt der Zeit und der Leidenschaften widerstehen?

Hieraus läßt sich einsehen wie nützlich die Druckerey sey, die dem Publikum und nicht einigen wenigen, die heiligen Gesetze anvertrauet, und wie sehr sie den finstern Geist der Ränke und Tücke, welcher vor dem Lichte, und vor den nach dem Augenschein verachteten, von seinen Verehrern in der That gefürchteten Wissenschaften verschwindet, zerstreuet habe. Ihr haben wir es zu verdanken, daß wir in Europa nicht mehr so viel von abscheulichen Verbrechen hören, worüber unsre Voraltern seufzen mußten, aus denen wechselsweise bald Tyrannen bald Sclaven wurden. Wem die Geschichte zweyer oder dreyer verfloßner Jahrhunderte, und die unsrige bekannt ist, der kann wahrnehmen, wie aus dem Schooße der Weichlichkeit und Schwelgerey die sanftesten Tugenden, die Leutseeligkeit, Wohlthätigkeit, und die Duldung menschlicher Irrthümer entstanden sind. Er wird

wird sehen, was die zur Ungebühr also genannte alte Redlichkeit und Einfalt für Wirkungen gehabt: da die Menschheit unter dem unversöhnlichen Aberglauben, dem Geiz seufzete, da der Hochmuth einiger wenigen, die goldnen Schränke und Thronen der Könige mit Menschenblut bespritzte. Heimliche Verrätherenen, öffentliche Metzeleyen, jeder Vornehme als ein Tyrann des Pöbels, die Diener der evangelischen Wahrheit, welche die Hände mit Blut verunreinigen, womit sie täglich den Gott der Sanftmuth berühren, sind kein Werk mehr dieses erleuchteten Jahrhundertes, welches einige verdorben nennen.

§. VI.

Vom Verhafte.

Ein nicht weniger gemeiner, als der gesellschaftlichen Absicht, welche in der eigenthümlichen Sicherheit bestehet, zuwiderlaufender Irrthum ist es, dem Gutdünken der Obrigkeit, welche blos die Gesetze vollziehen soll, es zu überlassen, einen Bürger in Verhaft zu nehmen, einen dem man gehäßig ist, unter nichtigem Vorwande der Freyheit zu berauben, und dagegen jemanden, dem man wohl will, Troß der stärksten Anzeigungen, daß er schuldig sey, ungestraft zu lassen. Der Verhaft ist eine Strafe, welche darinnen von einer jeden andern unterschieden ist, daß sie nur aus Nothwendigkeit, vor der Erklärung des Verbrechens vorhergehen muß. Allein dieses Unterscheidungs-Merkmal hebt darum das andre wesentliche nicht auf, welches darinnen bestehet, daß blos das Gesetz die Fälle bestimmen muß, unter welchen ein

Mensch

Mensch die Strafe verdienet hat. Das Gesetz muß die Anzeigen eines Verbrechens angeben, welche die Einziehung des Beschuldigten erfordern, die ihn einer Untersuchung und einer Strafe unterwerfen [1]). Das öffentliche Gerüchte, die Flucht, das außergerichtliche Bekenntnis so wohl als das eines Mitschuldigen, die Drohungen, eine beständige Feindschaft mit dem Beleidigten, das Corpus delicti, und dergleichen Anzeigen, sind hinlängliche Beweise einen Bürger einzuziehen. Jedoch müssen diese Beweise von dem Gesetze, und nicht von den Richtern festgesetzet werden, deren Verfügungen immer der politischen Freyheit entgegen stehen, in sofern sie nicht besondere, aus einem allgemeinen Grundsatze des öffentlichen Gesetzbuches, gezogene Sätze sind. Je gemäßigter die Strafen sind, und man der Unreinigkeit und dem Hunger wehret, so daß das menschliche Mitleiden auch durch die eisernen Thüren durchbrechen, und über die unerbittlichen und verhärteten Diener der Gerechtigkeit gebieten kann, können die Gesetze auch bey noch schwächern Anzeigen zur Verhaft schreiten. Sodann sollte auch ein Mensch, der eines Verbrechens halben angeklagt, eingezogen und losgesprochen worden, keinen Schandfleck der Unehrlichkeit davon tragen. Wie viele Römer sind der größten Verbrechen wegen angeklagt, hernach aber unschuldig befunden, von dem Volke verehret zu obrigkeitlichen Ehrenämtern erhoben worden!

l) Diese Bestimmung der Gesetze würde sehr mangelhaft seyn, weil die Fälle so mancherley und vielfältig. Nicht die Größe des Verbrechens, sondern die Besorgnis der Flucht, macht die Haft nothwendig. Daher Angesessene vor Landstreichern einen gegründeten Vorzug haben. H.

Wie kommt es, daß es zu unsern Zeiten einen so ungleichen Erfolg bey einem Unschuldigen hat? Darum, weil nach der gegenwärtigen Criminal-Verfassung, es nach der Meynung der Menschen scheinet, daß die Vorstellung der Gewalt und Uebermacht den Begrif der Gerechtigkeit überwiegen müsse, weil man Angeklagte und Ueberwiesene in einerley dumpfiges Gefängniß unter einander wirft; weil das Gefängniß mehr eine Strafe [m]), als eine Verwahrung des Schuldigen ist [n]); und weil die innere Macht, welche die Gesetze beschützen soll, von der äußerlichen Vertheidigung des Thrones und der Nation getrennet ist, da sie doch sollten vereiniget

m) Welcher Gesetzgeber Gefängniß zu einer Strafe macht, und Uebelthäter des Landes verweiset, ist kein guter Haushalter. Denn jeder Unterthan ist ein Schatz, und wer wird Schätze wegwerfen? Durch das Gefängniß werden Hände gefesselt, so arbeiten konnten. Man rechne nach, wie viel der Gewinn in Ganzen betrüge, wenn die Gefangenen arbeiteten, wozu sie aber nicht anzuhalten, weil dieses eine Strafe wäre, und auf solche Art das Gefängniß, (o abscheulicher Gedanke!) ein Zuchthaus werden würde. Auch bessert das Gefängniß niemanden, sondern die böse Gesellschaft verderbet ihn. Kaum ist der Dieb dem Kerker entronnen, so raubt er aufs neue. Durch den Kerker wird dem gemeinen Wesen mitlerweile ein Arbeiter, des Gefangenen Kindern ihr Ernährer entzogen, und durch die Bewachung die unschuldige Gemeine beschweret. Richter, seyd weise hierinnen! H.

n) Wo der Ehebruch nur mit Geldstrafe oder Gefängniß beleget wird, so würde der Amtmann wider das Einmal Eins verstoßen, wenn er die Beschuldigten in Haft nehmen wollte. Sie laufen nicht davon. Und gesetzt sie thäten es, so verwiesen sie sich auf solche Art selbst des Landes. Eine härtere Strafe, als ihnen das Urtheil zugesprochen haben würde. H.

get seyn. Denn auf solche Art würde die erste vermittelst des allgemeinen Beystandes der Gesetze mit der Gerichtspflege verbunden seyn, aber doch nicht mit unmittelbarer Gewalt von ihr abhängen, und die Ehre welche den prächtigen Aufzug eines Haufens Soldaten umgiebt, würde die Schande aufheben, welche mehr an den Umständen als an der Sache klebt, wie man solches bey allen Meynungen der Leute antrift. Denn es ist ausgemacht, daß nach der gemeinen Meynung der Soldaten-Verhaft keinesweges so beschimpfet als der bürgerliche. Es haften leider unter dem Volke, unter den Gebräuchen und Gesetzen, die wohl ein Jahrhundert Zeit brauchen, ehe sie nach der würklichen Einsicht der Nation gemildert werden, es haften sage ich, auch die barbarischen Eindrücke, und die Wildheit der mitternächtigen Räuber unsrer Voráltern.

§. VII.

Anzeigen und Verfassung der Gerichte.

Es giebt einen allgemeinen und sehr nützlichen Lehrsatz die Gewisheit einer That zu berechnen, z. B., die Stärke der Anzeigen einer Missethat. Wenn bey den Beweisen einer That, einer von dem andern abhängt, d. h., wenn die Anzeigen unter einander genommen beweisen sollen, so ist, je mehrere Beweise angeführet werden, die Wahrscheinlichkeit der That um so viel geringer, weil die Fälle, welche die vorhergehende Beweise entkräften würden, auch die daraus fließenden entkräften. Wenn die Beweise einer That insgesammt von einem einzigen auf gleiche Weise abhängen, so wird die Wahrscheinlichkeit der That, durch die Anzahl dieser Beweise weder vermehrt, noch vermindert, weil ihr ganzer Werth auf dem Werth dieses einzigen beruhet, von welchem sie abhängen. Wenn aber diese Beweise von einander unabhängig sind, das ist, wenn die Anzeigen anders woher, als durch einander selbst erwiesen werden, so wächset, jemehr Beweiso beygebracht werden, die Wahrscheinlichkeit der That auch um so viel mehr, indem die Unrichtigkeit eines Beweises auf den andern keinen Einfluß hat. Ich rede von der Wahrscheinlichkeit, in Ansehung der Verbrechen, welche um eine Strafe zu bewürken, gewiß seyn müssen. Das möchte jemanden auffallen, welcher einsieht, daß nach der Schärfe genommen die moralische Gewisheit, nur eine Wahrscheinlichkeit ist. Allein dieser Zweifel verschwindet, weil eine dergleichen Wahrscheinlichkeit darum Gewisheit genennet wird, weil sie einem jeden Menschen von gesundem Verstande, durch eine Gewohnheit, welche aus der Nothwendigkeit zu handeln entstehet, und vor allem Nachsinnen vorher gehet, seinen Beyfall abnöthiget. Die Gewisheit, welche erfordert wird, um einen Menschen mit Grunde für schuldig zu halten, ist also eine solche, welche einen jeden Menschen in den wichtigsten Verrichtungen seines Lebens bestimmet. Man kann die Beweise der Beschuldigung in vollkommene und unvollkommne eintheilen. Vollkommne nenne ich diejenigen, die es unmöglich machen, daß man einen nicht für schuldig erklären soll. Von diesen erstern ist auch ein einziger schon zur Verurtheilung hinlänglich; von der zweyten Gattung werden so viele erfordert, als zu einem vollkommnen Beweise hinlänglich sind; das will so viel sagen, wenn gleich jeder Beweiß für sich die Möglichkeit

zu

zu denken verstattete, daß einer nicht schuldig sey, so wird es doch durch ihre Vereinigung bey eben demselben Gegenstande, unmöglich, daß er unschuldig sey. Man muß hierbey bemerken, daß die unvollkommnen Beweise, gegen welche sich der Beschuldigte rechtfertigen kann, wenn er solches nicht gehörig thut, vollkommne werden o). Indessen ist es viel leichter diese moralische Gewisheit der Beweise

o) Richtig genung sind diese Regeln, aber nicht brauchbarer, als die logikalischen, welche die Jugend in der Hofnung, sie zu vergessen lernet. Die Schlüsse des menschlichen Verstandes gehen nach einander geschwinde fort, wie der Strahl des Blitzes. Wie weit würde ich kommen, wenn ich bey jedem untersuchen wollte, ob ich in Barbara oder Celarent geschlossen? Wer in Gerichten gesessen, weiß wohl, daß man bey dem Vortrage peinlicher Fälle keine algebraische Berechnungen anstellen kann. Daher habe ich eine kürzere Regel gegeben, nämlich: Wenn der Richter schwören kann, er glaube, das Verbrechen sey begangen, dann und eher nicht soll er auf Specialinquisition erkennen. Erlaubte aber sein Gewissen nicht diesen Glauben zu beschwören, und er müßte Non liquet sagen, so kann aufs höchste nur ein Reinigungs-Eid erkannt werden, jedoch ohne vorhergegangene Inquisition, die ein fürchterlicher Name und mehr ein schreckhaftes Wort als Mittel zur Wahrheit ist. Hier kommt alles auf Wahrscheinlichkeit, auf die Größe des Verbrechens aber nicht das geringste an. So gar bey Kindermorde und angelegtem Feuer, darf bey sehr geringen Anzeichen kein Eid zuerkannt werden. Er bekränket die Ehre, und es ist schon ein Schimpf, wenn man sagt, er hat sich losgeschworen. Leidet es nun wohl die Philosophie unsrer Zeiten, wenn in Schöppenstühlen so oft die Rede erschallet: Das Verbrechen ist zu groß, wir können ohne Inquisition nicht durchkommen. Wenn das ist, so wird es blos auf den Verläumder ankommen, ob er, um mich unglücklich zu machen, mich nicht lieber eines großen als kleinen Verbrechens beschuldigen will. H.

Beweise zu empfinden, als sie genau zu beschreiben. Daher halte ich diese für die beste Vorschrift, welche fest setzet, daß die dem vorsitzenden Richter zugeordnete Beysitzer nicht gewählet, sondern nach dem Loos genommen werden, weil in diesem Falle ein Ungelehrter nach der Empfindung sicherer richtet, als ein Gelehrter nach seiner Meynung. Wenn die Gesetze deutlich und bestimmt reden, so hat der Richter weiter nichts zu thun, als die Gewißheit der That auszumachen. Wenn bey Aufsuchung der Beweise eines Verbrechens Fähigkeit und Geschicklichkeit erforderlich ist, wenn bey Darstellung des sich daraus ergebenden Schlusses, Deutlichkeit und genaue Bestimmung nöthig; so braucht es, um von dem ausgezogenen Schlusse zu urtheilen, nur die Anwendung einer gewöhnlich gesunden Vernunft, die weniger dem Irrthum unterworfen, als die Wissenschaft eines Richters, der gewohnt ist p) allenthalben Schuldige zu finden, und alles nach einem aus seiner Gelehrsamkeit aufgerichteten Lehrgebäude abzumessen. Wie glücklich ist ein Volk, wo die Gesetze nicht zur Gelehrsamkeit gehören! Die nützlichste Vorschrift ist die, welche verordnet, daß ein jeder von seines Gleichen gerichtet

p) Die natürliche und angebohrne Empfindsamkeit der Blutrichter und deren Gemüthe wird zuletzt verhärtet. Der Kerl hat die Inquisition, den Strang — dieses wird mit eben der Leichtsinnigkeit ausgesprochen, als man zu einer Magd sagt, sie solle, wenn sie ausginge eine Semmel mitbringen. Daher ist es gekommen daß Carpzov allenthalben so grausam entscheidet, und er ist gleichwohl in Deutschland noch immer der Leitstern. Ich selbst habe bey Anhörung peinlicher Fälle, meiner mitleidigen Natur ohngeachtet, noch immer mit mir zu kämpfen, daß die Menschlichkeit nicht schlafe. H.

gerichtet werden solle. Denn wenn es auf die Freyheit und das Wohl eines Bürgers ankommt, müssen die Gesinnungen schweigen, welche die Ungleichheit einflößet. Jener Vorzug, womit der Vornehme auf einen Elenden herab siehet, und jenes Mißvergnügen, womit der Arme den Reichen betrachtet, können bey diesem Gerichte nicht ins Spiel kommen. Wenn aber das Verbrechen in der Beleidigung eines Dritten bestehet, so muß eine Hälfte der Richter von gleichem Stande mit dem Beklagten, und die andre von dem des Beleidigten seyn. Auf solche Art wird aller Eigennutz im Gleichgewichte erhalten, welcher sonst, auch wohl wider Willen der Sache eine andere Gestalt giebet, und man höret nur die Stimme der Gesetze und der Wahrheit. Hiernächst ist es der Gerechtigkeit gemäß, daß dem Beschuldigten frey stehe, unter gehöriger Einschränkung, die Richter, so ihm verdächtig sind, auszuschließen. Und wenn ihm dieses einige Zeit, ohne Erschwerung verstattet wird, so gewinnet es das Ansehen, als wenn sich der Schuldige selbst das Urtheil spräche. Das Gerichte muß öffentlich geheget werden q), die Beweise der Beschuldigung öffentlich seyn, damit die Meynung des Volkes, welche wohl die einige Festigkeit der Gesellschaft ausmacht, der Gewalt und den Leidenschaften einen Zaum anleget, und das Volk sagen kann, wir

q) Auch aus gleichem Grunde ist eine hinlängliche Besetzung der Gerichtsbank schlechterdings vonnöthen. Sowohl der Angeschuldigte, als das Volk müssen, zumal bey Leib- und Lebensstrafen versichert seyn, daß alles mit größter Ueberlegung vorgenommen worden. Gut wäre es, wenn Vernehmung, Zeugen-Verhör u. s. w. bey offenen Thüren erfolgte. H.

wir sind keine Sclaven, wir werden vertheidiget; eine Gesinnung welche Muth einflößet, und dem Regenten der seinen wahren Nutzen einsiehet, so gut als eine Steuer seyn muß. Mit andern noch zergliederten Vorschriften und Warnungen, welche dergleichen Unterricht erfordert, will ich mich nicht abgeben. Denn wenn ich alles sagen sollte, würde ich vielleicht nichts gesagt haben.

§. VIII.

Von Zeugen.

Es ist ein beträchtlicher Umstand bey einer jeden guten Gesetz-Verfassung, die Glaubwürdigkeit der Zeugen und die Beweise, daß einer schuldig sey, genau zu bestimmen. Ein jeder vernünftiger Mensch, das heißt, dessen Vorstellungen einen gewissen Zusammenhang haben, und dessen Empfindungen mit anderer Menschen ihren übereinstimmen, kann ein Zeuge seyn [r]). Der wahre Maasstab

r) Wunderbar ist es, was wir im cap. IX. de haeret. lesen: wer nicht den christlichen Glauben hat, soll auch keinen juristischen haben. Welch ein Wortspiel! Also soll ein Jude nicht wider den Christen zeugen, aber der Christ wohl wider den Juden. Vortreflich! Ist der Jude, ist der Türke kein Mensch? was für ein sinnreiches Fragestücke, wenn der Zeuge antworten soll: wenn er das letztemal zum h. Abendmale gewesen? Leider redet die Erfahrung, daß (man sollte es nicht glauben) öfters diejenigen, welche zun Füssen der Heiligen sitzen, solche Menschen sind. welche gar zu gerne die unerleuchteten Weltkinder in das Unglück bringen. Es folgt gar nicht, dieser ist sehr orthodox also ist er auch rechtschaffen. Unter allen Religionsverwandten hat es zu allen Zeiten Meineidige, so wie auch Rechtschaffene gegeben, und die Lehre, daß man einem Ketzer nicht glauben

stab seiner Glaubwürdigkeit ist der Vortheil den er hat, wenn er die Warheit sagt oder verschweigt. Daraus erhellet wie nichtig der Vorwand sey, den man von der Schwachheit des weiblichen Geschlechtes hernimmt; wie kindisch die Anwendung von den Wirkungen des leiblichen Todes auf den bürgerlichen der Verurtheilten, und wie ungereimt es sey, ein Zeugniß dessen, der für ehrlos erkläret worden, zu verwerfen, wenn er nicht den geringsten Vortheil hat, die Unwarheit zu sagen.

Unter andern Misbräuchen der Sprachlehre, welche keinen geringen Einfluß auf die menschlichen Handlungen gehabt haben, ist derjenige besonders merkwürdig, welcher die Aussage eines schon verurtheilten Missethäters für nichtig und ungültig erkläret. Er ist bürgerlich todt, sagen die ernsthaften peripatetischen Rechtsgelehrten, und ein Todter ist nicht mehr vermögend zu handeln.

Un-

den solle, ist aus einem, den vorigen Zeiten nicht zur Ehre gereichenden Verfolgungseifer entstanden. Nein, heut zu Tage wird man einen griechischen Kaufmann, einen Türken vor dem Handelsgerichte in Handlungssachen nicht von Zeugnissen abweisen. Aber wie hält es mit denen, so einigermaaßen mit einem leichten Flecken behaftet sind? Ein rechtschaffenes Mädgen hat sich durch die Gewalt der Liebe überwältigen lassen, also ist sie nicht auszusagen im Stande, daß am Neujahrstage die Sonne geschienen? Der Sohn eines Henkers oder eines Ehebrechers ist vielleicht rechtschaffner, als der Sohn eines Küsters, und er soll nicht zeugen? Geschickte Schauspieler vergöttert man, aber in Gerichten spricht der Amtmann, sie wären teuflisch. O du vernünftiges Geschöpf, wie vielmals muß in deinen Anordnungen und Vorschriften die Vernunft die Flucht ergreifen, und wie unmenschlich ist öfters die Menschlichkeit? H.

Um diese abgeschmackte Metapher zu behaupten, sind viele unschuldig aufgeopfert worden, ja man hat mit ernsthafter Ueberlegung darüber gestritten, ob die Wahrheit den Gerichtsgebräuchen nachgeben müßte. Wofern anders nur die Aussagen eines schon verurtheilten Missethäters nicht von der Beschaffenheit sind, daß sie den Lauf der Gerechtigkeit hemmen, warum sollte man nicht auch nach der Verdammung, und dem äußersten Elend des Verbrechers und der Wahrheit zum Besten, einen zulänglichen Zeitraum bewilligen, wodurch er neue Gründe, die die Gestalt der That verändern, anführet, und dadurch sich oder einen andern, bey einer neuen Untersuchung retten kann? Die Cerimonien und Gerichtsgebräuche sind bey Verwaltung der Gerechtigkeit nothwendig, sowohl daß der Willkühr des Gerichtsbeamten nichts eingeräumet werde, als auch daß das Volk einsehen kann, daß nichts tumultuarisch und partheyisch beym Gerichte, sondern ordentlich und gesetzmäßig gehandelt werde, wie nicht weniger, weil bey dem gemeinen Manne, der sich nach Gewohnheit und ähnlichen Fällen hartnäckig richtet, das, was in die Sinne fällt einen größern Eindruck als alle Vernunftschlüsse macht. Sie können aber ohne eine besorgliche Gefahr, daß sie der Wahrheit schaden möchten, von dem Gesetze nicht recht bestimmt werden. Inzwischen da die Wahrheit nun entweder zu einfach oder zu sehr zusammengesetzt ist, so muß man sich freylich eines äußerlichen Gepränges bedienen, womit der unwissende Pöbel eingenommen wird.

Die Glaubwürdigkeit muß also nach dem Verhältniß abnehmen, worinnen er mit dem Beschuldigten in Ansehung eines Hasses, Freundschaft oder andern genauen

Ver-

Verbindungen stehet. Es muß auch mehr als ein Zeuge seyn, weil, so lange einer bejahet und der andre leugnet, keine Gewißheit anzutreffen, und das Recht hier gelten muß, daß man einen jeden für unschuldig halten muß. Die Glaubwürdigkeit eines Zeugens wird um so viel merklich geringer, je höher die Abscheulichkeit des Verbrechens steiget **), oder die Unwahrscheinlichkeit der

**) Bey den Criminalrechtslehrern steigt die Glaubwürdigkeit eines Zeugen, je größer die Abscheulichkeit des Verbrechens ist. Das ist der eiserne Grundsatz den die grausamste Dummheit aufgebracht hat: „Bey „den abscheulichsten Verbrechen sind geringe Muthmaßsungen hinlänglich, und der Richter ist an die Gesetze „nicht gebunden,“ wir wollen sie nach der gemeinen Sprache ausdrücken, damit wir den Europäern, aus einer Menge eben so unvernünftiger Aussprüche, denen sie, ohne es zu wissen, unterworfen sind, nur einen zur Probe vorlegen. Bey den abscheulichsten Verbrechen, das ist, die am wenigsten wahrscheinlich sind, sind sehr geringe Muthmaßungen hinlänglich u. s. w.

Die ungereimten praktischen Sätze der Gesetzgebung stammen oft von der Furcht, der Hauptquelle menschlicher Widersprüche her. Da die Gesetzgeber (dergleichen sind die Rechtslehrer die vom Tode bevollmächtiget sind alles zu entscheiden, und aus feilen und eigennützigen Schriftstellern, Gesetzgeber und Gewalthaber über das Schicksal der Menschen zu werden) wegen der Verurtheilung eines Unschuldigen erschrocken waren, so haben sie die Rechtsgelehrsamkeit mit überflüßigen Formalitäten und Ausnahmen überhäuft, deren genaue Beobachtung einen gesetzlosen Zustand an statt der Gerechtigkeit einführen würde. Da sie wieder furchtsam worden waren, wegen einiger abscheulichen Verbrechen die schwer zu erweisen waren, so hielten sie sich für genöthiget, die von ihnen selbst eingeführten Formalitäten bey Seite zu setzen, und verwandelten also entweder aus gebieterischer Ungeduld oder weibischer Zaghaf-

der Umstände. Dergleichen sind, z. B. die Zauberey, und grausame Handlungen ohne Ursache. Es ist wahrscheinlicher, daß viele Menschen bey der ersten Anklage lügen, weil es leichter ist, daß sich bey vielen Menschen eine aus Unwissenheit entstehende Verblendung, oder ein Verfolgungshaß vereinige, als daß ein Mensch eine Macht ausüben sollte, die Gott entweder nicht gegeben hat, oder jedem geschaffnen Wesen entzogen. So ist es auch im andern Falle, weil ein Mensch nicht grausam ist, als nur in so fern sein eigner Vortheil, Haß oder Furcht ihn dazu antreibet. Der Mensch hat eigentlich keine überflüßige Empfindsamkeit, sie richtet sich immer nach der Wirkung, welche die sinnlichen Eindrücke hervorbringen. So kann auch ebenfalls die Glaubwürdigkeit eines Zeugen weniger zuweilen gelten, wenn er ein Mitglied einer Privatgesellschaft ist, deren Gebräuche und Ordnungen entweder nicht recht bekannt oder von den öffentlichen verschieden sind. Ein solcher Mensch hat nicht nur seine eignen sondern auch andrer ihre Leidenschaften.

Endlich verdienet ein Zeuge fast gar keinen Glauben, wenn man ein Verbrechen aus Worten macht; weil der Ton, die Geberde, alles das was vorhergehet, oder auf die verschiednen Begriffe folget, die die Menschen mit den Worten selbst verbinden, die Worte eines Menschen dergestalt verändern und einschränken, daß es fast unmöglich ist, dieselben auf solche Weise zu wiederholen, wie sie sind ausgesprochen worden. Ueber dieses so lassen die

haftigkeit, die ernsthaften Gerichte in eine Art von Spiel, worinnen der Zufall und Ränke, das vornehmste Stück ausmachen. Becc.

die gewaltsamen und nicht alltäglichen Handlungen, dergleichen die wahren Verbrechen sind, unter den vielen Umständen und Wirkungen, die daraus entstehen, Spuren von sich nach sich. Je grösser nun die Anzahl der Umstände, die zum Beweise angeführet werden, so viel mehr Mittel zur Rechtfertigung erhält dadurch der Beklagte. Die Worte aber haben weiter keinen Auffenthalt als das Gedächtniß derer, die sie gehöret, welches meist ungetreu, und sehr oft verführet ist t). Man kann sich also eher einer falschen Beschuldigung in Ansehung der Rede eines Menschen, als seiner Handlungen versehen.

t) „Daher gelten auch die Zeugen wenig, welche von dem „Angeklagten ein außergerichtliches Bekenntniß seiner „verübten That gehöret haben wollen, so wie auch bloßes Hören-Sagen zwar einigen gar geringen aber nicht „einmal zum Reinigungseide, geschweige denn zur „Peinlichkeit hinreichenden Verdacht abgiebet. Das „Parlament zu Tuluse hat einen sonderbaren Gebrauch „bey dem Beweise durch Zeugen. Man läßt zwar sonst „verdächtige Zeugen in etwas gelten, sie sind gleichsam „halbe Zeugen, ohneradtet solche doch in der That weiter nichts als nur einigen Zweifel erregen können. „Denn man weiß, daß es keine halbe Wahrheiten giebt. „Aber in Touluse läßt man viertels und achtels Beweise „zu. Man betrachtet daselbst ein Hören Sagen als „ein Viertel; ein andres Hören-Sagen noch etwa unbestimmter, als das vorige, für ein Achtel, dergestalt „daß acht solche Hören-Sagen, die doch nichts anders „sind, als ein Wiederhall eines unbestimmten Rufes „und Wäscherey, endlich einen vollkommenen Beweis „abgeben. Und das sind ungefähr die Gründe, nach „welchen Johann Calas zum Rade verdammet wurde." Franzöſ. Commentra.

§. IX.

Geheime Anklagen.

Eine augenscheinliche aber geheiligte und bey vielen Nationen wegen ihrer schlechten Verfassung nothwendig gewordene Unordnung, sind die geheimen Anklagen v*). Eine solche Gewohnheit macht die Menschen falsch und heimtückisch. Wer Ursache hat zu argwohnen, daß er an dem andern einen Angeber finde, findet darinnen seinen Feind. Die Menschen bringen es sodann dahin, daß sie ihre Gesinnungen verlarven, und durch die Gewohnheit

v*) Die Vernunft, die peinliche Halsgerichtsordnung, das römische Recht giebt dem Beschuldigten das Recht, nach seinem Ankläger zu forschen. Denn er ist, wenn jener losgesprochen wird, verbunden, der Unschuld Ehrenerklärung, Ersatz des Schadens und der Unkosten zu leisten. Also muß der Angeklagte wissen, mit wem er zu thun habe. Was ist eine Rüge ohne Namen anders, als ein Pasquill? Noch mehr! ein jeglicher Ankläger hat an und für sich schon den Verdacht wider sich, daß er des Angeklagten Feind sey (denn unsere Freunde verrathen wir nicht) also um so viel eher derjenige, der seinen Namen verborgen gehalten wissen will. In Gerichten muß alles rechtschaffen, ohne Betrug, ohne Verstellung, öffentlich vorgehen. Ein betrügerischer Richterstuhl — wie soll ich diesen Ausdruck nennen? Was für ein Gedanke? Wir wollen Netze, Schlingen, Lockspeise und Vogelleim den Jägern überlassen. Ein ehrlicher Mann läßt sich sehen. Das ist die Art der Mörder und Straßenräuber, daß sie aus Gebüschen und dicken Hecken herausschießen und Fußgänger, die sich nichts Böses vermuthen, ertödten. Tritt hervor, vermummter Ankläger! damit ich dich sehe, damit ich den Richter von dir Laster, die zehenmal ärger, als dessen du mich beschuldigest, erweisen könne. Wem ekelt nicht, wenn die Criminalacten mit den Worten anfangen: „Nachdem verlauten wollen" H.

wohnheit sie andern zu verbergen sich solche selbst verbergen. Unglückselige Menschen, mit denen es so weit kommen ist! Ohne deutliche und feste Grundsätze, welche ihnen zum Leitfaden dienen könnten, verirrten sie sich, und wurden auf dem Meere ungewisser Meinungen herumgetrieben Immer beschäfftiget, sich von den Ungeheuern, die sie bedrohen, zu retten, wird ihnen der gegenwärtige Augenblick durch die Ungewißheit der Zukunft vergället. Da sie des dauerhaften Vergnügens, das aus dem Genuß der Ruhe und Sicherheit entstehet, beraubet sind, so können kaum einige sehr wenige Ergötzlichkeiten, die in ihrem traurigen Leben sehr sparsam vorkommen, und nur eilfertig und unordentlich eingeschlucket werden, sie trösten, daß sie gelebet haben. Sollen wir nun aus solchen Leuten unerschrockne Soldaten, Vertheidiger des Vaterlandes und des Thrones machen? Und unter diesen sollen wir unbescholtene Obrigkeiten antreffen, welche mit freyer und patriotischer Beredsamkeit die wahren Vortheile des Regenten behaupten und auseinandersetzen, die nebst den Abgaben die Liebe und Seegenswünsche aller Stände des Volkes vor den Thron bringen, und von da, von den Pallästen an bis zu den Hütten, den Frieden, die Sicherheit, und die dem Fleiße gebührende Hoffnung eines verbesserten Schicksales, worinnen der Umtrieb und das Leben des Staates bestehet, verbreiten?

Wer kann sich vor der Verläumdung hüten, wenn sie mit dem stärksten Schilde der Tyranney, dem Geheimniß bewaffnet ist? Was ist das für eine klägliche Regierungsform, wo der Regent jeden seiner Unterthanen als einen Feind verdenket, und der gemeinen Ruhe halben, seine eigne einem jeden raubet x)?

Von

x) Zur Zeit, da die Römer in der Großmuth Ehre suchten, zu der Zeit, da sie nur Stolze zu demüthigen, der Verunglückten aber zu schonen, zu ihrem Charakter erwählet hatten, sagten sie: Wo kein Ankläger, da ist auch kein Richter. Aber als unter den Kaisern die Confiscationen üblich wurden, dürstete ihre Schatzkammer nach Bürgerblute. Damals war Reichthum Sünde. Man suchte auf die Begüterten Verbrechen zu bringen und sie wurden hingerichtet. Warum? der eine, weil er einen schönen Pallast besaß, dieser weil er einen prächtigen Garten, jener, weil er tausend Knechte hatte. Man kaufte Ankläger und frischete sie an, durch Verheißung des vierten Theils der geraubten Güter. Sie bekamen den Namen Quadruplatores, und wurden verächtlich. So wie auch heutiges Tages, so gar unter gemeinen Leuten, der Ankläger bey gehegtem peinlichen Halsgerichte weit verächtlicher ist, als der Verurtheilte. Es will sich Niemand dazu brauchen lassen. Gewohnt mit edlem Muthe die Unschuld zu vertheidigen, schämt sich Cicero, daß er, und zwar aus Noth, ein Ankläger werden mußte. In neuern Zeiten hat, ich weiß nicht was für ein Mistrauen und Nachbegierde die heilige Inquisition ersonnen, welche auch hernach in weltliche Gerichte sich eingeflochten, gleichsam als wäre sie für die Welt eine Wohlthat. Jeder heimlicher Ankläger ist verdächtig. Insonderheit sollten Seelensorger sich damit nicht abgeben, sie mögen es heimlich oder öffentlich unternehmen. Was soll man von einem Geistlichen denken, der (zumal wenn etwa das Wort Blut mit ins Spiel kommt) die Absolution versaget, bis nicht derjenige, so das Verbrechen gebeichtet, höchst unnatürlicher Weise seine That der Obrigkeit entdecket und sich selbst angegeben habe? Ist dieser Zwang, wenn man einem Missethäter so arg mit heiligen Drohungen zusetzet, nicht eben so viel, als bräche man selbst das heilige Siegel der Beichte? Wenn ich einem Freunde, der ein Laye, etwas entdecke, um Trost bey ihm zu finden, und er

Von was für Art sind denn die Gründe, womit man die heimlichen Anklagen und Strafen rechtfertiget? Das gemeine Wohl, die Sicherheit und Behauptung

er wird so treulos, es zu meinem Verderben anzugeben, so ist er ein Abschaum des menschlichen Geschlechtes. Also braucht man nicht das päbstliche Recht, sondern blos die Natur und das Gefühl der Rechtschaffenheit zu fragen, wenn man erweisen will, daß die Offenbarung aus der Beichte schädlich. Wölfe sind es, und keine Hirten, die ihr böses Herz, ihre Schadenfreude durch Anklagen an den Tag legen, unter der nichtswürdigen Entschuldigung, weil man es ihnen nicht im Beichtstuhle, sondern auf der Studierstube entdecket habe. Schändlicher und in den Augen eines Weltweisen abscheulicher Unterschied. Wenn ein Advocat die Geheimnisse, welche sein Client ihm auf der Studierstube entdecket, dem Gegentheile verräth, was ist er? Wenn ein Arzt heimliche Krankheiten ausplaudert, was ist er? Wenn ein Seelensorger sein Pfarrkind, das sich in Angst der Verfolgung unter seine Flügel verbergen und Trost suchen will, eben demjenigen Habichte verräth, der es verfolget, was ist er? Ich glaube nicht, daß einer das Paradoxe so hoch treiben und fordern werde, der Verbrecher solle sich selbst anzeigen. Zwar den Schaden zu ersetzen, ist der Betrüger, wenn er zu bessern Mitteln kommt, allerdings dem Betrogenen zustellen zu lassen in seinem Gewissen verbunden Aber was die Strafe betrifft, soll er seinen Leib der Geissel, soll er seinen Hals dem Stricke darbieten? Wer das verlangt, empört sich wider die Natur und kennet den Menschen nicht. Das ist genug gesagt. Selbst also mich anzugeben bin ich nicht verbunden. Nun aber, da ich meinen Nächsten als mich selbst lieben soll, so werde ich, wenn ich mich zum Anklagen darbiete, dem Christenthume entgegen handeln. Wie? wenn ich nun gesehen hätte, daß mein Nachbar einen Fasan getödtet, und könnte es nicht erweisen, so würde mein zärtliches Gewissen mir die Strafe der Verleumdung zuziehen, und es geschähe mir Recht. H.

der Regierungsform? Was ist das aber für eine seltsame Verfassung, wo derjenige, der die Gewalt, und das Ansehen derselben, welches noch stärker ist, vor sich hat, sich vor einem jeden Bürger fürchten muß! Die Sicherstellung des Anklägers? Also können ihn die Gesetze nicht hinlänglich schützen, und so giebt es Unterthanen die mächtiger als der Regent sind? Der Angeber soll nicht ehrlos werden? Also wird die heimliche Verläumdung bevollmächtiget, und die öffentliche bestrafet! Die Beschaffenheit des Verbrechens? Wenn gleichgültige, ja sogar auch dem Publicum nützliche Handlungen, Verbrechen heißen, so sind die Anklagen und Processe noch lange nicht heimlich genug. Kann es aber wohl Verbrechen, das ist, öffentliche Verletzungen geben, die nicht zugleich so beschaffen seyn sollten, daß allen Bürgern daran gelegen wäre, daß sie vor öffentliche Gerichte gezogen, und zum Beyspiel öffentlich bestrafet werden. Ich habe alle Hochachtung für jede Regierung, und rede von keiner insbesondre. Die Umstände können zuweilen so beschaffen seyn, daß man in der Meinung stehet, es sey mit dem Untergange des Staates verbunden, wenn man einem Uebel abhelfen wollte, welches ganz in die Verfassung einer Nation eingeflochten ist. Hätte ich aber in einem abgesonderten Winkel des Erdbodens neue Gesetze zu geben, so würden mir, ehe ich eine solche Gewohnheit einführte, die Hände zittern, und der Vorwurf der ganzen Nachkommen, würde mir vor Augen stehen.

Der Herr von Montesquieu hat bereits angemerket, daß sich die geheimen Anklagen mehr für die Republiken, wo das gemeine Beste die vornehmste Leidenschaft der Bürger

Bürger ausmachen muß, als für die Monarchien schikket wo diese Gesinnung, wegen der Art der Regierung nur sehr schwach seyn kann, und die beste Einrichtung erfordert, gewisse Abgeordnete zu bestellen, welche die Uebertreter der Gesetze im Namen des ganzen Volkes anklagen. Allein eine jede Regierungsform, sie sey republicanisch oder monarchisch, sollte den Verleumder mit der Strafe, die dem Verbrecher gehöret, belegen y).

§. X.

Verfängliche Fragen. Aussagen.

Unsre Gesetze verbieten bey gerichtlichen Verhören die Suggestiones, das ist, diejenigen Fragen, wie die Rechtslehrer sagen, welche nach der Species (Gattung) fragen, da sie bey den Umständen eines Verbrechens nach dem Genus (Geschlechte) fragen sollten. Dergleichen Fragen, das ist, solche, welche einen unmittelbaren Zusammenhang mit dem Verbrechen haben, legen dem Beschuldigten eine unmittelbare Antwort in den Mund. Die Fragen müssen, wie die Criminalisten sagen, nur auf eine geistige Weise die That einhüllen, nicht

 aber

y) Der gemeine Mann, wenn er seinen Zorn nicht auslassen kann, trägt kein Bedenken, seines Feindes Haus in Brand zu stecken; sollte er nicht viel leichter aus Haß und giftiger Bosheit verleumden? Aber den gemeinen Mann muß der Gesetzgeber hauptsächlich kennen lernen. Denn er, und nicht der Vornehme, ist der Thon, welchen der peinliche Töpfer verarbeitet. Gerichtspersonen zu verpflichten, daß sie alle Kleinigkeiten (damit dem Gerichtshalter die Strafe nicht entwische) anzeigen sollen, ist meine Denkungsart nicht. H.

aber geradezu darauf gerichtet seyn z). Die Gründe dieser Regel sind, theils dem Beschuldigten nicht die Antwort einzugeben, wodurch ihm die Anklage vor Augen geleget wird, oder vielleicht weil es widernatürlich scheinet, daß ein Beschuldigter sich unmittelbar selbst anklage a). Es

z) Wie einem verschlagenen Richter nichts leichter ist, als einen einfältigen Zeugen, den er abhöret, ganz andre Dinge sagend zu machen, als der Zeuge wirklich denket; so haben heimtückische und blutgierige Amtleute, sich öfters ein Verdienst daraus gemacht, blöde und einfältige Verbrecher durch verflochtne Fragen in Widersprüche, oder wohl gar zu einem Bekenntnisse von Umständen zu verleiten, die den Angeschuldigten hernach den Hals gebrochen. Der Kerkermeister nimmt dem Angeschuldigten vor der Gerichtsthüre die Fesseln ab, zum Zeichen, daß er im Gerichte frey seyn solle, der Richter selbst aber, welch ein Widerspruch! fesselt ihn durch arglistige und boshafte Fragen mit so feinen Stricken, daß kaum der Klügste solche zu bemerken, geschweige denn zu zerreissen im Stande ist, und rühmet sich noch dessen, damit die Welt sehen möge, wie betrügerisch er gehandelt. Darum soll der Urthelsverfasser Widersprüche in Kleinigkeiten, dem Delinquenten nicht zu hoch anrechnen Rhapsodie 259 und 418. Besonders wegen der Mitverbrecher, geziemet es dem Richter nicht zu fragen: hat nicht, als du den Diebstahl verübtest, mitlerweile Dieze Wache gestanden? Sondern er soll fragen, ob jemand und wer mitlerweile Wache gestanden? Allein dem sey wie ihm wolle, alle Suggestiones kann man so schlechterdings nicht verwerfen, und sind sie zu dulden, nur müssen sie Liebe zur Wahrheit, nicht aber einen Blutdurst zum Grunde haben, und nicht so beschaffen seyn, daß ein Inquisit zum Richter sagen kann: Du bist kein ehrlicher Mann. H.

a) Dieses mag nicht allein, sondern soll so gar ein rechtschaffner Richter thun, und befiehlt es Kaiser Carl V. peinliche Halsgerichtsordnung in folgenden Worten:

Es sey nun von diesen Gründen, welcher es wolle, so ist doch der Widerspruch der Gesetze merkwürdig, welche diese Gewohnheit durch die Einführung der Marter festsetzen. Denn welche Frage kann einem die Antwort so in den Mund legen, als der Schmerz? Die Wahrheit des ersten Grundes bestätiget die Marter, denn der Schmerz wird einem von starker Leibesbeschaffenheit ein hartnäckiges Stillschweigen eingeben, um eine größere Strafe mit einer kleineren zu vertauschen, und einem Schwächlichen das Geständniß einflößen, wodurch er sich von der gegenwärtigen Marter, die voritzt ihm empfindlicher, als der künftige Schmerz ist, losmachen könne. Der zweyte Grund ist augenscheinlich einerley mit dem ersten, denn wenn eine Specialfrage, einen Beschuldigten wider das Recht der Natur zum Bekenntniß bringt; so werden es die Zuckungen der Folter viel leichter bewerkstelligen. Und doch richten sich die Menschen mehr nach dem Unterschied der Worte als der Sachen.

Endlich derjenige, der bey dem Verhör hartnäckig dabey bleibt, auf keine ihm vorgelegte Fragen zu antworten, verdienet eine von den Gesetzen bestimmte Strafe, und zwar eine von den schweresten, die sie darauf gesetzet haben, damit die Nothwendigkeit des Beyspiels, worüber das Publicum zu halten hat, nicht zum Gespötte werde, hingegen braucht es dieser Strafe nicht, wenn es gar keinem Zweifel unterworfen ist, daß der Angeklagte das Verbrechen begangen habe, dergestalt daß alle Fragen eben

Worten: „Solche Erinnerung ist darum Noth, daß „mancher aus Einfalt oder Schrecken nicht für zu schla„gen weis, ob er gleich unschuldig ist, wie er die Ent„schuldigung ausführen solle."

eben so unnütze sind, als das Geständniß es ist, wenn andre Beweise die Beschuldigung darthun. Dieser letzte Fall ist der gewöhnlichste, weil aus der Erfahrung bekannt ist, daß in den meisten Processen die Beklagten sich aufs Leugnen legen.

§. XI.

Von Eiden.

Ein Widerspruch zwischen den Gesetzen und den natürlichen Gesinnungen der Menschen, entstehet aus den Eiden, welche man von dem Beschuldigten fordert, daß sie die Wahrheit sagen sollen, wenn es ihr größter Vortheil erfordert, solche zu verschweigen. Gleich als wenn ein Mensch im Ernste schwören könnte, alles zu seinem eignen Verderben beyzutragen. Eben als wenn die Religion nicht unterdrückt würde, wenn es auf sein zeitliches Wohl ankommt. Die Erfahrung aller Zeiten hat gezeiget, daß Menschen diese kostbaren Geschenke des Himmels, mehr als irgend etwas anders gemisbrauchet haben. Und aus was für Bewegungsgrunde sollten sie die Bösewichter hochachten, da solche, die man für weise hielt, ihr oft zuwider gehandelt haben. Da größtentheils die Bewegungsgründe nicht in die Sinne fallen, welche die Religion der bangen Furcht und der Liebe zum Leben entgegensetzet, so sind sie viel zu schwach. Die Angelegenheiten welche das Heil der Seele betreffen, werden nach ganz andern Gesetzen regieret, als die Welthändel. Und warum soll man die einen durch die andern in Gefahr setzen? Und warum soll man den Menschen in die schreckliche Verlegenheit setzen, entweder sich an

Gott

Gott zu versündigen, oder seinen eignen Untergang zu befördern? indem ein Gesetz, welches einen solchen Eid erzwinget, haben will, daß einer entweder ein böser Christ oder ein Märtirer werde. Allmählig artet der Eid zu einem bloßen Gebrauch aus, da man die Stärke der religiösen Gesinnungen, welche noch das einige Band der Rechtschaffenheit bey dem größten Theil der Menschen sind, auf die Art vernichtet. Wie unnütz also die Eide sind, das hat die Erfahrung gezeiget. Denn jeder Richter muß mir zeugen daß niemals ein Schuldiger durch den Eid bewogen worden, die Wahrheit zu sagen. Die Vernunft bestätiget es ebenfalls, wenn sie alle Gesetze für unnütze und folglich für schädlich erkläret, die dem natürlichen menschlichen Gefühle zuwider sind. Es gehet ihnen eben so, wie es den Dämmen gehet, die einem reissenden Strome entgegengesetzet sind: entweder sie werden unmittelbar mit Gewalt durchrissen und überschwemmet, oder ein aus ihnen selbst entstandner Wirbel untergräbt und durchwühlet sie auf eine unmerkliche Weise [b]).

§. XII.

b) Für der schweren Strafe des Meineydes pflegen sowohl Richter als Geistliche, zu ermahnen. Bey dieser Ermahnung versehen es öfters Beyde darinnen, daß sie nichts als Verfluchungen häufen, wie denn in vorigen Zeiten gar öfters die Geistlichen sich der tröstlichen Schlußformel bedienten: Nun wenn du nicht gestehen willst, so schwöre und fahre hin zum Teufel! Aber wie kann sich die Sanftmuth so entrüsten? Das kommt daher, weil sie sich es zur Ehre hält, jemanden zum Bekenntnisse gezwungen zu haben, und sich schämet, wenn die Ermahnungen nichts gefruchtet. Durch dergleichen Verwünschungen, die einen Christen nicht geziemen, weis ich Fälle, daß, um die Quaal dieser Zuredungen nur los zu werden, einige Personen Thaten bekannt haben,

§. XII.
Von der Marter.

Die Folter ist eine durch langen Gebrauch geheiligte Grausamkeit, womit man den Angeschuldigteu, während angestellten Processes belegt, entweder in der Absicht von ihm ein Bekenntniß des Verbrechens zu erzwingen, oder die Widersprüche, worein er verfallen ist, aufzuklären, oder seine Mitschuldigen zu entdecken, oder sich von dem Hirngespinste einer schwer zu begreifenden Unehrlichkeit zu reinigen, oder endlich wegen andrer Verbrechen, deren er sich schuldig gemacht haben könnte, ob er gleich deßwegen nicht angeklaget worden.

Die grausame Ungerechtigkeit, welche hierinnen obwaltet, und das Unzulängliche der Bewegungsgründe, durch welche man diesen schändlichen Gebrauch rechtfertigen will, läßt sich aus folgenden Betrachtungen erweisen.

Man kann einen Menschen nicht eher für einen Verbrecher ansehen, als bis ihn der Richter als einen solchen anerkennt, und die bürgerliche Gesellschaft kann keinem seiner Mitglieder den öffentlichen Schutz entziehen, als bis es ausgemacht und erwiesen, daß er wider die Verträge

haben, so sie nicht verbrochen. Sie wollten lieber eine kleine Strafe leiden, als daß die Zuhörer, die ihren lieben Pfarrherren so donnern höreten, denken sollten, man habe falsch geschworen. Ich gebe also diese Regel, daß sowohl Richter als Geistliche bey dergleichen Anermahnungen dem Angeschuldigten zwar eines Theils seine Pflicht die zeitliche Strafe, so wie es ohne Verletzung des Gewissens geschehen könne, abzuwenden, andern Theils aber auch den Verlust des ewigen Wohls, wenn er falsch schwöre, zu Gemüthe führen mögen. H

träge gehandelt, kraft deren ihm man muß Schutz und Sicherheit angedeihen lassen. Worauf gründet sich demnach das Recht als nur auf Gewalt, welches einem Richter die Macht giebet einen Bürger zu strafen, wenn es noch zweifelhaft ist, ob er schuldig oder unschuldig sey. Es ist ein bekanntes Dilemma: Entweder das Verbrechen ist gewiß oder ungewiß. Ist es gewiß, so kommet ihm keine andre Strafe zu, als die, so von den Gesetzen festgesetzet ist, und die Folter ist völlig unnütze, weil das Bekenntniß des Beklagten ohne Nutzen ist. Ist es aber ungewiß, so muß man einen Unschuldigen, dergleichen vermöge der Gesetze ein Mensch ist, dessen Verbrechen nicht sind erwiesen worden, nicht martern.

Worinnen bestehet die politische Absicht der Strafen? Man sucht andre Menschen von Verbrechen abzuschrecken. Allein was soll man von den geheimen henkerischen Mitteln denken, welche der tyrannische Gebrauch über die Angeklagten und über die Unschuldigen ausübt? Es ist sehr viel daran gelegen daß ein offenbares Verbrechen nicht ungestraft bleibe; aber es ist unnütz auszuforschen, wer ein Verbrechen begangen habe, welches in Finsterniß begraben ist. Eine böse schon vollbrachte That, wovor keine Hülfe mehr ist, kann von der politischen Gesellschaft nur in so ferne bestrafet werden, als sie auf die andern einen Einfluß hat, daß sie sich schmeicheln könnten dergleichen ungestraft zu begehen. Wenn es wahr ist, daß die Anzahl der Menschen, welche entweder aus Liebe zur Tugend oder aus Furcht der Strafe die Gesetze beobachten, größer sey, als derjenigen, welche dawider sündigen, so sollte man die Gefahr, einen Unschuldigen zu martern, so viel sorgfältiger vermeiden, je größer die Wahrschein-

lichkeit

lichkeit ist, daß ein Mensch unter gleichen Umständen, sie eher beobachtet als dawider gehandelt habe.

Hierzu füge ich noch dieses, daß man ganz verschiedne Dinge mit einander verwirret, wenn man fordert, daß ein Mensch zu gleicher Zeit Ankläger und Beklagter seyn und der Schmerz ein Schmelztiegel der Wahrheit seyn soll, eben als wenn das Kennzeichen derselben seinen Sitz in den Muskeln und Fibern eines elenden Menschen hätte. Das Gesetz welches die Marter verordnet, spricht also: Menschen widerstehet dem Schmerz, und wenn auch die Natur eine unauslöschliche Liebe zu euch selbst euch eingepflanzet hat, wenn sie euch auch ein unabänderliches Recht zu eurer Vertheidigung verliehen hat, so bringe ich in euch entgegengesetzte Neigungen hervor, nämlich einen heldenmüthigen Haß gegen euch selbst, und befehle euch, daß ihr euch selbst anklagen und unter der Zerreissung eurer Muskeln und der Verrenkung eurer Gebeine die Wahrheit sagen sollet.

Ein noch fortdaurendes Denkmal jener barbarischen Zeiten ist das schändliche Mittel, durch sogenannte Gerichte Gottes (Godesordel) die Wahrheit zu erforschen, dergleichen die Feuer- und Wasserprobe, der ungewisse Ausgang des gerichtlichen Zweykampfes waren (gleichsam als wenn die Glieder der ewigen Kette, die ihren Ursprung aus Gott hat, sich thörichter menschlicher Einrichtungen halben, alle Augenblicke verrücken und trennen könnte) der einzige Unterschied, der sich zwischen dem Beweise mit der Folter an einer, und dem gerichtlichen Duelle an der andern Seite angeben läßt, ist, daß der Ausgang des letztern von dem Willen des Beklagten abhänget,

abhänget, die Marter aber von einem Zwange und äußerlicher Gewalt. Der Unterschied aber ist mehr scheinbar als wirklich: Der Beschuldigte hat mitten unter den Verzuckungen und der Ausspannung seiner Gliedmassen auf der Folterbank eben so wenig Freyheit, die Wahrheit zu sagen, als er vormals vermögend war, ohne Betrügerey, die Würkungen des Feuers und Wassers zu hemmen c).

Eindrücke, so äußerliche Dinge auf unsre Sinne machen, bewegen unsern Willen nach Verhältnis der Stärke oder Schwäche dieses Eindrucks, welcher davon die Quelle ist; und die Empfindsamkeit eines jeden Menschen

c) Es ist nichts gewisser, als daß die Gerichte Gottes (so nannte man Feuer- und Wasser- und andre dergleichen peinliche Proben) der Marter Ursprung sind. Eben so gut als sich die Martern vertheidigen lassen, eben so gut und weit nachdrücklicher will ich auch die Gerichte Gottes vertheidigen. Wenn jemand höchst verdächtig war, gleichwohl aber nur noch einige kleine Bedenklichkeiten zur völligen Ueberzeugung aus dem Wege zu räumen waren, alsdann, und nicht eher, wurde der Zweykampf oder die Wanderung über die glühenden Pflugschaaren oder die Eintauchung des Armes in siedendes Wasser gerichtlich zuerkannt. Der Richter war ungewiß; Gott sollte den Ausspruch thun; Spät genug erkannte man die Unvernunft dieses schändlichen Mittels die Wahrheit zu ergründen. Sehet da, Carpzovs und Bartolus Söhne! eure höchste und beste Entschuldigung, weshalber ihr die Marter vor etwas artiges haltet. Man schafte die Feuer- und Wasserprobe ab, und erschnappte dafür deren Aftergeburt, nämlich die Folter, so daß man anstatt einer abscheulichen Sache, eine noch weit abscheulichere eingeführet. H.

schen hat ihre gewisse Gränzen. Es kann demnach der Eindruck des Schmerzes zu einem solchen Grade anwachsen, daß er dieselbe ganz und gar einnimmt, und dem Gefolterten keine andre Freyheit übrig läßt, als in dem gegenwärtigen Augenblicke den kürzesten Weg zu wählen, um sich der Qual zu entledigen. So ist alsdenn die Antwort des Beschuldigten so nothwendig, als die Eindrücke vom Feuer oder siedendem Wasser. Der Unschuldige, welcher sehr empfindlich, wird sich schuldig bekennen, weil er sich von der Marter dadurch zu befreyen glaubet. So verschwindet demnach aller Unterschied durch eben dasjenige Mittel, wodurch man diese oder jene zu ergründen Vorhabens war.

Dieses ist ein sicheres Mittel starke und handfeste Bösewichter loszusprechen, und schwächliche Unschuldige zu verdammen. Sehet da die schädlichen Nachtheile dieses vorgeblichen Mittels die Wahrheit herauszubringen, was aber nur Kannibalen anständig ist! Die sonst in mehr als einer Betrachtung gegen ihre Knechte unbarmherzigen Römer, spareten doch nur die Folter für die Sclaven, als welche hierinnen unseelige Schlachtopfer einer wilden und zu viel gepriesnen Tugend waren. Von zweyen Menschen, die auf gleiche Weise entweder schuldig oder unschuldig sind, wird der Handfeste und Herzhafte gewiß losgesprochen, der Furchtsame und Schwache aber, vermöge dieser bündigen Schlußfolge verurtheilet werden — Ich als Richter soll euch dieses oder jenes Verbrechen schuldig finden; du Starker hast den Schmerz überwinden können, darum spreche ich dich los: du Schwacher hast ihm unterliegen müssen,

müssen, daher verdamme ich dich. Ich weiß zwar wohl, daß das unter der Marter erzwungene Bekenntniß kein Gewicht hat; darum will ich dich von neuem foltern, wenn du das nicht bekräftigest, was du bekannt hast. —

Der Ausgang der Folter ist demnach eine Sache, wo es auf eine Berechnung des Temperaments und der Leibesbeschaffenheit ankommt, welches bey jedem Menschen verschieden ist, nach dem Verhältniß seiner Stärke oder Empfindlichkeit. Es würde solchergestalt ein Meßkünstler weit besser als ein Richter, nach dieser Anweisung die Aufgabe auflösen: Es wird die Stärke der Muskeln und die Empfindlichkeit der Fibern eines Unschuldigen angegeben, man soll den Grad von Schmerz finden, welcher ihm das Bekenntniß eines nicht begangnen Verbrechens abnöthiget.

Die peinliche Frage soll zur Entdeckung der Wahrheit dienen. Ist es nun schon schwer, aus dem Erröthen, aus den Geberden und der Physionomie eines völlig ruhigen Menschen die Wahrheit zu finden, wie wird es nicht unendlich schwerer seyn, sie von einem Menschen heraus zu bringen, bey welchem die Zuckungen des Schmerzens alle die Kennzeichen verdrängen, wodurch die meisten Menschen, wider ihren Willen, den Grund der Wahrheit auf ihrem Gesichte verbreiten. Eine jede gewaltsame Handlung macht, daß der geringe Unterschied der Gegenstände, durch die Verwirrung die sie erregt verschwindet, aus welchem man sonst das Wahre von dem Falschen unterscheiden kann.

Eine seltsame Folge, welche nothwendiger Weise aus dem Gebrauch der Marter fließt, ist, daß der Unschuldige in einen schlechtern Zustand, als der Schuldige versetzt wird. Wenn man beyde auf die Folter bringt, so vereiniget sich alles zum Nachtheil des Ersten; bekennet er ein nicht begangenes Verbrechen, so wird er verurtheilet, wird er unschuldig erkläret, so hat er unverdiene gelitten. Der wirkliche Verbrecher hingegen hat großen Vortheil, übersteht er die Marter mit Standhaftigkeit, so muß er als unschuldig losgesprochen werden, und hat eine größere Strafe in eine kleinere verwandelt. Also kann der Unschuldige nur verspielen und der Strafbare gewinnen.

Diese Wahrheit wird endlich sogar bey denjenigen selbst fühlbar, die am meisten dawider handeln, ob sie gleich sich nicht recht darein finden können. Das während der Marter gethane Bekenntniß ist ungültig, wenn es nicht nach derselben mit einem Eide bekräftiget wird; ist nun der Angeklagte seiner Aussage nachher nicht mehr geständig, so wird er von neuem gemartert. Einige Rechtsgelehrte, wie auch einige Nationen, gestatten diese schändliche petitionem principii nur dreymal; andre Rechtsgelehrte und andre Nationen überlassen es dem Gutbefinden des Richters.

Es wäre überflüßig, dieses durch Anführung unzählicher Beyspiele von unschuldigen Leuten, die sich durch die Qual der Folter gezwungen, für schuldig bekannt haben, in ein helleres Licht zu setzen. Es ist keine Nation, kein Zeitalter, welche nicht die ihrigen anführen können. Allein die Menschen werden deswegen nicht

nicht anders, ziehen auch keine vernünftige Folgen daraus. Es ist wohl nicht leicht ein Mensch, der seine Gedanken weiter als über die Bedürfnisse dieses Lebens erhebt, der nicht zuweilen die Stimme der Natur hören sollte, welche ihn heimlich und leise zu sich rufet; allein die eingeführte Gewohnheit, die ihre Tyranney über die Gemüther ausübet, stößet und schrecket ihn zurück.

Der dritte Bewegungsgrund der Folter, welche man die vermeyntlichen Schuldigen fühlen läßt, ist, wenn sie bey ihrem Verhör in Widersprüche verfallen. Gleich als wenn die Furcht vor der Strafe, der ungewisse Ausgang des Processes, die Zurüstung und Majestät des Richters, die fast allen Bösewichtern und Unschuldigen eigenthümliche Unwissenheit nicht wahrscheinlicher Weise, eben sowohl den Unschuldigen, der erschrocken ist, und den Schuldigen der sich zu verdecken sucht, veranlassen sollte in Widersprüche zu verfallen. Denn da sie gar nichts ungewöhnliches bey ruhigen und gelaßnen Menschen sind, wie vielmehr müssen sie sich bey einem, durch die Angst sich aus der bevorstehenden Gefahr zu erretten ganz aus aller Fassung gesetzten, Gemüthe sich häufen.

Ferner wird einer der Marter unterworfen, um zu entdecken, ob der Schuldige noch andre Verbrechen, außer dem, worüber er angeklaget worden, begangen habe. Das ist eben so viel als wenn ich diesen Schluß machte: Du bist eines Verbrechens schuldig, es ist also wohl möglich, daß du noch hundert andre verübet hast, dieser Zweifel beunruhiget mich, ich will mich also durch meinen Probierstein der Sache vergewissern; die Gesetze erkennen dir die

Folter zu, weil du schuldig bist, weil du kannst schuldig seyn, und weil ich will, daß du schuldig seyest.

Es wird auch ein Angeklagter auf die Folter gespannt, um die Mitschuldigen eines Verbrechens zu entdecken d). Wenn nun aber erwiesen ist, daß sie kein schickliches Mittel

d) Gerichtshalter und Amtleute sind öfters so sehr geld- als blutgierig, daß sie es schon für ein Verbrechen halten, wenn einer des andern Verbrechen nicht angezeiget. Ich bin genöthiget, dieses für widernatürlich und abscheulich zu erklären. Der Grund dieses Aberwitzes kann auch vielleicht schon auf hohen Schulen geleget worden seyn, wo einige Professoren annoch Menschenfresser. Weder Vernunft noch Natur befiehlt des andern Verbrechen anzuzeigen, und soll man ja die Kinder nicht dazu anhalten, weil das nichts anders ist, als ihnen Untreue gegen Freunde einflößen, und ihr Herz zeitig vergiften. Wenn ich schon weiß, daß Heinze in der Hungersnoth Brod gestohlen, und Marthe einen Kindermord begangen, so würde ich doch glauben, daß ich den Haß vieler Redlichen verdienen würde, wenn ich, ohne Beruf, sie ins Unglück bringen oder wohl gar meinen Freund verrathen wollte, es sey denn bey solchen Verbrechen, womit der Thäter gleichsam ein Handwerck treibet, so daß, der Sicherheit halber, es besser ist, daß er eingesperret werde. Man verlanget, daß Menschen sich unter einander selbst zerfleischen sollen. Wahrhaftig diese Zumuthung würden sogar Wölfe und Bäre verwerfen, weil kein Geschlecht das seinige frist, und selbst der Wolf, wenn er nicht hungrig ist, das Schaf in Ruhe läßt. Das geschriebene Recht redet die Sprache der Vernunft: Niemand spricht es, ist eine Missethat anzuzeigen verbunden. L. 48. §. 1. ff. de furt. tot. tit C. ut nemo invitus agere vel accusare cog. C C C. art. 214. Spec. Sax. lib. 2 art. 60. Und wie? Du willst dieses so gar durch Peinigung erzwingen? Ein solches zu verlangen, heißt der ganzen Natur den Krieg ankündigen.

tel ist, die Wahrheit an Tag zu bringen, wie kann sie denn angewendet werden die Mitschuldigen anzuzeigen, welches ja eben eine Wahrheit ist, die man ausforschen will. Gleich als wenn ein Mensch, der sich selbst anklagt, nicht viel leichter andre anklagen werde. Ist es erlaubt jemanden wegen der Verbrechen andrer Leute zu martern? Kann man die Mitschuldigen nicht aus der Zeugen, und des Angeklagten Verhör, aus den Beweissen, durch das Corpus delicti, kurz durch alle diese Mittel nicht entdecken, deren man sich bedienen muß, um von dem Verbrechen des Angeklagten versichert zu seyn? Gewöhnlicher Weise ergreifen die Mitschuldigen unmittelbar nach der Gefangennehmung ihres Gefährten die Flucht. Die Ungewißheit ihres Schicksals ist allein vermögend, sie aus dem Lande zu verweisen, und dadurch die Nation von der Gefahr, aufs neue beleidiget zu werden, zu befreyen, während dem daß die Strafe des Angeklagten, die bey ihrer Kraft bleibt, ihre einzige Absicht erreichet, welche darinnen bestehet, andre Menschen von dergleichen Verbrechen abzuschrecken.

Ein andrer lächerlicher Bewegungsgrund veranlasset die Marter, weil man dadurch von der Ehrlosigkeit jemanden reinigen will. Es soll also ein Mensch, den die Gesetze für ehrlos erkläret haben, seine eigne Aussage der Unschuld durch die Ausrenkung seiner Knochen bekräftigen. Dieser Misbrauch sollte in dem achtzehenden Jahrhunderte nicht mehr geduldet werden.

Sollte man wohl glauben, daß der Schmerz, welcher eine leibliche Empfindung ist, von der Ehrlosigkeit, welches eine bloße moralische Vorstellung ist, jemanden reinigen könne? Ist er etwan ein Schmelztiegel, und die Ehrlosigkeit ein unreines Erz? Die Ehrlosigkeit ist ein Urtheil, welches seinen Grund weder in den Gesetzen, noch in der Vernunft, sondern in der gemeinen Meynung hat. Die Marter selbst verursacht eine wirkliche Ehrlosigkeit für den, der ihr aufgeopfert wird. Da sie nun also ehrlos macht, wie kann sie denn die Ehrlosigkeit benehmen.

Es macht keine Schwierigkeit den Ursprung dieser lächerlichen Verordnung auszuforschen, weil selbst die ungereimtesten Dinge, welche von einer ganzen Nation angenommen worden, auf andre gemeine und von der Nation selbst in Ehren gehaltne Vorstellungen eine Beziehung haben. Es scheint, man habe diesen Gebrauch von einigen geistlichen Lehren aus der Religion hergenommen, die einen sehr großen Einfluß auf die Gedanken der Menschen, auf Nationen und ganze Zeitalter haben. Eine untrügliche Lehre unsrer Kirche versichert uns, daß die aus menschlicher Schwachheit zugezogene Befleckungen, die den ewigen Zorn des höchsten Wesens nicht verdienet haben, durch ein unbegreifliches Feuer gereiniget werden. Nun ist die Ehrlosigkeit ein bürgerlicher Schandfleck, warum können denn nicht, so gut als das Feuer und der Schmerz die geistlichen und unkörperlichen Flecken wegnehmen, eben sowohl die Zuckungen der Marter den bürgerlichen Schandfleck, die Ehrlosigkeit, wegnehmen. Ich glaube daß das Geständnis des Angeklagten, welches bey manchen Gerichten als ein wesentliches Stück zur Verurtheilung erfordert wird, einen nicht unähnlichen Ursprung habe. Denn bey dem geheimnisvollen Beichtstuhl ist das Bekenntnis der Sünden ein wesentliches Stück des Sacraments. Da sehe man einmal, wie sehr die Menschen die hellen Lehren der Offenbarung misbrauchen, und da diese sich in den finstersten Zeiten allein behauptet haben, so nimmt der lehrbegierige gemeine Haufe bey aller Gelegenheit seine Zuflucht dahin, und wendet solche auf eine ungereimte und davon entfernte Art an.

Die römischen Gesetzgeber haben diese Wahrheiten wohl erkannt. Es fand auch bey ihnen die Folter nirgends als bey den Sclaven statt, denen man keine bürgerliche Rechte zugestand. Die englischen Gesetze, einer Nation, deren Ruhm in der Gelehrsamkeit, der Vorzug ihrer ausgebreiteten Handlung, und ihrer Reichthümer, und folglich ihrer Macht, die Beyspiele ihrer Tugend und Herzhaftigkeit, bekannt sind, lassen uns an der Vortreflichkeit ihrer Gesetze nicht zweifeln. Die Folter ist in Schweden abgeschaft, sie ist von einem der weisesten Monarchen in Europa, der die Philosophie auf den Thron erhoben, und als ein Freund seinen Unterthanen Gesetze gegeben, wodurch er sie unter einander gleich und frey in Ansehung der Abhängigkeit von den Gesetzen gemacht hat, aufgehoben worden. Diese Gleichheit und Freyheit ist es blos, was die Menschen, was vernünftige Menschen, unter den gegenwärtigen Umständen verlangen können. Man hat die Folter in den Kriegsgesetzen, welche doch für Leute, die größtentheils von der schlechtesten Art der Menschen sind, gemacht worden, nicht für nöthig erachtet, wo man doch glauben sollte, daß sie am unentbehrlichsten wäre. Das ist gewiß was seltsames für diejenigen, welche nicht in Betrachtung ziehen, wie groß die Tyranney der Gewohnheit sey, erst die milden Gesetze von Leuten, deren Gemüther zu Blut und Metzeln abgehärtet sind, und eine menschlichere Art bey Gerichte zu verfahren, lernen müssen.

§. XIII.

Von dem gerichtlichen Verfahren und von der Verjährung.

Wenn das Verbrechen erwiesen, und die Gewisheit desselben außer Zweifel, so muß dem Angeschuldigten nothwendig so viel Zeit, daß er alle nur mögliche Mittel sich zu rechtfertigen herbey schaffen könne gelassen werden. Allein diese Frist muß so kurz seyn, daß sie der geschwinden Vollziehung der Strafe, die wir als das vorzüglichste Mittel, den Verbrechen zu steuern, gewiesen haben, keinen so gar großen Abbruch thue. Aus einer unrecht verstandnen Güte, möchte es scheinen, daß diese Frist zu sehr eingeschränket sey; allein dieser Zweifel fällt bald weg, wenn man überlegt, daß die Gefahr der Unschuld, durch diese Mängel der gesetzlichen Verordnungen nur vermehret werde.

Die Gesetze müssen sowohl zur Vertheidigung des Beklagten, als zur Untersuchung der Beweise des Verbrechens eine gewisse Zeit bestimmen, und der Richter würde der Gesetzgeber e) werden, wenn er die zum Beweise

e) Fürwahr! ein sonderbarer Einfall, der Untersuchung eine gewisse Zeit zu bestimmen, als wenn nicht die Abhörung auswärtiger Zeugen, anzustellende Confrontationen

weise eines Verbrechens erforderliche Zeit festsetzen sollte. Gleichergestalt verdienen schwere Missethaten, welche lange in dem Gedächtnisse der Menschen schweben, wenn sie erwiesen worden sind, keine Verjährung zum Besten des Angeklagten, der die Flucht ergriffen hat. Aber bey geringern zumal noch unerwiesenen, ist es billig, daß der Bürger von der Ungewisheit seines Schicksals mit der Zeit befreyet werde. Der Grund dieses Unterschiedes ist dieser, weil die Dunkelheit, welche in letzterm Falle die Verbrechen lange Zeit verhüllet, es verhindert, daß man es nicht als ein Beyspiel der Ungestraftheit ansehen, und der Schuldige binnen dieser Zeit sich vermuthlich bessern kann.

Ich begnüge mich hier nur allgemeine Grundsätze anzuzeigen. Denn wollte man genau bestimmte Gränzen angeben, so müßte man auf diese oder jene Verfassung der Länder und Gesetze eine besondre Rücksicht nehmen. Nur will ich noch hinzufügen, daß man, um sich von dem Nutzen gemäßigter Gesetze zu überzeugen, die Zeit der Verjährung und der Beweise, nach der Größe des Verbrechens, verlängern oder vermindern, also eine freywillige Verbannung oder das Gefängniß selbst zu einem Theile der

tionen der Mitschuldigen, Briefwechsel mit fremden Obrigkeiten, denen man nicht anbefehlen kann, mit dem ersten Posttage zu antworten, und die man vielmehr bittet, nach vorgegangner genauer Untersuchung, von diesem oder jenem Umstande Nachricht zu geben, nebst hundert andern nicht voraus zu sehenden Umständen, wider alles Vermuthen die Untersuchung öfters verzögern. Ueberhaupt sind in diesem §. viele Dinge allzuträumerisch, daß nicht ein praktischer Rechtsgelehrter deren Unmöglichkeit, ohne alles Erinnern einsehen sollte. H.

der Strafe machen könnte, wodurch die Gesetze selbst eine leicht zu treffende Eintheilung einer kleinen Anzahl von gelinden Strafen, für eine große Menge von Verbrechen an die Hand geben würden.

Allein diese zur Verjährung und zur Untersuchung angesetzte Zeit muß nicht in ganz genauem Verhältnisse mit der Schwere der Verbrechen anwachsen, weil die Wahrscheinlichkeit eines Verbrechens, in eben dem Maaße sich mindert und abnimmt, je grausamer und widernatürlicher die That selbst ist. Demnach muß die zur Untersuchung der Beweise bestimmte Zeit bisweilen verkürzet, die aber, welche die Verjährung erfordert, verlängert werden, und wiederum bisweilen umgekehrt. Dies scheinet demjenigen, was ich oben gesaget, widersprechend zu seyn, nämlich, daß man ungleiche Verbrechen mit gleichen Strafen belegen könne, indem man die Zeit des Gefängnisses, oder der Verjährung, die vor dem Urtheil vorhergehen, als eine Strafe mit anrechnet. Um dem Leser meine Gedanken begreiflich zu machen, theile ich die Verbrechen in zwey Klassen. In der ersten stehen die schweren Verbrechen; sie fangen vom Todschlage an, und begreifen alle Missethaten, die diesen an Abscheulichkeit übertreffen. In der zweyten stehen die geringern. Dieser Unterschied ist in der menschlichen Natur gegründet. Die Sicherheit des eignen Lebens gehöret unter die unverletzlichen Rechte der Natur. Die Sicherheit seiner Güter, ist ein Recht, welches allererst aus der bürgerlichen Gesellschaft entstanden ist. Es sind der Bewegungsgründe, welche den Menschen antreiben, wider den natürlichen Trieb des Mitleidens zu handeln, ungleich viel weniger, als derjenigen, die durch die natür-

liche

liche Habsucht und Begierde glücklich zu seyn, ihn anzutreiben, Rechte zu verletzen, wovon sie den Grund nicht in ihrem Herzen, sondern in dem Abkommen der Gesellschaft finden. Weil nun die Wahrscheinlichkeit bey diesen zweyen Klassen so verschieden ist, so muß auch die gesetzliche Vorschrift bey beyden verschieden seyn. Bey schweren Verbrechen, weil sie seltner sind, muß wegen größerer Wahrscheinlichkeit der Unschuld, die Zeit der Verjährung verlängert, und die Zeit der Untersuchung abgekürzet werden, weil von dem Endurtheil über die Schuld oder Unschuld eines Menschen es abhänget, daß man sich nicht ungestraft zu bleiben schmeicheln kann, woraus so viel größerer Nachtheil erwächst, je abscheulicher das Verbrechen ist. Bey geringern Verbrechen aber, da die Wahrscheinlichkeit, daß der Angeklagte unschuldig sey, sich sehr vermindert, muß man auf die Untersuchung mehr Zeit wenden, und die Zeit der Verjährung verkürzen. Eine dergleichen Eintheilung der Verbrechen in zwey Klassen könnte nicht zugegeben werden, wenn der Nachtheil, der aus der Ungestraftheit entsteht, sich in dem Maaße verminderte, als die Wahrscheinlichkeit des Verbrechens zunimmt f).

Man

f) So sehr auch die Römer Gelindigkeit in Strafen liebten, so stellen sie doch in den spätern Zeiten, wegen Vortheile der Confiscation, (ein gar zu artiger Gewinn!) die Frist der Verjährung auf zwanzig Jahre. Der Geiz war der Grund davon. Mich deucht, niedere Verbrechen könnten sämtlich in fünf Jahren, und die von höherer Art in zehn Jahren vollkommen verjähret seyn. Was für einen Nutzen hat das gemeine Wesen davon, das Andenken einer Missethat zu erneuern, deren sich kein Mensch mehr erinnert? In pein-

Man bemerke, daß, wenn gleich ein Beklagter aus Mangel der Beweise loßgelassen worden, weil man weder seine Schuld noch Unschuld darthun können, er dem ohngeachtet eben derselbigen Anschuldigung halber wieder zum Verhaft gebracht und zu neuer Untersuchung gezogen werden kann, wenn sich neue Anzeigen hervorthun, so lange nämlich die völlige Verjährung, welche seinem Verbrechen in den Rechten gegönnet, nicht abgelaufen ist. Wenigstens halte ich dies für eine Mittelstraße, wodurch die Sicherheit und Freyheit der Unterthanen vertheidiget wird. Denn es gehet gar zu leicht an, daß die eine auf Kosten der andern begünstiget wird, daß also von diesen zwey Gütern, welche das unveränderliche und allen zu gleichem Antheil gehörende Vermögen der Bürger ausmachen, das eine vor einem offenbaren oder verdeckten Despotismus, und das andre vor einer aufrührischen Anarchie des Pöbels nicht beschützet und bewahret werden.

Es giebt einige Verbrechen, welche in der Gesellschaft sehr häufig vorkommen, und doch sehr schwer zu beweisen sind. Die Schwierigkeit des Beweises vertritt und befestiget die Wahrscheinlichkeit der Unschuld, und da der Nachtheil, der aus der Ungestraftheit entstehet, um so viel weniger in Anschlag zu bringen ist, als die Menge

peinlichen Fällen ist der Grund der Verjährung die Wahrscheinlichkeit, daß binnen dieser Zeit der Sünder sich gebessert haben werde, weil er in dieser Art zeithero nicht weiter gesündiget. Sollten nicht fünf Jahre zu dieser Vermuthung hinreichend seyn? Es ist Gras darüber gewachsen. Man lasse es in seiner Dunkelheit verhüllet, und glaube mir aufs Wort, daß Gott an Hängen und Köpfen keinen Wohlgefallen trage.

Menge dieser Verbrechen von verschiednen Grundsätzen abhänget, so muß nach Beschaffenheit der aus der Ungestraftheit entstehenden Gefahr die Zeit der Untersuchung, und der Verjährung auf gleiche Weise abgekürzet werden.

Und ob nun gleich der Ehebruch, die Knabenschänderey Uebertretungen sind, die schwerlich zu erweisen, so werden sie doch nach der angenommnen Meinung, in die Reihe derjenigen Verbrechen gestellt, wo ein Wüterich Scheinbeweise, Muthmaßungen, Halbbeweise (grade als wenn ein Mensch halb unschuldig oder halb schuldig, das ist, halb strafwürdig und halb lossprechens werth seyn könnte) zuläßt, wo so gar die Folter ihre grausame Herrschaft an der Person des Beklagten, den Zeugen und so gar an dem Hausgesinde verüben darf, wie solches einige Rechtslehrer, die ihre Meinung den Richtern als eine Vorschrift und Gesetz aufdringen, mit einer Kaltblütigkeit vorzuschreiben sich nicht entsehen.

Muß es bey Betrachtung dieser Grundsätze jemanden nicht äußerst befremden, wofern er nicht überlegt, daß man fast unter allen Völkern bey Gebung der Gesetze die Vernunft nicht zu Rathe gezogen hat, daß man die größten, oder verborgensten und eingebildeten Verbrechen, das heißt, solche die sehr unwahrscheinlich sind, durch Muthmaßungen, durch die schwächsten und zweydeutigsten Beweise darthun will. Gleich als wenn es den Gerichten und Gesetzen nur darum zu thun wäre, nicht die Wahrheit zu erforschen, sondern nur ein Verbrechen zu erweisen. Gleich als wenn die Gefahr einen Unschuldigen zu verdammen nicht um so viel größer wäre, jemehr

die

die Wahrscheinlichkeit der Unschuld die Wahrscheinlichkeit der Schuld überwiegt. Es fehlet bey den meisten Menschen die vorzügliche Geistesstärke, welche sowohl zu Ausübung großer Verbrechen, als großer Tugenden erforderlich ist. Man siehet hieraus, daß die einen so wie die andern zu gleicher Zeit, bey den Nationen, die durch die Stärke der Regierung und der zum gemeinen Besten mitwürkenden Leidenschaften, mehr als durch ihre Größe, oder beständige Güte der Gesetze sich aufrecht erhalten, im Schwange gehen. Die guten Gesetze scheinen, indem sie die Leidenschaften schwächen, geschickter zu seyn, die Regierungsform in ihrem Zustande zu erhalten, als dieselbe zu verbessern. Hieraus fließt nun eine wichtige Folge, daß bey einer Nation vorkommende große Verbrechen, nicht immer ihre Verschlimmerung beweisen.

§. XIV.

Angefangne nicht aber vollendete Verbrechen. Mitschuldige. Straflosigkeit.

Ob gleich die Gesetze den bloßen Willen nicht strafen können, so ist dieses doch nicht so zu nehmen, als wenn ein Verbrechen, welches schon in einige Thathandlung ausgebrochen und den Willen es zu vollbringen, an Tag leget, keine Strafe verdiene, ob sie gleich geringer seyn muß, als wenn die Missethat ganz vollbracht worden wäre. Auch für angefangne Verbrechen, um solchen bey andern zuvorzukommen, ist eine Strafe höchst nöthig. Da aber zwischen einem angefangenen Verbrechen, und der völligen Ausführung ein Zwischenraum seyn kann, so kann die auf ein vollendetes Verbrechen gesetzte Strafe,

vielleicht

vielleicht zur Reue Gelegenheit geben. Eben dieses findet auch statt, wenn mehrere Mitschuldige an einem Verbrechen Theil nehmen, die es aber nicht alle unmittelbar und zugleich, sondern aus verschiednen Ursachen haben vollbringen helfen. Wenn sich viele einer halsbrechenden Sache aussetzen, so sind sie immer bey dieser Vereinigung darauf bedacht, die Gefahr und das Uebel je größer es ist, gleich unter sich zu theilen. Man wird also schwerlich einen finden, der es über sich nehme, allein es auszuführen, weil er sich dadurch einer größeren Gefahr, als die übrigen Mitschuldigen aussetzet. Nur in einem einzigen Falle leidet diese Regel eine Ausnahme, wenn demjenigen der das Verbrechen vollziehet, eine besondere Belohnung ausgesetzet wird. Denn da eine Vergeltung für die größere Gefahr vorhanden, muß die Strafe auch gleich seyn. Diese Betrachtungen werden vielleicht einigen phantastisch und weit hergeholet scheinen; allein man bedenke, wie wichtig es sey, daß die Gesetze dafür sorgen, den Theilnehmern an einem Verbrechen, so wenig als möglich Gelegenheit und Anlaß zu gestatten, um sich mit einander zu verstehen.

Einige Gerichte bieten dem Mitschuldigen eines schweren Verbrechens die Erlassung der Strafe an, wenn er seine Mitgenossen entdecket. Dieses Mittel hat seine Unbequemlichkeiten so wohl als seine Vortheile. Die Unbequemlichkeiten sind, daß die Nation der Verrätherey eine Macht einräumet g), die auch unter Bösewichtern verab-

g) Aus einem Stücke auswärtiger Acten erinnere ich mich, daß ein Angeschuldigter auf diesen Antrag ohngefähr folgendermaaßen antwortete: Herr Amtmann, Sie legen

verabscheuet wird, weil die aus Herzhaftigkeit entspringenden Verbrechen, einer Nation nicht so schädlich sind, als die aus Zaghaftigkeit und Niederträchtigkeit herruhren. Jene sind nicht so häufig sie erwarten nur eine wohlthätige Macht, welche sie zur Beförderung des gemeinen Besten anzuwenden weiß, da diese hingegen ansteckend sind, und sich immer mehr in sich selbst verstärken. Ueberdieses giebt ein Richter, der zu diesen Mitteln schreitet, seine eigne Ungewißheit und die Schwäche der Gesetze an Tag, indem er so gar die Hülfe derer, die sie verletzen, anflehen muß.

Die Vortheile hingegen sind, durch dieses Mittel wichtigen Verbrechen vorzubeugen, und daß dadurch, daß die Thaten offenbar, die Urheber aber verborgen sind, das Volk in Furcht gesetzet werde. Ueberdieses legt sich dadurch an Tag, wie wahrscheinlich es sey, daß derjenige der gegen die Gesetze, das heißt, das Publikum treulos ist, auch gegen jeden einzelen Bürger es seyn werde. Meines Erachtens ist ein allgemeines Gesetz, welches jeglichem Mitschuldigen, der irgend ein Verbrechen offenbaret, die Erlassung der Strafe verspricht, einem besondern Versprechen des Richters in einzelen Fällen vorzuziehen; weil ein solches Gesetz Bösewichter verhindern würde, sich mit einander zu verbinden, da ein jeder besorgen müßte, sich ganz allein der Gefahr blos zu stellen, und weil

gen mir Lockspeise vor. Aber ich bin unschuldig und habe keine Genossen. Wenn ich aber schuldig wäre und Helfer gehabt hätte, so würde ich sie doch nicht entdekken. Denn wie könnte ich dem Herrn Amtmanne trauen, da er mir schon so viel Sprengel gestellet und so viele verfängliche Fragen vorgeleget, an welche so gar die Unschuld hätte scheitern können? H.

weil die Uebelthäter nicht zur Kühnheit unter andern auch dadurch ermuntert würden, wenn sie sähen, daß es Fälle giebt, wo selbst die Gerichte ihres Beystandes benöthiget sind. Im übrigen müßte dergleichen Gesetz die Ungestraftheit mit dem Verbannen des Angebers verknüpfen. Allein vergebens bemühe ich mich, die Gewissensbisse zu unterdrücken, welche ich empfinde, daß ich die geheiligten Gesetze, die Denkmäler des öffentlichen Vertrauens die Grundsäulen aller menschlichen Moral, zur Verrätherey und Falschheit veranlassen will. Was für ein Beyspiel würde es sodann für die Nation selbst seyn, wenn man die versprochne Straflosigkeit nicht hielte, sondern durch arglistige Verdrehungen den zur Hinrichtung schleppte, der der Einladung der Gesetze Gehör gegeben hätte. Beyspiele von solcher Art sind bey manchen Nationen nicht selten. Daher es freylich viele giebt, die die politische Gesellschaft für nichts anders ansehen, als für eine zusammengesetzte Maschine, deren Triebfedern die Geschicktesten und Mächtigsten nach ihrem Gefallen spannen. Solche da sie kalt und unempfindlich gegen alles sind, was das Vergnügen zärtlicher und erhabner Seelen ausmacht, erregen mit einer undurchdringlichen Verschlagenheit, die zärtlichsten Gesinnungen und die gewaltsamsten Leidenschaften, sobald als sie solche ihren Absichten zuträglich finden, und gehen mit den Gemüthern, wie die Musikanten mit ihren Instrumenten um.

§. XV.
Gelindigkeit der Strafen.

Aus der bloßen Betrachtung der bisher vorgetragnen Wahrheiten, ist es sonnenklar, daß der Endzweck der Stra-

Strafen darinnen nicht bestehen kann, ein vernünftiges Wesen zu peinigen und zu martern, noch weniger ein schon begangnes Verbrechen ungeschehen zu machen. Ist es möglich, daß in einem politischen Körper, der, ohne im mindesten selbst aus Leidenschaft zu handeln, die einzelen Affekten auf eine leutselige Weise leiten und richten soll, dergleichen unnütze Grausamkeit, die nur ein Werkzeug der blinden Wuth der Schwärmerey, oder ohnmächtiger Tyrannen ist, seinen Sitz haben kann? Kann das Wehklagen eines Unglückseeligen vielleicht aus der Zeit, die nicht wiederkommt, schon vollbrachte Thaten zurückbringen? Es kann also keine andre Absicht statt finden, als den Missethäter außer Stand setzen, neue Beleidigungen seinen Mitbürgern zuzufügen, und andre abzuschrecken dergleichen zu begehen.

Wer sollte nicht, wenn er die Geschichte lieset, vor Schrecken schaudern, über die barbarischen und unnützen Martern, welche von Leuten, die man Weise nannte, mit kaltem Blute erfunden und ausgeübet wurden? Wessen Innerstes wird nicht auf das empfindlichste gerühret, wenn er Schaaren Unglückseliger erblicket, welche von einem Elende das die Gesetze entweder selbst veranlasset oder geduldet, weil sie der Großen schonen und nur den gemeinen Haufen mishandeln, sich in den ersten Stand der Natur zurücksetzen, über Verbrechen, welche entweder an sich selbst unmöglich, oder von einer furchtsamen Dummheit erdacht worden, oder sonst keiner Ursache halben, als daß sie ihren eignen Grundsätzen getreu gewesen, von Leuten, die eben solche Sinnen wie sie, und folglich eben solche Leidenschaften haben, angeklagt, und nach förmlichen Gerichtsgebräuchen, durch langsame

Quaa-

Quaalen zerfleischet werden? O herrliches Schauspiel für einen schwärmerischen Pöbel!

Um die Absicht der Strafe zu erreichen ist es genug, daß das Uebel der Strafe, den vermeintlichen Vortheil der aus dem Verbrechen erwächst, überwiege. Und in dieses Uebergewichte des Uebels muß die Unfehlbarkeit der Strafe eingerechnet werden, und der Verlust des Vortheils, den das Verbrechen einbringen würde. Was darüber gehet, ist überflüßig und daher tyrannisch [h]). Die Menschen richten sich nach den wiederholten Wirkungen des Uebels, welches sie kennen, nicht aber nach Wirkungen dessen, so ihnen unbekannt ist. Man stelle sich zwey Nationen vor, bey deren einer, nach dem in ein Verhältniß gebrachten Maaße der Strafen mit den Verbrechen, die größte Strafe eine unaufhörliche Knechtschaft, bey der andern aber das Rad sey. Ich behaupte, daß die erste vor seiner größten Strafe sich so sehr fürchten wird als die zweyte vor der ihrigen. Und wenn ein Grund vorhanden wäre bey der ersten die größte Strafe der zweyten Nation einzuführen, so würde derselbe Grund eben

h) So helfen denn, wegen der ziemlichen Hoffnung, daß man nicht endecket werden könne, die Todesstrafen wenig. Wenn ich in eine Lotterie lege, habe ich die elende Hoffnung, daß, wenn ich zehnmal verloren, ich doch einmal etwas gewinnen werde. Und doch wagen es viele. Hingegen der Dieb, und mit ihm jeder Verbrecher, legt in einen unendlich mehr vortheilhaften Glückstopf, wo er wegen Verborgenheit seiner That, zehenmal gewinnet, ehe er einmal durch die Strafe verlieret. Also schrecken Strafen gar nicht? Vielleicht einige, nämlich furchtsame Gemüther, die ohne dies nicht stehlen, und keine Monarchen vom Throne stürzen. Diese geringe Anzahl gegen die Menge der Wagehälse, wie hoch ist sie zu rechnen?

dazu dienen können, die Strafe dieser leztern zu vergrößern, indem man unmerklich von dem Rade zu langsamern und ausgesuchteren Martern, und bis zu den höchsten Künsten, der Wütrichen bekannten Quaal-Lust, hinauf steigen würde.

In dem Maaße, wie die Strafen grausamer werden, verhärten sich auch die Seelen, welche sich, (gleich den flüßigen Materien mit den Gegenständen, die sie umgeben) mit der Grausamkeit der Gesetze ins Gleichgewichte setzen, und die immer lebhafte Gewalt der Leidenschaften bringt es dahin, daß in einer Zeit von hundert Jahren, das Rad nicht mehreres Schrecken verursachet, als ehedem das Gefängniß.

Die Grausamkeit der Strafe, macht, daß der Uebelthäter, je größer das Uebel ist, dem er entgegen gehet, destomehr waget, ihm zu entfliehen. Sie giebt so gar Anlaß mehrere und wichtigere Verbrechen zu begehen [i], weil man wegen eines einzigen oft so viel Strafe als wegen vieler zu gewarten hat. In den Ländern und in dem Zeitalter, wo die grausamsten Strafen gewöhnlich waren, sind immer die blutigsten und unmenschlichsten Thaten verübet worden, weil eben derselbe Geist der Wildheit, welcher dem Gesetzgeber bey Aufzeichnung der Gesetze die Hand führete, den Todschläger und Meuchelmörder

i) Um der Strafe der Schwängerung zu entgehen, vermischeten sich die Hirten mit dem Viehe. Ich sage der Strafe der Schwängerung. Denn diese wird, wenn ich, so sagen soll, und nicht die Hurerey, bestrafet. Leichtfertige Dirnen, die durch Künste die Zeugung hindern, gehen im Kranze, die aber, so dem Landesherrn einen jungen Soldaten verschaffeten, mußten Kirchenbuße thun. H.

der gleichsam belebte. Von dem Throne stürzte der Geist der Grausamkeit eiserne Gesetze auf verruchte und abgehärtete Sclavenseelen, welche gehorchen mußten. Diese wurden wiederum in der dunklen Verborgenheit angespornet, die Tyrannen aufzuopfern, um andre von neuem an die Stelle zu setzen.

Aus der Grausamkeit der Strafen entstehen noch zwey andre unglückliche Folgen, welche dem Endzwecke der Strafen, welcher ist, den Verbrechen vorzubeugen, gerade entgegen stehen. Die erste ist, daß das wesentliche Verhältniß zwischen dem Verbrechen und der Strafe nicht leicht bestimmet werden kann; denn ob gleich eine sinnreiche Grausamkeit eine ungeheure Mannichfaltigkeit der Strafen erdacht hat, so würde man doch das äußerste Vermögen, auf welchen die Organisation und menschliche Empfindung eingeschränket, nicht überschreiten können. Wäre man einmal zu diesen äußersten Gränzen aufgestiegen, so würde es unmöglich seyn, für schädlichere und grausamere Verbrechen eine erhöhtere, und dem Maaße des Verbrechens zukommende Strafe zu erfinden, die erforderlich wäre, diesem vorzubeugen. Die andre Folge ist, daß aus der Grausamkeit der Strafen, eine Ungestraftheit entstehet. Die Stärke der menschlichen Natur ist in Ansehung des Guten und des Bösen in gewisse Schranken eingeschlossen. Ein Schauspiel, welches für die Menschlichkeit allzu auffallend und entsetzlich ist, kann nicht anders, als für eine vorübergehende Wuth, aber nimmermehr für eine bestehende und dauerhafte Einrichtung, (dergleichen die Gesetze seyn sollen) angesehen werden. Sind dieselben wirklich grausam, so bestehen sie entweder nicht lange, oder es entstehet aus ihnen selbst eine Ungestraftheit [k]).

Ich mache den Beschluß mit dieser Betrachtung, daß die Größe der Strafen ein gewisses Verhältniß auf die Nation selbst haben muß. Auf verhärtete Gemüther eines kaum aus der Wildheit gerissenen Volkes, gehören stärkere und empfindlichere Eindrücke. Ein grimmiger Löwe, der sich einem Flintenschuß widersetzet, muß durch einen Donnerschlag gestrecket werden. Jemehr aber die Gemüther in dem gesellschaftlichen Zustande biegsamer werden, nimmt auch die Empfindlichkeit zu; und wenn diese sich vergrößert, müssen auch die harten Strafen gemildert werden, wenn man das Gleichgewicht zwischen dem Gegenstande und der Empfindsamkeit erhalten will.

§. XVI.

k) Weil die Gesetze, so die Zauberey mit Feuer strafen, noch nicht aufgehoben, so müssen öfters die Urthelssprecher sich künstlich drehen und wenden, daß sie durch Zuerkennung sothaner Strafe nicht lächerlich werden. Also bey allen andern übertriebenen Strafen suchen Richter und Urthelssprecher, wenn sie nicht von aller menschlichen Vernunft entfernet, so viel Winkel, Mittel und Auswege, um die Härte des Gesetzes zu umschiffen, daß gar nicht zu verwundern, wenn allzu hart verpönte Verbrechen öfters weniger bestraft werden, als solche, wo die Strafe dem Verbrechen nach Weisheit angemessen. Denn das Mitleiden ersinnet auf mannichfaltige Weise allerley erzwungene Distinctionen, machet Zeugen verwerflich, die nicht verwerflich wären, und suchet, mit einem Worte, dem Angeschuldigten zu helfen. H.

§. XVI.

Von der Todesstrafe.

Diese unnütze Verschwendung der Strafen, wodurch die Menschen gleichwohl niemals gebessert worden, noch das geringste gewonnen, hat mich angetrieben, die Untersuchung anzustellen, ob die Todesstrafe in einem wohl geordneten Staate, in der That einen Nutzen habe, und ob sie auch gerecht sey. Worauf gründet sich denn das Recht, welches sich die Menschen anmaßen, ihres Gleichen zu würgen? Gewiß nicht auf das Recht, woraus die oberste Gewalt und die Gesetze entspringen [1]). Die Gesetze sind die Sammlung der kleinsten Antheile von Freyheit, so jeder einzeler Mensch dem andern aufgeopfert. Sie stellen den allgemeinen Willen vor, und sind der Mittelpunkt der gesamleten besondern Willen aller einzeln Mitglieder. Ist aber wohl ein einziger Mensch zu denken, der andern Menschen das Recht einräumen werde, ihm das Leben zu nehmen? Kann denn in dem geringsten Theile der Aufopferung der Freyheit, welche ein jeder hingegeben, die allergrößte Aufopferung des größten Gutes, nämlich das Leben mit begriffen seyn? Gesetzt aber es wäre dem also, wie verträgt sich denn dieser Grundsatz mit dem andern: daß der Mensch kein Recht habe sich selbst zu tödten, welches er doch haben müßte,

1*) Es hat Richter gegeben, die mit Vergnügen Blut laufen sehen. Ein solcher war ehedem in Rom, der Scopulus accusatorum genannt wurde. Dergleichen war Jefroy in England, auch war in Frankreich ein Präsident, welchem man den Namen Kopfweg, beylegte. Alle diese hatte die Natur nicht zu Obrigkeiten, sondern zu Henkern erschaffen. Französ. Commentar.

wenn er es andern, oder der ganzen Gesellschaft abtreten sollte?

Die Lebensstrafe ist also kein Recht und kann auch, wie ich erwiesen habe, keines seyn; sondern sie ist ein Krieg, welchen das ganze Volk mit einem einzelen Bürger führet, dessen Vertilgung es für nützlich oder nothwendig hält. Wenn ich aber erweise, daß die Hinrichtung eines Bürgers weder nützlich noch nothwendig sey, so werde ich meine Sache, zum Besten der Menschlichkeit gewonnen haben.

Nur zwey Ursachen können den Tod eines Bürgers rechtfertigen. Die erste ist, wenn er ungeachtet der Beraubung seiner Freyheit, immer noch so viel Verbindung und so viel Gewalt hat, daß auch die Sicherheit des Volkes dabey Gefahr laufe, besonders aber die Fortdauer seines Daseyns eine gefährliche Abänderung in der einmal festgesezten Regierungsform veranlassen könnte. Nur alsdenn scheinet der Tod eines Bürgers nothwendig, wenn damit die Wiedererlangung, oder der Verlust der Freyheit eines Volkes verknüpft ist; oder wenn zur Zeit der Anarchie Unordnungen die Stelle der Gesetze vertreten. Allein unter der ruhigen Herrschaft der Gesetze, in einer Regimentsform, welche die vereinigten Wünsche des Volkes segnen; in einem Staate, der von außen wohl verwahret, und von innen durch Macht und Meinungen, welche noch mehr als Gewalt vermögen, beschützet wird, wo der oberste Beherrscher allein den Scepter führet, wo Reichthümer zwar Vergnügungen, aber kein Ansehen erkaufen können; da sehe ich keine Nothwendigkeit ein, das Daseyn eines Bürgers zu vernichten, ausgenommen wenn sein Tod das wahre und einzige

Mittel

Mittel wäre, andere von Verbrechen abzuhalten; und dieses ist der zweyte Fall, wo man die Todesstrafe für gerecht und nothwendig halten kann.

Sollte uns aber, was das leztere betrifft, so viele Menschenalter nicht sattsam beweisen, daß die Todesstrafe entschlossenen Leuten nie hinderlich gewesen, der Gesellschaft zu schaden; sollte das Beyspiel der Römer und die zwanzigjährige Regierung der Kaiserin Elisabeth von Rußland nicht die gegentheilige Meinung widerlegen, welche den Vätern der Völker ein so glänzendes Beyspiel gegeben m*); ein Beyspiel welches den Werth vieler mit Blute

m*) Ich weiß nicht wie die Großen der Erden auf den Landstraßen, die sie selbst befahren, die Scheusale des Galgens, des Rades und der zerfleischten Gerippe ansehen können. Wahrlich ein schöner Putz eines Landes! Eine prächtige Zierde der Straße, auf deren bessere Pracht und Verschönerung die Römer so ungeheure Summen verwendeten, sie mit Bildsäulen von Erz und Marmor zu zieren, mit Bäumen besezten. Wir putzen unsre Straßen mit Galgen und Rade. Schreckliche Denkmäler voriger Barbarey der Wenden und Gothen. Ich würde sie alle an einem Tage wegbrechen und dafür Linden und Eichen setzen lassen, unter welchen ein gelehrter Tityrus dereinsten singen könnte:

Magnus ab integro seclorum nascitur ordo.
Iam redit et Virgo, redeunt Saturnia regna.

Müßten ja die Missethäter von Vögeln gefressen werden, nun, so stelle man doch wenigstens diese Mahlzeiten etwas ins Dunkele. Aber die Blutrichter der vorigen Zeiten haben sie ins Helle gebracht, um mit der ihnen verliehenen Macht, einen die Menschheit entehrenden Prunk zu treiben. Gleichwohl aber sprichst du, schrecken sie doch ab, und sind vortrefliche Popanze. Dieser Einfalt des kindischen Alters muß ich lachen. Der arme Mann hat zu der Zeit, da er den Galgen vorbey

Blute der Landeskinder erkaufte Siege weit übertrifft. Sollten nicht wenigstens diese Beyspiele, denen sonst die Menschen das größte Gewicht und Ansehen beylegen, weil den meisten die Sprache der Vernunft verdächtig ist, zu ihrer Ueberzeugung, daß die Todesstrafen überflüßig, nicht hinlänglich seyn, so dürften sie nur die menschliche Natur darum befragen, und sie wird antworten, daß die Wahrheit, welche ich hier behaupte, auf festem Grunde ruhet, die Strafe macht nicht durch ihre Heftigkeit, sondern durch ihre Dauer, den stärksten Eindruck auf die menschlichen Gemüther, weil unsre Sinne leichter und anhaltender von wiederholten Eindrücken gerühret werden, als durch starke, aber schnell vorübergehende Bewegungen. Die Herrschaft der Gewohnheit erstreckt sich überhaupt auf ein jedes sinnliches Wesen, und eben so wie der Mensch sich gewöhnet hat zum Reden, zum Gehen und zur Erwerbung seiner Bedürfnisse, eben so werden auch die moralischen Begriffe nicht anders, als durch oft wiederholte Empfindungen, in das Gemüthe eingepräget. Der stärkste Zaum, den man also dem Verbrechen anlegen kann, ist nicht das schreckende, aber überhingehende Schauspiel des Todes eines Bösewichtes, sondern die lebenswierige Beraubung der Freyheit eines Menschen, welcher gleichsam in ein Lastthier verwandelt, durch seine ermüdende Arbeit die von ihm verletzte

vorbey wandelt, noch nicht eben den Willen zu stehlen, und wenn er den Willen zu stehlen hat, so gehet er nicht eben vor dem Galgen vorbey. Und wenn dem auch so wäre, so merke man doch, was ich so vielmals erlebet und aus Acten erweislich machen kann, daß so gar bey der Execution, wenn der Dieb gehangen wird, selbst unter dem Galgen gestohlen wird. H.

letzte Gesellschaft entschädiget, und ein trauriges Beyspiel der Plage, seinen Mitbürgern abgiebt. Die sehr oft durch solchen Anblick veranlassete, und eben deswegen sehr kräftig wirkende Rücksicht des Zuschauers in sich selbst, das ist, der immer vor den Augen der Seele schwebende Gedanke: Mir selbst wird dieses so lange und jämmerliche Elend widerfahren, wenn ich ähnliche Mishandlungen begehe, ist weit eindringender, als die Vorstellung des Todes, welchen die Menschen in einer gar zu dunklen Entfernung sehen.

Die Todesstrafe bewirket doch mit allen ihren gewaltsamen Schrecken nicht, daß bey dem Menschen auch in den wichtigsten Dingen, besonders wenn sie durch geschwinde Leidenschaften hervorgebracht worden, die demselben natürliche Vergessenheit, das Andenken nicht auslösche. Allgemeine Regel: Heftige Eindrücke überraschen und rühren, sie sind aber von kurzer Dauer. Sie dienen demnach zu nichts anderm, als solche Staatsveränderungen hervorzubringen, welche auf kurze Zeit den gemeinen Mann zu einem weichlichen Persianer oder harten Lacedämonier machen. Allein in einem freyen und ruhigen Staate, müssen die Eindrücke mehr häufig als stark seyn.

Die Todesstrafe wird für den größten Theil der Zuschauer weiter nichts als ein Schauspiel, und für einige ein Gegenstand eines mit Unwillen vermischten Mitleids. Diese beyden Leidenschaften beschäftigen den Zuschauer weit mehr, als daß sie ihnen das heilsame Schrecken einjagen sollten, welches die Gesetze durch Lebensstrafen, zu bewirken suchen. Bey gemäßigten aber und immer fort-

fortdaurenden Strafen, ist die herrschende Empfindung die letzte, weil sie die einzige ist. Es scheinet, daß die Gränzen, welche der Gesetzgeber der Härte der Strafe setzen sollte, in Erregung des Mitleidens bestehe, weil dasselbe in den Gemüthern der Zuschauer einer Hinrichtung, die mehr ihnen zum Beyspiel geschiehet, als dem Missethäter wiederfähret, über alle andre Regungen die Oberhand behält.

Nur diejenige Strafe ist gerecht, welche einen solchen Grad der Schärfe hat, als hinlänglich ist, die Menschen von Verbrechen abzuhalten. Nun behaupte ich, daß es keinen Menschen giebt, welcher nach einiger Ueberlegung noch in Zweifel stehen könne, ob er seine gänzliche Freyheit auf immer verlieren, oder ein Verbrechen begehen wolle, welches ihn noch so große und beträchtliche Vortheile hoffen läßt. Folglich hat die Strafe, welche eine immerwährende Knechtschaft an die Stelle des Todes setzet, zureichende Schärfe, auch das frecheste und entschlossenste Gemüthe von Missethaten abzuhalten. Ja ich behaupte, daß diese Absicht noch sicherer damit erreicht wird. Sehr viele Menschen sehen dem Tode mit stillem und ruhigem Blicke entgegen; einige aus schwärmerischer Begeisterung, andre aus Pralerey, welche den Menschen fast immer bis jenseit des Grabes begleitet; noch andre aus äußerster Verzweifelung ihrem Leben und ihrem Elende ein Ende zu machen. Allein Begeisterung und Pralerey, halten unter Ketten und Banden, den Schlägen und dem harten Joch, oder in einem eisernen Käfig nicht aus, und der Verzweifelte endiget nicht sein Leiden, sondern fängt es immer von neuem an.

Unsre

Unsre Seele widerstehet den heftigen, aber bald vorübergehenden Schmerzen weit leichter, als den daurenden und immerwährenden Kümmernissen; weil im ersten Falle unsre Seele sich gleichsam auf einen Augenblick zusammen nimmt, um den ersten Troß zu bieten; im zweyten Falle aber ihre elastische Kraft nicht hinreichend ist, langen und wiederholten Schmerzen Widerstand zu thun. Bey der Todesstrafe setzt jedes Beyspiel, welches dem Volke gegeben wird, ein Verbrechen voraus; da hingegen die Strafe der fortdaurenden Knechtschaft für ein einziges Verbrechen sehr viele, und immer erscheinende Beyspiele giebt. Wenn es zur Behauptung des Ansehens der Gesetze wichtig ist, den Menschen öftere Beyspiele von der Gewalt der Gesetze vor Augen zu legen, so müssen die Todesstrafen immer sehr nahe auf einander folgen, denn sonst werden sie vergessen. Man muß also häufige Verbrechen voraus setzen. Damit nun also diese Strafe nützlich seyn könne, muß sie auf die Menschen nicht den völligen Eindruck machen, den sie machen sollte, nämlich, daß sie zu gleicher Zeit nützlich und unnützlich sey. Wollte man sagen, daß eine ewige Knechtschaft eben so schmerzhaft als der Tod, und folglich eben so grausam sey, so antworte ich, daß, wenn man alle unglückliche Augenblicke der Knechtschaft zusammen rechnet, sie vielleicht noch schlimmer ist. Denn sie erstrecket sich über die ganze Lebenszeit, jene aber übet ihre Gewalt in einem Augenblicke aus. Die Strafe der Sclaverey hat den Vortheil, daß sie dem, der sie siehet, weit schrecklicher vorkommt, als sie den Leidenden wirklich schmerzet; ersterer betrachtet die ganze Summe der unglücklichen Augenblicke, und letzterer kann wegen der Unseligkeit der gegenwärtigen Augenblicke an die zukünftigen nicht denken. Alle Uebel werden durch die Stärke der Einbildung vergrößert, und ein Leidender findet Linderungsmittel und Trostgründe, welche die Zuschauer weder einsehen noch glauben können, weil sie der stumpfen und abgehärteten Seele des Leidenden eben dieselbe Empfindlichkeit zutrauen, die sie selbst haben.

Ein Räuber oder Mörder, dem kein ander Gegengewichte zur Vollziehung der Missethaten, als der Galgen und das Rad entgegenstehet, wird also ohngefähr folgende Betrachtung bey sich anstellen. Die Kunst, sein eignes Herz zu erforschen, ist freylich sehr schwer, und man lernet sie durch Lehren und gute Erziehung. Allein wenn gleich Bösewichter von ihren Grundsätzen keine gelehrte Rechenschaft ablegen können, so richten sie nichts weniger ihre Handlungen darnach ein. „Wie kann ich solche Gesetze verehren, die mich in einen so weiten Abstand von einem Reichen setzen. Er schlägt mir eine geringe Beysteuer ab, um die ich ihn bitte, und verweiset mich zur Arbeit, von welcher er selber nichts weiß. Wer hat diese Gesetze gegeben? Mächtige und Reiche, die nie einen Fuß in die Hütte des Armen gesetzet, niemals gesehen haben, wie er ein Stück verschimmeltes Brod unter seine hungrige Kinder und ihre bedrängte Mütter austheilet. Lasset uns diese Bande zerreissen, die den größten Theil der Menschen fesseln, und nur einigen fühllosen Tyrannen nützlich sind. Lasset uns die Ungerechtigkeit im Innersten ihres Aufenthaltes angreifen. Ich will

will mich in den Stand einer natürlichen Unabhängigkeit zurücksetzen. Dort will ich frey und von den Früchten meiner Herzhaftigkeit und meines Fleißes leben, wenn es auch nur auf kurze Zeit seyn sollte. Der Tag des Schmerzens und der Reue wird vielleicht kommen, aber diese Zeit wird von kurzer Dauer seyn, und eine Freyheit und Vergnügung vieler Jahre werden mir doch die Beschwerlichkeit und Angst eines einzigen Tages vergüten. Als König einer kleinen Anzahl will ich die Fehler des Glückes verbessern, und diese Tyrannen sollen bey dem Anblicke desjenigen erblassen und zittern, welchen sie aus Uebermuth und Stolz nicht einmal so gut, als ihre Pferde und Hunde geachtet." An die Kette dieser Schlüsse hänget der Bösewicht noch die Religion, welche er misbrauchet, und die ihm, weil er den rechten Glauben hat, die Hofnung einer ewigen Glückseligkeit zusichert, wodurch das Schreckliche dieses letzten Trauerspieles völlig verschwindet.

Wer aber siehet, daß er eine lange Reihe von Jahren, oder wohl gar seine ganze Lebenszeit in der Sclaverey zubringen soll, und zwar im Angesicht seiner Mitbürger, mit denen er als ein freyer Mensch in Gesellschaft gelebet, nun aber von eben den Gesetzen, deren Schutz er genossen zur Knechtschaft verdammet würde; der stellet einen Vergleich aller dieser Uebel mit dem ungewissen Ausgange seiner Verbrechen, und mit der kurzen Dauer des Genusses der Früchte an, die er aus seiner Missethat ziehen könnte. Das immerwährende Beyspiel derer, die wirkliche Opfer ihres Leichtsinnes geworden, macht auf ihn einen viel stärkern Eindruck als der Anblick einer seltner vorfallenden Todesstrafe, welche mehr zu seiner Verhärtung als zur Besserung dienet.

Die Todesstrafe ist ferner auch nicht nützlich, weil sie den Menschen ein Beyspiel der Grausamkeit giebet. Wenn Leidenschaften oder ein nothwendiger Krieg Menschen Blut zu vergießen gelehret haben, so sollten die Gesetze, welche Sanftmuth und Menschlichkeit einzuflößen trachten, die Beyspiele der Grausamkeit nicht noch mehr vervielfältigen; Beyspiele, welche desto betrübter sind, weil der gesetzmäßige Tod mit Zurüstungen und vielem Gepränge vollzogen wird. Es scheinet mir ungereimt, daß die Gesetze, welche die Herolde des Willens eines ganzen Volkes sind, den Menschenmord, als das größte Verbrechen bestrafen, selbst Menschenmord begehen, und so gar einen öffentlichen Todschlag anbefehlen, um die Bürger vom Blutvergießen abzuhalten. Welches sind wohl wahre und nützliche Gesetze? Diejenigen, welche solche Verträge und Bedingungen erhalten, welche alle Mitglieder der Gesellschaft zusammen, oder jeder für sich vorschlagen würde, und gehalten wissen möchte, diejenigen wo der Eigennutz, dem man nur gar zu gerne Gehör giebt, entweder ganz schweiget, oder mit dem allgemeinen Besten in Verbindung stehet. Welches sind wohl die natürlichsten Gedanken der Menschen über die Todesstrafen? Gar leicht lassen sich diese aus dem Widerwillen und der Verachtung abnehmen, womit jeglicher Mensch den Henker ansiehet, der doch ein unschuldiger Vollzieher des öffentlichen Willens, ein guter Bürger, der zum gemeinen Besten das seinige beyträgt, welcher das nothwendige Werkzeug der innerlichen Sicherheit zur

Zeit

Zeit des Friedens ist, so wie der streitbare Soldat sie wider die äußere Gewalt vertheidiget. Woher entspringet wohl dieser Widerspruch, und warum kann der Mensch diese schaudervolle Empfindung, aller vernünftigen Vorstellungen ungeachtet, auf keine Weise ertragen? Weil die Menschen in den geheimen Falten ihres Herzens, das ist, in demjenigen Theile ihres Wesens, wo die ursprüngliche Gestalt der alten Natur sich noch mehr, als irgend anderswo, zu erhalten sucht, von jeher geglaubt haben, daß ihr Leben in keines einzigen Menschen Gewalt stehe, ausgenommen, wenn die Nothwendigkeit, welche den ganzen Erdkreis mit ihrem eisernen Scepter regieret, den Donner ihrer Befehle erschallen läßt.

Was müssen Menschen wohl denken, wenn sie weise Obrigkeiten, wenn sie die heiligen Priester der Gerechtigkeit mit gelassener Gleichgültigkeit einen Verbrecher mit langsamem und feyerlichen Zurüstungen zum Tode schleppen sehen? Wenn indessen, da der Unglückliche, in der Erwartung des lezten Streiches, die heftigsten Verzuckungen empfindet, der Richter mit kaltem Blute und vielleicht mit geheimen Wohlgefallen an seiner Macht, die Gerichtsstäte verläßt, und gleichsam als wäre nichts geschehen, den Süßigkeiten und Ergötzungen des Lebens wieder zueilet. Ach! werden die Leute sagen: „diese „Gesetze sind nichts, als ein Deckmantel der Macht; „nichts als ausstudirte Feyerlichkeiten einer abentheuerlichen Gerechtigkeit; sie sind nichts als eine geheime „Verabredung der Großen, um uns mit größerer Sicherheit als Opferthiere einem unersättlichen Götzen, Herrschsucht genannt auf ehrbare Art abzuschlachten."

„Wir sehen ja, daß Menschen kaltblütig hinge„richtet werden, obgleich der Mord als eine abscheuliche „Missethat ausgeschrieen wird. Wohlan, lasset uns „doch dieses Beyspiel zu nutze machen: ein gewaltsamer „Tod kam uns, den gemachten Beschreibungen nach, „als ein erschrecklicher Austritt vor; allein wir sehen, daß „dieses die Sache von einem einzigen Augenblicke ist. „Wie wiel weniger wird dieser Augenblick demjenigen „schrecklich seyn, der nicht auf ihn wartet, und sich da„her alles, was er schmerzhaftes an sich hat, erspart."

So sind die schädlichen Trugschlüsse beschaffen, welche sich die Menschen wo nicht im rechten Lichte, wenigstens verwirrt vorstellen; Menschen die zu Missethaten geneigt sind, und bey welchen, wie wir gesehen haben, der Misbrauch der Religion mehr, als die Religion selbst vermag. Wollte mir jemand das Beyspiel fast aller Zeiten und fast aller Völker, welche einige Verbrechen mit der Todesstrafe belegt haben, entgegensetzen; so antworte ich, daß die Wahrheit, welche durch keine Verjährung ihrer Rechte verlustig wird, dieses alles entkräfte und verscheuche. Die Geschichte der Menschen stellet uns ein gränzenloses Meer von Irrthümern vor; kaum daß hin und wieder nur etliche wenige halb bekannte Wahrheiten, in weiten Entfernungen von einander herum schwimmen. Fast alle Völker haben den Götzen anfänglich Menschen geopfert; aber wer wird diese Sache daher entschuldigen? Daß nur einige wenige Völker und vielleicht auf kurze Zeit, sich der Todesstrafe enthalten haben, dienet vielmehr zu Bestärkung meiner Lehre, denn alle große Wahrheiten haben ein für allemal das traurige Schicksal,

daß

daß sie im Vergleich mit der langen und finstern Nacht, welche das menschliche Geschlecht umhüllet, in Ansehung ihrer Dauer gleichsam nur ein übergehender Blitz sind. Noch ist jener glückliche Zeitpunt nicht erschienen, wo die Wahrheit, wie bisher der Irrthum, das Eigenthum der meisten geworden sey; nur die Wahrheiten, welche die unendliche Weisheit durch Offenbarung hat absondern wollen, sind von diesem allgemeinen Gesetze ausgenommen.

Glücklich wäre das menschliche Geschlecht, wenn es erst jetzt Gesetze überkäme; jetzt da wohlthätige Fürsten, Liebhaber der sanftesten Tugenden, Künste und Wissenschaften, welche Väter ihrer Völker und gekrönte Bürger sind, auf den Europäischen Thronen glänzen; Fürsten, welche die Vermehrung ihrer Macht in dem Wachsthume der Glückseeligkeit ihrer Unterthanen suchen, indem sie der Herrschsucht der Unterrichter Gränzen setzen, welche desto grausamer wütet, je ungewisser und unsichrer sie ist. Nicht gerne aber lassen diese Mittelgötter die aufrichtigen Wünsche des Volkes bis dahin gelangen, Wünsche, welche Erhörung finden, wenn sie bis zum Thron gelangen können. Geschieht es also, daß weise Regenten diese so mangelhafte Gesetze noch fortdulden, so ist dieses keiner andern Ursache zuzuschreiben, als weil der Abschaffung von so langer Zeit fest eingerosteter und hochgepriesener Irrthümer unendlicher Hindernisse im Wege stehen, wenigstens muß jeder Bürger von aufgeklärtem Geiste den inbrünstigen Wunsch äußern, daß die Macht solcher Fürsten immer größern Anwachs gewinnen möge.

 §. XVII.

§. XVII.

Verweisung und Einziehung der Güter.

Wer die öffentliche Ruhe störet, wer den Gesetzen, das heißt, den Bedingungen, kraft deren die Menschen mit einander in gutem Vernehmen leben, und sich vertheidigen, nicht gehorsam seyn will, der muß von der Gesellschaft ausgeschlossen, das heißt, er muß verwiesen werden.

Diejenigen, welche sich eines schweren Verbrechens schuldig gemacht, und große Wahrscheinlichkeit, obgleich keine völlige Gewisheit, daß sie gesündiget, wider sich haben, scheinen die Verbannung zu verdienen. Soll diese Strafe erfolgen, so muß kein blos willkührliches Verfahren, sondern eine, so viel möglich, genau bestimmte Verordnung vorhanden seyn, zu Folge deren die Verbannung demjenigen zuerkannt wird, welcher die Gesellschaft dahin gebracht hat, sich entweder beständig vor ihm zu fürchten, oder ihn hinwiederum zu beleidigen. Hierbey muß man aber einem Angeschuldigten das geheiligte Recht nicht verweigern, daß er seine Unschuld jederzeit erweisen und an den Tag legen dürfe. Gegen einen Eingebohrnen des Landes sind stärkere Bewegungsgründe zur Verurtheilung nöthig, als gegen einen Fremden; eben so auch gegen einen, der zum erstenmale, und einen andern, der zu verschiedenenmalen bereits beschuldiget worden.

Aber soll denn derjenige seine Güter verlieren, welcher verbannet, und aus der Gesellschaft, wovon er ein Mitglied war, ausgeschlossen worden? Diese Frage kann unter

unter verschiedenen Gesichtspunkten betrachtet werden. Der Verlust der Güter ist ärger, als die Verbannung. Wann dannenhero die Strafen den Verbrechen angemessen seyn sollen, so muß es verschiedene Fälle geben, da entweder der völlige Verlust aller Güter, oder eines Theils derselben erfolget, und drittens wo diese Beraubung gar nicht statt findet. Der Schuldige kann nur alsdenn alle seine Güter verlieren, wenn nach dem Gesetze alle Bande zwischen ihm und der Gesellschaft durch seine Mishandlung gänzlich zerrissen worden; alsdenn stirbt der Bürger und der Mensch bleibt übrig, woraus in Rücksicht auf den Staat eben die Wirkung entstehet, wie die, welche der natürliche Tod mit sich bringet. Es hat daher das Ansehen, daß die genommene Güter vielmehr den rechtmäßigen Erben, als dem Fürsten anheim fallen sollten, weil der Tod und dergleichen Verbannung für einerley zu achten; allein ich getraue mir nicht, um dieser Spitzfindigkeit willen, die Einziehung der Güter für Unrecht zu sprechen. Einige haben behaupten wollen, man könne sie als ein Mittel betrachten, wodurch aller etwa zu besorgender Rache und gefährlicher Uebermacht der Bestraften vorgebeuget, und ihnen ein Zaum angeleget werde; allein man hat bey dieser Meynung nicht überleget, daß die Strafen, wenn sie auch schon etwas Gutes wirken, nicht blos deswegen gerecht zu nennen, indem sie, um gerecht zu seyn, auch zugleich nothwendig seyn müssen, und eine Ungerechtigkeit, wenn sie auch den größten Nutzen brächte, doch von einem Gesetzgeber nicht geduldet werden darf. Setzet nur solche Lehren, so werdet ihr der Tyranney den Thron befestigen, die in beständiger Wachsamkeit alles vortheilhafte ergreift;

der Tyranney sage ich, die unter dem schmeichelnden Scheine eines kurz daurenden Gutes dauerhafte Grundsätze des Verderbens einführet, und unzähliche geringe Menschen in Thränen versetzet und zu Grunde richtet, um einige Große in glänzendere Umstände zu erheben. Die Einziehungen der Güter setzen einen Preis auf den Kopf der Ohnmächtigen, belegen den Unschuldigen mit der nur dem Schuldigen gebührenden Strafe, und stürzen die Unschuldigen selbst in die verzweifelte Nothwendigkeit Verbrechen zu begehen. Kann es wohl ein trauriger Schauspiel geben, als eine Familie geschändet und zum äußersten Elend verstoßen zu sehen, weil ihr Haupt ein Verbrechen begangen, an dessen Verhütung sie die von den Gesetzen selbst verordnete Unterwürfigkeit hindern mußte, wenn sie auch hinlängliche Mittel dazu gehabt hätte.

§. XVIII.

Ehrlosigkeit.

Die Ehrlosigkeit ist ein Zeichen des öffentlichen Misfallens, welches den Beschuldigten der öffentlichen Stimme beraubet, wodurch ihm das Zutrauen seines Vaterlandes, und so zu sagen das Recht der Brüderschaft, die aus der genauen Vereinigung entspringt, zugesichert wurde. Sie hängt nicht vom bloßen Gutdünken der Gesetze ab a*). Die Ehrlosigkeit, welche die Gesetze bestimmen,

a*) Wahn ist öfters die Quelle der Ehrlosigkeit. In einem Lande wird etwas für rechtschaffen gehalten, was in dem andern schädlich. Eben so werden auch Meynungen von der Zeit verändert. Eine unglückliche Nothwendigkeit aber ist, daß öfters physikalische Dinge, oder

stimmen, muß keine andre seyn, als die, welche aus wahren Verhältnissen der Dinge gegeneinander entstehet, keine andre, als welche die allgemeine Sittenlehre bestimmt, oder eine besondre, die in besondern Staatsverfassungen, die die Gesetzgeber der gemeinen Meynungen und der Nation, welche sie beseelen, sind, ihren Grund hat. Ist aber eine von der andern unterschieden, so verlieret das Gesetz entweder die öffentliche Hochachtung, oder die Begriffe von der wahren Sittenlehre und ächten Rechtschaffenheit verschwinden, trotz alles Geschreyes und rednerischen An-

oder andre, die man nicht selbst verursachet, die Ehre vermindern; als wenn jemand dem andern, daß er einfältig sey, daß er krumme Beine, daß sein Vater sich erschossen habe, vorwirft. Wie weit die Einfalt der Handwerks-Innungen in dieser Thorheit gegangen, ist traurig zu erwähnen. Die einzige aber, wollte ich, daß ihnen geblieben wäre, daß Diebe, Betrüger und solche, die wahre Verbrechen, in dem Verstande, wie wir dieses Wort zeithero gebrauchet haben, verübet, aus ihren Innungen noch jetzo ausgeschlossen bleiben müßten. Der Diebstahl ist eines der schändlichsten Verbrechen, weil er sehr gemein, heimlich und, welches das meiste, unschuldige Leute in Verdacht bringet. Er würde noch viel üblicher seyn, wenn nicht jedweder Mensch, auch selbst der gemeine Mann, für dessen Schändlichkeit einen natürlichen Abscheu trüge. Strafen thun das lange nicht, was hier die Schande bewirket, weil ein Dieb zu heißen schimpflicher, als alles übrige geachtet wird. Das Gesinde ist hier sehr vorsichtig, da auch die niedrigste Magd an dem Gelde, das sie bey dem Auskehren findet, sich nicht vergreifet, sondern es sorgfältig übergiebt, weil sie weiß, daß alles künftige Glück davon abhängt, und niemand eine Diebin weiter in Dienste nimmt. Es wäre sehr gut, wenn diese schon natürliche Schande durch gesetzliche Ehrlosigkeit noch mehr verstärket würde,

preisung die man davon macht, weil solche von den gegenseitigen Beyspielen übertäubet werden o)

Wer Handlungen die an sich gleichgültig sind, für ehrlos ausschreiet, der benimmt die Ehrlosigkeit denen Handlungen, die es wirklich sind.

Leib.

de, und wollte ich wünschen, daß in dem Reichsschlusse wider Misbräuche der Handwerker, wo es heißt: daß Meister, die wegen eines Verbrechens ihre Strafe ausgestanden, oder Begnadigung erhalten, allenfalls nach erlangter Restitutione famae wiederum in die Handwerke aufgenommen werden sollen, wenigstens der Diebstal ausgenommen seyn möchte, weil es mir vorkommt, als möchte sonst das natürliche Gefühl der Schande stumpfer werden, das bey den Handwerksleuten um so viel mehr nöthig, weil man öfters Maurer, Tischler und andre, allein auf seiner Stube zu lassen genöthiget ist. Wenn aber ein gewisser Gelehrter meynet, daß aus gleichem Grunde Hurkinder nicht aufgenommen werden sollten, sondern es auch hier der Reichsschluß bey dem alten Unwesen hätte lassen sollen, so ist solches ein ungesunder Gedanke, den man eher von einem züchtigen Dorfschulmeister, als einem Manne von Verstande erwartend war. Die Handwerker selbst haben, weit klüger, Sünde und Verbrechen zu unterscheiden gewußt, indem selbst zur Zeit des alten Unwesens, niemand eines fleischlichen Verbrechens halber, aus der Zunft gestoßen worden; sondern, wenn es bey einigen Handwerkern hoch kam, so mußte der Sünder zur Ergötzlichkeit etwa eine Tonne Bier Preis geben. H.

o) Wenn ich Quecksilber mit Bley schwängere, so entstehet daraus ein drittes Ding, das weder Quecksilber noch Bley ist. Eines verdirbet das andere und wird zur schmierigen Salbe, aus der ich weder Kugeln gießen, noch Wettergläser machen kann. Alle Zwitter sind Abweichungen der Natur und dem nach Misgeburten. Folglich sollte die allgemeine Sittenlehre von der besondern dieser oder jener Nation nicht getrennet oder aus beyden ein unseeliges Mengsel geworden seyn. H.

Leibliche und schmerzhafte Strafen müssen nicht auf Verbrechen gesetzt werden, die ihren Ursprung aus dem Hochmuth haben, weil sie die Schmerzen selbst sich zur Ehre rechnen, und ihrem Hochmuth damit schmeicheln. Man muß sie vielmehr lächerlich machen, und ehrlos erklären. Das sind Strafen, welche den Hochmuth schwärmerischer Köpfe durch den Hochmuth der Zuschauer im Zaum halten. Kaum bringt man es durch diese ohne Unterlaß angewendete Mittel dahin, daß durch ihre langsame und hartnäckige Gewalt die Wahrheit aus dem Joche des Irrthums gerissen wird. Wenn auf diese Weise ein kluger Gesetzgeber Macht gegen Macht setzet, und Meynungen mit Meynungen bekrieget, so wird er die aus falschen Gründen entstandene Bewunderung und Erstaunen des Volkes über solche Thoren, wenn er ihnen die richtigen Folgen, welche dem Pöbel die Ungereimtheit dieser Meynungen verdeckten, zeiget, völlig zernichten p).

Die Strafen der Ehrlosigkeit müssen weder gar zu häufig aufgeleget, noch auf viele Personen erstrecket werden; jenes nicht, weil die gar zu häufige Anwendung und Gebrauch solcher Sachen, die blos auf Meynungen beruhen den Eindruck der Meynungen selbst schwächen; dieses aber darum nicht, weil, wenn eine große Menge unehrlich

p) „Bey der Enthusiasterey und misverstandenen Religion hält keine Strafe, keine Folter das Gegengewichte. Die Anhänger eines solchen Phantasten machen ihn zum Märtyrer, und aus seinem Blute pflegen neue Märtyrer zu wachsen.“ Michaelis Vorrede zum 6sten Theile des Mosaischen Rechts. H.

unehrlich wird, die Unehrlichkeit sodann bey allen aufhöret q*).

Das wäre nun die beste Weise, alle Verwirrung in dem Zusammenhange und der unveränderlichen Beschaffenheit der Dinge zu vermeiden, welche nicht nach Zeit und Umständen sich richtet, sondern, da sie unablässig fortwirkt, alle Einschränkungen und Einrichtungen, die von ihr abweichen, vereitelt und umstößt. Eine getreue Nachahmung der Natur ist nicht allein das allgemeine Muster in Künsten und Wissenschaften von Geschmack, sondern die Staatskunst selbst, wenigstens die wahre und dauerhafte, muß solche zum Grundsatze annehmen, und sich darnach richten. Denn der bestehet lediglich in der Kunst die unveränderlichen Gesinnungen der Menschen in Uebereinstimmung zu bringen, und ihnen die beste Richtung zu geben.

§. XIX.

Geschwinde Ausübung der Strafen.

Je geschwinder eine Strafe auf das begangne Verbrechen erfolget, um so viel gerechter und nützlicher ist sie. Gerechter ist sie darum, weil sie dem Schuldigen die gräslichen und unnützen Quaalen ersparet, welche durch die belebte Einbildung und das Gefühl seiner Schwäche um

q*) Wenn jemand ohne vorgängige Erlegung der Dispensationsgelder diejenige liebet, mit welcher er Geschwisterkind ist, so wird ihm eben das Zuchthaus zuerkannt, wie dem Diebe, wie demjenigen der falsche Wechsel geschmiedet, und dadurch Leute an Bettelstab gebracht, wie demjenigen der seinen Vater vergiften wollen, aber es nicht vollbracht. Ist das nützlich? H.

um vieles vergrößert werden. Denn da die Beraubung der Freyheit eine Strafe ist, so kann sie vor dem Urtheil, außer wenn es die höchste Noth erfordert, nicht vorher gehen. Das Gefängniß muß nur lediglich zur Aufbewahrung eines Bürgers dienen, so lange bis er als schuldig erkannt worden; und da diese Aufbewahrung an sich selbst höchst beschwerlich ist, muß sie so kurz als möglich dauren, und so leidlich als geschehen kann, seyn. Die möglichste Kürze des Gefängnisses muß nach der nothwendigen Dauer des Processes abgemessen werden, und die am längsten gesessen, können mit Recht fordern, daß ihre Untersuchung zuerst vorgenommen werde. Die Enge des Gefängnisses darf sich auch nicht weiter, als auf die Nothwendigkeit erstrecken, die Flucht des Verhafteten zu verhindern, oder die Beweise des Verbrechens nicht zu verbergen. Die Untersuchung muß in der möglichsten Zeitkürze geendiget werden. Wie grausam streitet das wider einander, einen fühllosen Richter und einen beängstigten Beklagten zu sehen? Eine kaltblütige obrigkeitliche Person in dem Genusse ihrer weichlichen Bequemlichkeit und in seinem Freudenleben auf einer, und die Zähren, ja den ganzen trostlosen Zustand eines Gefangnen auf der andern Seite! Ueberhaupt muß die Schwere der Strafe, und die Folgen eines Verbrechens, sehr wirksam in Ansehung andrer, aber so wenig als möglich für die Empfindung des leidenden schmerzlich seyn: Denn nur diejenige Gesellschaft kann man rechtmäßig nennen, in welcher der unumstösliche Grundsatz sichtbar ist, daß sich die Menschen, in ihrem Unterwerfungscontracte nur so geringen Uebeln als möglich haben untergeben wollen.

Ich

Ich habe gesagt, daß die hurtige Vollziehung der Strafe nützlicher sey, weil, je kürzer der Zeitraum ist, welchen man zwischen der Missethat und ihrer Bestrafung verfließen läßt, die Verknüpfung dieser Begriffe Verbrechen und Strafe, in den menschlichen Gemüthern desto stärker und dauerhafter ist, so daß ersteres als die Ursache, und das andre als eine unausbleibliche Folge erkannt wird. Es ist erweislich, daß die Verbindung der Begriffe das ganze Gebäude des menschlichen Verstandes zusammen füget, und daß ohne diese Verbindung sowohl Vergnügen als Schmerz unwirkende und todte Empfindungen seyn würden. Jemehr die Menschen sich von diesen allgemeinen Begriffen und ersten Grundsätzen entfernen, das heißt, je unwissender sie sind, destomehr handeln sie durch unmittelbare, und auf das nächste mit einander verbundne Begriffe, nnd lassen die entfernteren und verwickelteren aus den Augen, als welche nur bey denen im Gebrauch sind, die nach einem Gegenstand, von dem sie heftig eingenommen sind, streben, und die dunkeln aus der Acht lassen. Ebenermaßen bedienen sich ihrer die erhabensten Geister, weil sie eine Fertigkeit erlanget haben, im Fluge viele Gegenstände auf einmal zu durchschauen, und es ihnen was leichtes ist, viele Empfindungen einander entgegen zu stellen, dergestalt daß die Entscheidung und der Entschluß für sie weniger gefährlich ist.

Daher ist der baldige Erfolg der Strafe auf das Verbrechen von der größten Wichtigkeit, wenn man anders verlanget, daß bey rohen nnd niedrigen Menschen auf die verführerische Vorstellung von den Vortheilen des Verbrechens unmittelbar die Vorstellung der damit verbundenen Strafe erwecket werde. Eine lange Verzöge-

rung

rung bringet nichts anders zuwege, als daß diese beyde Bilder immer mehr von einander getrennet werden. Das bestrafte Verbrechen macht zwar immer Eindruck, aber es macht ihn nicht sowohl als Strafe, sondern vielmehr als ein Schauspiel; weil die Vorstellung von der Abscheulichkeit des Verbrechens, welche zur geschärften Empfindung der Strafe vieles beyträgt, in den Gemüthern der Zuschauer bereits vieles von ihrer Lebhaftigkeit verloren hat r*).

Ein andrer Grund, den wichtigen Zusammenhang zwischen der Missethat und ihrer Strafe, noch näher zu verknüpfen, ist, daß diese so viel als möglich sich zu der Natur des Verbrechens schicke. Es ist nicht zu beschreiben, wie sehr die Aehnlichkeit den innerlichen Kampf erleichtert, welcher zwischen der Neigung zum Verbrechen, und dem Gegengewichte der Strafe in dem Herzen entstehen muß. Denn auf diese Art wird die Neigung zurückgehalten, und zu dem entgegengesetzten Zweck von

r*) Die Beschleunigung der Untersuchung darf man in Deutschland den Gerichtsherrschaften eben so sehr nicht einpredigen. Beköstigung des Angeschuldigten, Wach- und Sitzgebühren u. s. w. kosten Geld, und man hat eher Ursache sich über Eilfertigkeit als Verzögerung zu beklagen. Ich bin auch von den Gründen des Verfassers nicht satsam überzeugt, wenigstens sind sie theologisch nicht richtig. Die Höllenstrafen werden zwar am jüngsten Gerichte öffentlich, aber nicht baldigst nach begangnem Verbrechen vollzogen, zu einer Zeit, da die Reue zu spät ist, und niemand durch deren Vollstrekkung mehr gebessert werden kann. Dieser Ursachen halber, habe ich durch Stilleschweigen mich seiner Folgerungen und Schlüsse nicht theilhaftig machen, sondern lieber von ihm abweichen wollen. H.

von demjenigen, wozu die verführerische Vorstellung, das Gesetz zu übertreten, zu verleiten suchte, gerichtet.

Man pflegt die leichtesten Vergehungen, entweder im dunklen Gefängnisse zu bestrafen, oder die Missethäter, um ein Beyspiel zu geben, in eine weit entfernte, und also beynahe unnütze Sclaverey, zu einem Volke, welches sie nicht beleidiget haben, abzuschicken s). Wenn Menschen nicht in einem Augenblick die ärgsten Verbrechen zu begehen sich entschließen, so werden die meisten die öffentliche Strafe einer großen Missethat als was seltsames und was ihnen unmöglich widerfahren könnte ansehen. Hingegen die öffentliche Züchtigung der geringen Vergehungen, die gleich nach dem Vorsatze vollbracht werden, macht einen Eindruck, welcher sie nicht nur von geringen, sondern noch weit mehr von den größern abhält. Die Strafen müssen nicht nur unter einander in einem gewissen Verhältniß, was die Härte betrifft, sondern auch in der Art wie sie zugefügt werden, bestehen.

§. XX.

Gewißheit und Unfehlbarkeit der Strafen. Begnadigungen.

Der größte Zaum welcher den Verbrechen angeleget werden kann, ist nicht die Grausamkeit der Strafe, sondern die Unausbleiblichkeit derselben; und folglich die Wach-

s) Siehest du das angrenzende Land für eine Schwindgrube an, wo du deinen Unflath ableiten könnest, so bedenke, daß dieser Nachbar, wenn sein Gebiete etwas größer und auch bey ihm Landesverweisung im Brauche, er dich mit zehnmal mehr dergleichen beschütten könnte. H.

Wachsamkeit der Obrigkeiten, und die Strenge eines unerbittlichen Richters. Damit sie aber eine nützliche Tugend werde, muß sie mit einer sanften Gesetzverfassung verbunden seyn. Die Gewißheit einer, ob zwar gemäßigten Züchtigung, wird allezeit einen größern Eindruck machen, als die Furcht vor einer ungleich schrecklichern, wenn man sich dabey mit der Hoffnung ungestraft durchzuwischen, schmeicheln kann. Denn alle Uebel, so geringe sie auch seyn mögen, wenn sie gewiß sind, schrecken allezeit die menschlichen Gemüther mehr; und die Hoffnung, dieses himmlische Geschenke, welche oft die Stelle aller andern vertritt, entfernet die Vorstellung der grössern, vornehmlich wenn die Ungestraftheit, zu welcher sich oft die Habsucht und der Unverstand gesellen, ihr mehr Nachdruck giebt.

Manche erlassen die Strafe eines kleinen Verbrechens, wenn der beleidigte Theil verzeihet. So sehr eine dergleichen Handlung der Wohlthätigkeit und Menschlichkeit gemäß ist, so sehr ist sie dem gemeinen Besten entgegen. Eben als wenn ein Privatmann durch seine Vergebung die Nothwendigkeit des Beyspiels gleich so gut aufheben könnte, als er die Ersetzung des Schadens erlassen kann. Das Recht zu strafen stehet ja nicht einem einzigen, sondern allen Bürgern oder dem Oberhaupte zu. Er, der Privatmann kann nur seinem Antheil an diesem Rechte entsagen, aber den andern das ihrige nicht vergeben. Je gelinder die Strafen sind, desto weniger ist Gnade und Verzeihung nothwendig. Glücklich wäre die Nation, bey welcher man die Begnadigung für etwas schädliches halten müßte. Die Mildigkeit, jene Tugend, welche zuweilen bey einem Regenten was an

Regierungspflichten gefehlet, ersetzet und ausgefüllet hat, sollte bey einer vollkommnen Gesetzverfassung, wo die Strafen gelinde wären, und die gerichtlichen Verhandlungen ordentlich und kurz, völlig ausgeschlossen seyn. Diese Wahrheit muß denen harte vorkommen, die in einer verwirrten Criminalordnung leben, wo wegen der ungereimten Gesetze und unmenschlichen Verurtheilungen, Vergebungen und Begnadigungen verhältnißmäßig nöthig sind t*). Dieses Recht Gnade zu ertheilen, ist einer der

t*) Nichts verräth mehr die eingeschränkte Einsicht eines Gesetzgebers, als übermäßige Strafen, und machen sie wohl seinem Herzen Ehre? Feigherzige, weggeworfene Asiatische Seelen prügeln auf die Fussohlen, schlagen einer tauben Nuß halber, die Köpfe herunter, und sind unersättlich in der Rache, dahingegen die Ueberwinder der Welt, die großmüthigen Römer in ihren Strafen gelinde. Wir wollen den Livius hören, wo er von der Verurtheilung des Metius redet: Auertere omnes a tanta foeditate spectaculi oculos. Primum vltimumque illud supplicium apud Romanos, exempli parum memoris legum humanarum, fuit. In aliis gloriari licet, nulli genti mitiores placuisse poenas. Bayle hat schon bemerket, daß die Menschen nicht nach ihren Grundsätzen handeln, daß die Pharisäer den Verwundeten auf der Straße liegen lassen, da der Samaritaner ihn salbet. — Dieses macht einen schönen Contrast mit denjenigen, welche die Religion zu Bemäntelung ihrer Bosheit mißbrauchen. Ein Beweis, daß durch Schärfe der Strafe nichts zu erzwingen, sondern ein angebohrner Haß gegen das Laster, oder eine durch weise Gesetze eingeprägte Liebe zur Tugend, auch in bürgerlicher Einrichtung, bessere Wirkung habe, als Todesstrafen und Staupbesen. Die Pharisäer beobachten das Gesetz aus knechtischer Furcht der ewigen Verdammniß. Die Sadducäer, welche die Unsterblichkeit der Seele leugneten und keine Auferstehung glaubten, beobachteten das Gesetze auch, aber nicht aus Furcht sondern aus Liebe zu

der schönsten Vorzüge des Thrones; es ist die wünschenswürdigste Eigenschaft eines Regenten, und eine stille Misbilligung, welche die wohlthätigen Austheiler der allgemeinen Glückseeligkeit, gegen ein Gesetzbuch an Tag legen, welches bey allen seinen Unvollkommenheiten, das Vorurtheil vieler Jahrhunderte, das weitschweifige und blendende Gefolge unzähliger Ausleger, den Aufputz der ewigen Formalitäten, und die Zustimmung kriechender und nicht sehr gefürchteten Halbgelehrten hat. Wenn man aber erweget, daß die Mildigkeit und Gnade eine Tugend des Gesetzgebers, nicht aber dessen der die Gesetze in Ausübung bringen soll, ist, so muß sie aus dem ganzen Gesetzbuch hervorleuchten, aber nicht in besondern Urtheilen erscheinen. Lasset euch nur einigermaßen merken, daß die Verbrechen Vergebung erhalten können, und daß die Strafe nicht allemal deren unausbleibliche Folge sey; o so nähret ihr dadurch den Zunder der schmeichlerischen Hoffnung durchzuschlüpfen, ja ihr erreget so gar die Meinung, daß einer der ohne Begnadigung Strafe dulden muß, Unrecht leide, und daß die Urtheilssprüche mehr Gewaltthätigkeiten sind, als Handlungen die aus der Gerechtigkeit fließen. Was soll man hernach sagen wenn der Fürst Gnade erzeiget, das heißt, die öffentliche Sicherheit einer Privatperson schenket, und durch die Ertheilung einer einzelen nicht wohl überlegten

zu Gott, ihren Wohlthäter und Erhalter. Mich hat eine lange Erfahrung durch mancherley Beyspiele belehret, daß tugendhafte Amtleute ihre Gefangne milder, hingegen solche die von Fußsohlen bis auf das Haupt selbst voller Laster und Fehler sind, ihre Inquisiten auf das schärfste behandeln, und dabey überall, daß es zu Gottes Ehre geschehe, auspredigen lassen. H.

Wohlthat gleichsam allgemein ausrufen läßt, daß die Verbrechen unbestraft bleiben sollen? Die Gesetze müssen also, wie auch die Handhaber derselben, in den Fällen, wo nach den Gesetzen gerichtet wird, unerbittlich seyn; der Gesetzgeber aber muß milde, nachsehend und menschlich seyn. Als ein geschickter Baumeister suche er sein Gebäude auf die Eigenliebe zu gründen, so daß das allgemeine Beste aus der Vereinigung der Vortheile eines Jeden hervor quille. Solchergestalt wird er nachher nicht gezwungen seyn, das Wohl der Gesellschaft von der Wohlfart einzeler Personen durch besondre Gesetze zu trennen, und ein Schattenbild der öffentlichen Glückseligkeit auf Furcht und Mistrauen zu errichten. Als ein tiefsinniger und empfindsamer Philosoph lasse er die Menschen, seine Brüder, den kleinen Antheil der Glückseligkeit, welche sie nach der von der ersten Ursache gemachten unbegreiflichen Einrichtung in diesem kleinen Theile des großen Weltgebäudes genießen können, auch mit Ruhe genießen.

§. XXI.

Freystäte.

Nun sind mir noch zwey Fragen zu erörtern übrig, erstlich ob die Freystäte gerecht, und zum andern ob Verträge der Völker, sich einander die aufgefangenen Missethäter auszuliefern, nützlich? Innerhalb den Grenzen eines wohl eingerichteten Staates muß kein Ort seyn, welcher dem Gesetze nicht unterworfen wäre. Jeglicher Bürger muß der Gewalt der Gesetze eben so folgen, wie der Schatten den Körper begleitet. Zwischen Freystatt

und

und Straflosigkeit ist kein andrer Unterschied als zwischen mehr und weniger; weil die Strafe mehr durch ihre Unvermeidlichkeit als durch ihre Größe schrecket, so reizen die Freystäte mehr zum Verbrechen als die Strafen davon entfernen. Die Vermehrung der Freystäte stiftet eben so viel kleine Monarchien; denn wo keine Gesetze das Regiment darinnen führen, da können neue Herrschaften entstehen, die den allgemeinen Gesetzen zuwider sind, woraus ferner Gesinnungen einschleichen, welche dem Geiste und der Denkungsart des ganzen politischen Körpers widerstreitet [v]). Alle Geschichten belehren uns, daß die Freystäte große Veränderungen in den Staaten veranlasset, und den Meinungen der Menschen eine ganz andre Wendung gegeben.

Einige haben behauptet, daß in was für einem Orte ein Verbrechen, das heißt, eine gesetzwidrige Handlung begangen worden, daselbst könne sie auch bestraft werden. Eben als wenn die Eigenschaft eines Unterthanen unauslöschlich wäre, und eben so viel, ja wohl noch was schlimmeres als einen Sclaven bedeute. Gleich als wenn einer von einer Herrschaft ein Unterthan seyn, und unter einer andern wohnen könnte, und seine Handlungen ohne Widerspruch zweyen Oberherren und zweyerley oftmals einander widersprechenden Gesetzverfassungen könnten unterworfen seyn. So stehen auch einige in der Meinung, daß eine, zum Beyspiel in Constantinopel begangne grausame That, in Paris könnte bestraft werden, aus dem spitzfündigen Grunde, daß derjenige, der Einen Menschen beleidi-

v) Dieses alles ist nicht für Protestanten geschrieben, deren Priesterhäuser und Kirchen zu keiner Freystäte dienen. H.

beleidiget, alle Menschen zu Feinden zu haben verdiene, und von allen müsse verabschent werden. Auf solche Art müßten die Richter, vielmehr über die Empfindlichkeit der Menschen, als über die Verträge, welche doch allein die Menschen unter einander verbinden, richten. Die Strafe muß nirgends anders als nur an dem Orte, wo das Verbrechen begangen worden, vollzogen werden, weil nur blos daselbst und sonst nirgends, die Menschen einen Privatmann zu beschädigen genöthiget sind, um der öffentlichen Beleidigung vorzubeugen. Ein Bösewicht, der aber die Verträge einer Gesellschaft, deren Mitglied er nicht war, nicht verletzet hat, kann gefürchtet, und daher von der Obrigkeit aus der Gesellschaft weggeschafft und verwiesen, keinesweges aber nach den Gesetzen, die die Verletzung der Verträge rächen müssen, noch auch nach der innern Bosheit des Herzens bestrafet werden.

Ob es aber zuträglich sey, daß Nationen unter einander sich ihre Missethäter ausliefern, so unterstehe ich mich diese Frage nicht zu entscheiden, so lange die Gesetze den Bedürfnissen der Menschlichkeit nicht angemessen, die Strafen gelindert, so lange Recht und Billigkeit von Willkühr und Wahne abhänget, so lange die unterdrückte Unschuld, und die öfters verhaßte Tugend nicht in Sicherheit gestellet, so lange nicht die Tyranney von der allgemeinen Vernunft, welche doch allezeit das Wohl des Staats mit der Wohlfarth der Unterthanen besser vereinigет, in die weiten Wüsten Asiens verbannet wird. Es wäre unterdessen vielleicht eines der kräftigsten Mittel, den Verbrechen vorzubeugen, wenn jedermänniglich bekannt wäre, daß kein Fußbreit Erde anzutreffen, wo das wahre Verbrechen Verzeihung hoffen könne.

§. XXII.

§. XXII.

Von dem auf einen Kopf gesetzten Preis.

Die andre Frage bestehet darinne, ob es nützlich sey, einen Preis auf den Kopf eines bekannten Missethäters zu setzen, und jeglichen Bürger dadurch zum Scharfrichter zu machen, daß man ihm das Schwerdt der öffentlichen Rache in die Hände giebt? Der Verbrecher hat entweder die Grenzen eines Staates verlassen, oder er ist noch darinnen befindlich. Im ersten Falle reizt der Regent die Bürger, ein Verbrechen zu begehen, und stellet sie den Strafen blos, welche die Stöhrer fremder Gerichtsbarkeit billig erfahren. Er beleidiget eine fremde Macht, maßet sich ein Recht über selbige an, und nöthiget sie durch sein Beyspiel, gleichmäßige Gewaltsamkeit auszuüben. Im zweyten Falle verräth er seine eigne Schwäche. Wer selbst hinlängliche Kräfte zu seiner Vertheidigung hat, braucht sie nicht erst von andern zu erbetteln. Ferner reißt man durch eine dergleichen Verfügung alle Begriffe von Sittlichkeit und Tugend danieder, welche ohnedies in dem menschlichen Herzen durch den kleinsten Wind vermehet werden. Bald fordern die Gesetze zur Verrätherei auf, und bald bestrafen sie dieselbe. Mit einer Hand knüpfet der Gesetzgeber die Bande der Verwandschaft, des Blutes, der Freundschaft, und mit der andern belohnet er denjenigen der sie zerreisset und zerstücket x*). Immer sich selbst widersprechend, locket er

x*) Nicht allein der Fürst sondern auch der Richter, muß ein ehrlicher Mann seyn: Soll man an der Obrigkeit loben, was man bey einem Privatmann verabscheuet? Derjenige, der dem Diebe Gnade verspricht, wenn er bekennen

die argwöhnischen Gemüther der Menschen bald zum Vertrauen, bald streuet er in ihre Herzen schädlichen Saamen des Mißtrauens. Statt einem Verbrechen vorzubeugen

bekennen werde, und es nicht hält, ist des Stranges würdiger, als der hernach gehänget wird. Alle Schlupfwinkel, Entschuldigungen, und Hinterlist sey von dem Richterstuhl verbannet Aber auch der Fürst ist schuldig, das Wort der Obrigkeit in Erfüllung zu bringen, wenn selbige dem Sünder, daß er ungestraft bleiben solle, versprochen hat, und will mir nicht gefallen, wenn es unter dem Vorwande umgestoßen wird, der Richter habe dieses nicht versprechen können. Muß nicht jeder Höhere für das Versehen seiner Subalternen stehen? Er weiß und soll wenigstens wissen, was für einem Manne er die Gerichtsbarkeit aufgetragen. Eben so nachtheilig für das gemeine Beste ist, wenn der Richter in seinem Namen ein Grundstück subhastiret, und der Käufer nichtiger Kleinigkeiten halber das erstandne Gut wieder hergeben soll. Oeffentliche Treue muß als ein Vorbild, nach welchem Unterthanen sich richten sollen, über alles gehen, wannenhero das von einer Obrigkeit gegebene Wort als heilig betrachtet werden muß, weil, sobald der öffentliche Glaube wanket, dieses dem ganzen gemeinen Wesen zum äußersten Nachtheile gereichen und bey den Auswärtigen so gar der Landesherr leiden würde, wenn die von ihm bestellten Obrigkeiten in Sachen, die vor den Augen des ganzen Landes und unter öffentlichem Namen vor sich gehen, durch Hinterhalt und spitzfindige Griffe sich von der Wahrheit zu entfernen, oder begangene Fehler mit neuen Fehlern zu bedecken, suchen sollten. Hierdurch wird das obrigkeitliche Ansehen geschwächet, die Heiligkeit des Thrones geschändet, und die Contrahenten schüchtern gemacht, sich mit Höheren einzulassen, da man die Leute vielmehr anlocken und daß sie sicher mit dem Richter, noch sicherer aber mit dem Landesherrn, Verträge eingehen könnten, zu bereden suchen sollte, weil ohnehin die Menschen gegen Mächtigere, auch ohne solche Bevortheilungen, schon an und für sich selbst mistrauisch sind. ꝛc.

beugen, giebt er zu hunderten Gelegenheit. So sind die Mittel beschaffen, welche schwache Völker zu ihrer Vertheidigung anwenden. Ihre Gesetze sind nur augenblickliche Flickwerke eines den Einsturz auf allen Seiten drohenden Gebäudes. Je aufgeklärter ein Volk wird, desto nothwendiger werden treuer Glaube, Aufrichtigkeit und wechselseitiges Vertrauen, und suchen sich mit der wahren Staatskunst immer mehr zu vereinigen. Kunstgriffe, Ränke, krumme und finstre Wege wird man bey guter Zeit gewahr, und die Empfindlichkeit einzeler Glieder verlieret sich in der Empfindlichkeit des ganzen Körpers.

Selbst die Zeiten der Unwissenheit, in welchen die allgemeine Sittenlehre der Privatsittenlehre sich unterwerfen mußte, dienen aufgeklärteren Zeiten zur Erfahrung und zum Unterricht. Gesetze, die Verrätherey belohnen, und durch die Vorbereitung des wechselseitigen Verdachtes, Funken eines geheimen Krieges der Bürger unter einander ausstreuen, sind ein mächtiges Hinderniß zu der so nothwendigen Vereinigung der Sittenlehre und Staatskunst, woraus die Menschen Glückseligkeit, die Völker Friede und der Erdkreis einen dauerhaften Ruhestand und Befreyung von denen darauf herumwandelnden Uebeln schöpfen können.

§ XXIII.

Verhältniß zwischen Strafen und Verbrechen.

Es erfordert nicht nur das allgemeine Beste, daß keine Verbrechen begangen werden, sondern auch daß jegliche Art der Verbrechen, nach dem Verhältnisse des

Uebels, das der Gesellschaft daraus entstehet, desto seltner sey. Es müssen demnach die in den Gesetzen angezogene Bewegungsgründe, welche die Menschen von Missethaten abhalten sollen, desto stärker seyn, jemehr nach Verschiedenheit der Verbrechen eines dem gemeinen Besten nachtheiliger als das andre ist, und je mächtiger die Reizungen sind, welche die Menschen zu Missethaten verleiten. Es muß also ein gewisses Verhältniß zwischen Verbrechen und Strafen statt finden.

Da Lust und Schmerz die Triebfedern empfindsamer Wesen sind, da zu den Bewegungsgründen, welche die Menschen auch zu den erhabensten Handlungen antreiben, selbst von dem allerhöchsten unsichtbaren Gesetzgeber Belohnungen und Strafen bestimmt waren, so kann es nicht fehlen, daß von der ungleichen und unschicklichen Austheilung derselben, nicht der obzwar wenig bemerkte doch um so viel mehr vorkommende Widerspruch entstehen sollte, daß Strafen über Verbrechen ergehen, welche Verbrechen von den Strafen selbst sind veranlasset worden. Wenn zweyerley Verbrechen, welche die Gesellschaft auf ungleiche Art beschädigen, mit einerley Strafe beleget werden, so wird dadurch den Menschen kein stärkeres Hinderniß gesetzet, das größere Verbrechen zu begehen, wenn sie einen größern Vortheil sich dadurch verschaffen können. Wenn eben die Todesstrafe, auf den, der einen Fasan schießt, als auf jenen der einen Menschen ermordet, oder eine wichtige Schrift verfälschet, gesetzet wird, so wird man keinen Unterschied unter diesen Verbrechen machen. Auf diese Art zernichtet man die sittlichen Empfindungen, dies Werk vieler Jahrhunderte

derte und vieles Blutes; Empfindungen die sehr langsam und sehr schwer in den Herzen der Menschen erreget werden können, wozu man die Beyhülfe der erhabensten Bewegungsgründe, und einen so großen Praß von Formalitäten für nöthig erachtet hat.

Es ist unmöglich bey dem allgemeinen Kampfe so mancherley wider einander laufenden menschlichen Leidenschaften, allen Unordnungen völlig vorzubeugen. Jemehr ein Staat bevölkert wird, und jemehr sich der Eigennutz einzelner Personen in das Spiel menget, in in eben dem Maaße wachsen die Unordnungen, so daß es nicht möglich ist, die Menschen mit geometrischer Gewißheit zum allgemeinen Besten zu lenken. Man muß in politischer Rechnung statt der mathematischen Pünktlichkeit sich mit Wahrscheinlichkeit und Näherungen behelfen. Ein in die Geschichte geworfener Blick belehret uns, daß die Unordnungen mit der Erweiterung des Staates sich vergrößern; und da in eben dem Verhältniß die Gesinnungen der Nation sich vermindern, so nimmt der Reiz Verbrechen zu begehen, nach dem Maaße des Vortheils zu, welchen jeder aus diesen Unordnungen zu ziehen glaubet. Dieses verursachet die Nothwendigkeit, auch die Strafen immer mehr zu erhöhen.

Diese, der Schwerkraft der Körper, ähnliche Gewalt, welche uns immer zu dem; was wir uns als gut vorstellen, antreibet, wird nur, in so fern ihr ein Widerstand gesetzet wird, in ihrer Wirkung aufgehalten. Die Wirkungen dieser Gewalt bestehen in der verworrenen Reihe menschlicher Handlungen. Wenn dieselben wechsels-

wechselsweise einander im Wege stehen, und nachtheilig sind, so verhindern doch die Strafen, welche ich politische Hindernisse nennen möchte, den üblen Erfolg, ohne die antreibende Ursache zu vernichten, welche in der, von den Menschen unzertrennlichen Empfindsamkeit bestehet. Der Gesetzgeber verhält sich hierbey wie ein geschickter Baumeister, dessen Hauptsorge dahin gehet, der niederdrückenden Kraft der Schwere, andre unterstützende Kräfte entgegen zu stellen, um durch diese Vereinigung des Gewichtes und Gegengewichtes seinem Gebäude Festigkeit zu geben.

Wenn man die Verbindung der Menschen in Gesellschaften, und die daraus fliessenden Vortheile voraussetzt; wenn man die Verträge, welche der widereinander streitende Eigennutz veranlasset, annimmt; so kann man sich die in der Gesellschaft vorkommende Unordnungen, als eine Leiter vorstellen, auf deren obersten Stufe diejenigen Verbrechen stehen, welche auf die Zerrüttung und den Untergang der ganzen Gesellschaft unmittelbar abzielen; auf der untersten aber die gar geringe Beleidigung, die man einzelen Mitgliedern der Gesellschaft zufüget. Zwischen diesen beyden stehen alle dem gemeinen Besten auf mancherley Weise sonst zuwiderlaufende Handlungen, und steigen durch unmerkliche Stufen von der höchsten zur niedrigsten herab.

Wenn man die Meßkunst auf die unendlichen und verborgenen Verbindungen menschlicher Handlungen anwenden könnte, so müßte ein Stufenmaaß gemacht werden, welches die Strafen von der höchsten bis zur niedrigsten bestimmte. Hätte man ein so genaues und allmeines

meines Stufenmaaß von Strafen und Verbrechen, so hätten wir auch ein wahrscheinliches und allgemeines Maaß, nach welchem wir die Grade der Tyranney und der Freyheit, der gegründeten Menschlichkeit oder der Bosheit der verschiednen Nationen abmessen könnten. Ein weiser Gesetzgeber muß sich begnügen, die Hauptregeln zu beobachten, daß er, ohne die Ordnung zu unterbrechen, nicht auf Verbrechen vom ersten Grade, Strafen des letzten setze y).

§. XXIV.

y) Wenn Coridon seine Daphnis liebet, so ist es kein Verbrechen, weil dadurch niemand beleidiget wird. Missethat oder Unrecht ist nur dasjenige, wodurch ich entweder meinen einzeln Nächsten oder gar dem gemeinen Wesen etwas unmittelbar entziehe. Ich sage unmittelbar. Denn wenn man das Wort mittelbar einwebet, so finden Moralisten, welche die ganze Welt nach ihrem System regieren wollen, und gleichwohl die drey Worte; Mensch, Bürger und Christ nicht zu unterscheiden wissen, ein offenes Feld, nach eigenem Belieben, was sie nur wollen, auch unschuldige, auch nützliche Handlungen in Verbrechen umzugießen und durch verflochtene Dunkelheit überall sogenannte mittelbare Nachtheile und Verletzungen der Republik heraus zu künsteln. Wo nicht unmittelbar, werden sie sagen, doch wenigstens mittelbar ist der Hang zur Mode, die Ehrbegierde, der Geiz, die Heyrath in dem vierten Grade, der Einkauf des Getreydes bey wohlfeiler Zeit, insonderheit die Kezerey, und Gott weiß, was sonst für Dinge, unter die bürgerlichen Verbrechen zu zählen. Man kennet schon die labyrinthischen Schlüsse tiefdenkender Schulweisen, welche durch 99 Folgerungen, darunter öfters der größte Theil falsch ist, endlich die hunderste hervorbringen, die erweisen soll, es wäre denen Bürgern doch wenigstens die Sache mittelbar schädlich. H.

§. XXIV.
Maaßstab der Verbrechen.

Wir haben bisher gesehen, welches eigentlich der wahre Maaßstab der Verbrechen sey, nämlich ein der Gesellschaft zugefügter Schaden z). Dieses ist eine von den handgreiflichen Wahrheiten, die, ob sie zwar weder Quadranten noch Ferngläser bedarf um entdeckt zu

z) Man mache also nicht Handlungen zu bürgerlichen Verbrechen, die es nicht sind. Wenn ein Mann seiner verstorbenen Frauen Schwester heyrathet, wo ist da Beleidigung? Wird nun aber niemand verletzet, niemand um das Seinige gebracht, dem Nächsten nicht geschadet, wie kann wohl der weltliche Richter strafen? wie kann dieses der Gegenstand eines bürgerlichen Gesetzes seyn? Gott hat es nur verboten, „ihr zum Tort, dieweil sie lebet." Wenn der Frauen Schwester ihr in Ehebette folget, welch ein Glück für die verwayseten Kinder! Sie wird ihnen keine Stiefmutter seyn. Es sind gleichsam ihre eignen Kinder, sie ist ihre Tante. Weinet nicht, arme verlassene Waysen! ihr habt eure Mutter nicht verlohren, sie lebt noch in der Person ihrer Schwester. Angestammte Liebe, bereits errichtete Bekanntschaft, wechselseitige Bedürfnisse, Band der Familie, alles rufet, alles ermahnet die Heyrath mit der Frauen Schwester zu befördern. Gesetzt auch, daß die rechtgläubigen Theologen der alten Welt dawider zu eifern Recht haben sollten, (wie sie es doch, aller Rechtsgelehrten Meynung nach, nicht haben) so wäre dieses doch auf alle Fälle kein Gegenstand der bürgerlichen Strafgesetze, welche blos die Stöhrung der Sicherheit und Beleidigungen zu verhüthen und Ruhe zu erhalten zur Absicht haben sollen. In diese Gränzen wird alles eingeschränket. Verbietet der evangelische Fürst diese Heyrath, so thut er es als Bischof und nicht als Landesherr. H.

zu werden, sondern ein mittelmäßiger Verstand sie begreifen kann, doch durch eine wunderliche Verwirrung der Umstände, mit Ueberzeugung nicht ist erkannt worden, als nur von wenigen Weisen aller Zeiten und aller Völker. Allein die asiatischen Meynungen, mit Macht und Ansehen bekleidete Leidenschaften, haben bey dem größten Theil der Menschen, zuweilen durch unmerkliche Reizungen, einige wenige durch gewaltsame Eindrücke auf die furchtsame Leichtgläubigkeit der Menschen, diese einfachen deutlichen Begriffe verwischet und ausgelöschet. Vermuthlich waren dieselben, bey Entstehung der Gesellschaft als Lehren der Weisen bekannt, und es scheinet als wenn unser erleuchtetes Jahrhundert sie wieder, jedoch mit mehrerm Nachdruck, als eine geometrische Untersuchungen, tausend traurige Erfahrungen, ja selbst die Hindernisse es bewirken können, herstellen würde.

Diejenigen, welche die Absicht dessen, der ein Verbrechen begehet, für den wahren Maaßstab desselben angegeben, haben sich sehr geirret. Denn die Absicht hänget von dem gegenwärtigen Eindruck der Gegenstände ab, wie auch der vorhergehenden Gemüthsverfassung. Diese sind nicht nur bey allen Menschen, sondern selbst bey einem jeglichen, vermöge der schnellen Abwechselung der Gedanken, Leidenschaften und Umständen verschieden. Solchergestalt müßte man nicht allein ein besonderes Gesetzbuch für einen jeden Bürger, sondern auch ein neues Gesetz für jedes Verbrechen haben. Zuweilen verursachen die Menschen der Gesellschaft das größte Uebel in der besten Meynung; und zuweilen befördern sie mit

der

der boshaftesten Absicht die größte Wohlfart derselben a*).

Andre Staatslehrer wollen die Verbrechen vielmehr nach der Würde des Beleidigten, als nach den traurigen Folgen, die dem gemeinen Wesen daher entstehen, abgemessen wissen. Wenn dieses das rechte Maaß der Verbrechen wäre, so würde eine Unehrerbietigkeit gegen das höchste Wesen weit schrecklicher bestraft werden müssen, als die Ermordung eines Monarchen, weil diese Beleidigung den Unterschied mit jenem, in Betracht der Erhabenheit der göttlichen Natur, nicht im allermindesten ausgleichet b).

Noch andre sind endlich auf die Gedanken gerathen, daß die Abmessung des Grades eines Verbrechens auch mit

a*) Den bloßen Willen, so böse er auch seyn mag, wenn er noch nicht in öffentliche Thathandlung ausgebrochen, bestrafet kein bürgerliches Gesetz. Denn man sahe, daß es unschicklich. Vielweniger also kann die Absicht den Maaßstab, den wir suchen, abgeben. Auch wird dazu ein Richter erfordert, der denen Delinquenten ins Herze schauen könnte, das gleichwohl keine Fenster hat. H.

b) Wenn zweene Kaufleute in eine Handlung treten und gleiches Geld erlegen, so muß Gewinnst und Verlust auch gleich getheilet werden. Nun hat aber bey Errichtung der menschlichen Gesellschaft sowohl der Reiche als Arme ein Gleiches eingelegt. Beyde ließen nämlich einen Theil der natürlichen Freyheit fahren; also muß auch der Geringe so gut als der Vornehme seiner Ehre, seiner Güter, und seines Lebens gleich gesichert seyn. Die kleinen Tyrannen der mitlern Ordnung, die Mandarins, der Adel, um dem Fürsten in etwas gleich zu werden, möchten freylich gerne Stand und Würde zum Maaßstab machen. H.

mit auf die Größe und Schwere, der hiermit begangnen Sünde gegen Gott müßte gesehen werden c). Der Ungrund dieser Meynung wird demjenigen so gleich in die Augen leuchten, der die wahren Verhältnisse zwischen Mensch und Mensch und zwischen Mensch und Gott auf der andern Seite unpartheisch erwegen will. Das Verhältnis zwischen Mensch und Mensch ist einerley und sich immer gleich. Die einander sich stoßenden Leidenschaften und der Eintrachtswidrige Eigennutz hat den Begrif vom gemeinen Besten hervorgebracht, und hierauf gründet sich die menschliche Gerechtigkeit. Die Menschen stehen mit Gott in einem Verhältnisse der Abhängigkeit, als von einem vollkommnern Wesen und ihrem Schöpfer, der sich das Recht, Gesetzgeber und Richter zugleich zu seyn,

c) Was ein theologisirender Weltweise, eben das ist auch ein theologisirender Gesetzgeber. Die Religion hat ihr eigenes Gebiete. Es kann etwas der Republik nützlich und in der Kirche sündlich seyn. Der seel. D. Luther sagt: Was in der Theologie wahr, sey öfters in der Philosophie falsch, von welchem Spruche ich anderswo meine Gedanken eröfnet. Dieses alles läßt sich auch hier anwenden. Wenn der Fürst in einem bürgerlichen Gesetze von der Seelengefahr redet, so wird dieses als ein falscher Ton dem zur Harmonie gewöhnten Ohre eben so hart auffallen, als wenn ein evangelischer Landesherr seine katholischen Unterthanen durch Strafgesetze bekehren, oder der Sultan die in Constantinopel wohnenden Christen seinem Paradiese zuführen wollte. Thut er dieses, so versteht er sein Amt nicht, wozu ihn die Vorsicht bestimmt, und ist sein Beruf ihm unwissend. Als Völker sich einen König erwählten, so wollten sie an ihm zur Friedenszeit einen Richter, und im Kriege einen Anführer haben. Er sollte sie in der Welt glücklich, nicht in der Ewigkeit

seyn, vorbehalten hat, weil er allein ohne Unschicklichkeit es seyn kann. Hat Gott ewige Strafen dem, der seiner Allmacht nicht Gehorsam leistet, verordnen wollen, welcher Wurm wird der göttlichen Gerechtigkeit unter die Arme zu greifen sich erkühnen, und sich anmaaßen in seiner Sache dem unendlichen Wesen beyzustehen, das sich selber genug ist. Gott ist ein Wesen, welches keines Eindrucks von Vergnügen oder Schmerzen durch äußerliche Gegenstände fähig ist, indem er allein in die Natur wirket, ohne einiger Gegenwirkung ausgesetzt zu seyn. Die Größe und Schwere der Sünde hat ihren Grund in der unerforschlichen Bosheit des Herzens, diese aber kann von endlichen Geschöpfen ohne Offenbarung

rung

keit seelig, machen. Letzteres ist das Amt der Priester. Will ein Fürst den Priester vorstellen, so wird der Priester regieren. Kirche und Republik müssen abgetheilt bleiben, weil Einmischung in fremde Händel gar selten gelinget. Katharine in Rußland, die in ihrem weitläuftigen Reiche so viele Religionen zu beherrschen hat, wird durch Strafgesetze und Himmelswege gewiß niemanden seines alten Glaubens berauben. Wenigstens muß ein Fürst die himmlische Regierung nicht eher vornehmen, als bis er die Regierung auf Erden verstehet. Ein anders ist recht glauben, ein anders recht leben. Wirft ein Perser etwas Unreines in das Feuer, so ist es Zoroastrische Sünde. Aber der König hat nicht Ursache es zu bestrafen, denn er ist kein Fürst für das Himmelreich. Es werde also dieser Entheiliger des heiligen Feuers von der Zoroastrischen Kirche ausgeschlossen. Er lasse sich von den Priestern reinigen; alles gut! nur treffe ihn keine bürgerliche Strafe, im Fall er kein Aufwiegler ist. Verbrechen ist nur dasjenige, wodurch ich dem Nächsten etwas entziehe. Also sind Sünde und Verbrechen zwey unterschiedene Dinge.

rung nicht erkannt werden. Wie könnte man dieses also zur Richtschnur annehmen, um Verbrechen zu bestrafen? Wie leicht könnte es in diesem Falle geschehen, daß Menschen strafen, da doch Gott verziehe, und verzeihen, wenn Gott straft. Können die Menschen Gott zuwider handeln, wenn sie ihn beleidigen, so können sie es auch thun, wenn sie zur Ungebühr strafen d).

§. XXV.

Eintheilung der Verbrechen.

Einige Verbrechen zerrütten unmittelbar die Gesellschaft oder den, der sie vorstellt. Einige zerstören die

 Sicher-

d) *Lactantius ad Pentadium c. 53.* Sed hoc facere se dicunt, ut deos suos defendant. Primum si dii sunt et habent aliquid potestatis et numinis, defensione hominis patrocinioque non indigent. Stultum igitur et vanum, deorum esse vindices velle. Qui patrocinium Dei, quem colit, suscipit, illum esse nihil, confitetur. So viel habe ich als Christ mich fest überzeugt, daß Gott an Hängen und Köpfen keinen Gefallen habe. Wir Menschen bilden öfters Gott nach uns. Der Stolze, Zornige, Hochmüthige und Rachgierige stellt sich das höchste Wesen zornig, und der Hypochondriste, den die Fliege an der Wand irret, hypochondrisch vor. Wer sanguinisch ist, denkt sich Gott mitleidig und wohlthätig. Der Phlegmatische denkt gar nichts Auf dem Erdboden ist etwa der sechste Theil der Menschen sanguinisch. Dieses Verhältniß wechselt nicht ab; denn ich habe anderswo berechnet, daß es heutiges Tages nicht einen einzigen Geizigen mehr gebe, als es zur Zeit des Königes Salomo gegeben. Der Vogel bauet sein Nest noch eben so, wie er es zur Zeit des Königes Salomo gebauet. Es fließet noch immer dasselbe Blut durch unsere Adern, und die menschliche Natur

Sicherheit einer einzelnen Person, in Ansehung seines Lebens, seiner Güter oder seiner Ehre e). Andere bestehen endlich auch in den Handlungen, welche die Gesetze, in mancherley Rücksicht auf das gemeine Beste gebieten oder verbieten f).

Welche

tur bleibt unveränderlich. Kann wohl ein Mohr seine Haut wandeln und ein Parder seine Flecken? Melancholische auch zum Theil cholerische Gemüther sind vermittelst ihrer Säfte und des Geblüts Liebhaber von gekünsteltem Zwange und einer unnatürlichen Moral. Die einmal gefaßten Eindrücke behalten sie fest, daher gar öfters bey ihnen ein Wort zur Sache wird. Wenn dergleichen fest geheftete Idee bis zur Begeisterung ansteiget, so ist es unmöglich, den Schwärmer zu bekehren. H.

e) Als vorsetzlicher Mord, Wegelagerung, Feueranlegen, Vergiftung, Straßenraub, Nothzucht, Prellerey. H.

f) Unter den leztern aber muß man keinesweges Uebertretung der Religionsgebräuche verstehen, weil Bestrafung der Sünde auf die Kanzel, nicht auf den Richtplatz gehörig. Mit den Sünden, wenn sie nicht zugleich der Gesellschaft Schaden bringen, hat die Politik und bürgerliche Rechtsgelarheit nichts zu schaffen. Wir verfallen sonst in eine ganz andere Sphäre, und mengen alles durch einander. In der Schule, wenn jemand gesagt hat: Haec schisma, so schläget der Schulmeister zu und strafet mit Recht, denn es ist ein grammatikalisches Verbrechen, aber in bürgerlicher Gesellschaft kannst du diese Sünde ungestraft begehen, weil der Fürst kein Schulmeister ist. Einer meiner Freunde brauchte einen Pachter für sein Rittergut. Es ward ihm einer empfohlen, der rechtschaffen, tugendhaft, ein vollkommner Hauswirth und artiger Mann war. Aber der Pfarherr widerrieth diese Wahl. Denn, sagte er, es hat dieser Pachter seiner Frauen Schwester zur Ehe. Wie gehöret das hieher? Ja, sagte der Priester: Religion sey doch ein Kleinod, so über alles gehe, und

wer

Welche Handlung nun unter die beyden vorerwähnten Gränzen nicht kann gesetzet werden, kann nicht ein Verbrechen genannt, oder als ein solches bestrafet werden, außer von denjenigen, die ihren Vortheil dabey finden es so zu benennen. Die Schwierigkeit diese Gränzen genau zu bestimmen, hat bey den Völkern eine Sittenlehre aufgebracht, die der Gesetzverfassung widerspricht. Daher sind so viele Verordnungen entstanden, welche wechselsweise einander aufheben. Daher kommt jener Schwarm von Gesetzen, die den vernünftigsten Mann den härtesten Strafen aussetzen; und das ist endlich die Ursache, daß die Namen von Tugend und Laster schwankend und unbestimmt worden, und es so weit gekommen, daß man an ihrem Daseyn gezweifelt hat, wodurch der politische Körper in eine schädliche Schlafsucht und Unthätigkeit versunken ist.

Die Meynung, daß jedem Bürger alles, was im Gesetze nicht verboten, zu thun frey stehen müsse, ohne andre Unbequemlichkeiten, als die, welche die Handlung selbst, als Folgen mit sich führet, zu befürchten; dieses ist ein politischer Satz, welcher von dem Volke geglaubet und von der hohen Obrigkeit, durch eine untadelhafte Handhabung der Gesetze geprediget werden muß; eine

wer nicht den rechten Glauben habe, könne kein rechtschaffener Mann seyn, und Gott entziehe allen Segen. Der Verpachter ließ sich aber nicht irren, sondern sagte: Jetzt sind wir in der Sphäre des Pachtes, und nicht in der Sphäre von Kirchengesetzen. Ich will lieber einen Schwachgläubigen, der mir den Pacht bezahlt, als einen Starkgläubigen, der kein Hauswirth. Was hier ein Privatmann bey einem Pachtgeschäfte sagte, beliebe der Gesetzgeber im Großen anzuwenden. H.

heilige Lehre, ohne welche keine rechtmäßige Gesellschaft bestehen kann; eine billige Wiedervergeltung des Opfers, welches die Menschen von der Befugniß frey und unumschränkt in allen Dingen zu handeln, wie solche einem jeden empfindsamen Wesen zustehet, und nur durch die eigne Kräfte eingeschränket wird, gethan haben. Diese bildet freye erhabene Seelen, aufgeklärte Geister, macht die Menschen tugendhaft, und zwar von einer standhaften und unerschrocknen Tugend, nicht von einer kriechenden Klugheit, deren nur derjenige werth ist, der sein Daseyn als eine Gnade oder ein erbetteltes Geschenk anzusehen, niederträchtig genug ist.

Wer mit einem philosophischen Blicke, die Gesetzverordnungen und Jahrbücher der Völker durchsiehet, wird fast immer finden, wie die Namen von Tugend und Laster, von guten und schlimmen Bürgern, sich mit dem Verlauf der Jahrhunderte abändern, zwar nicht in Verhältniß der Veränderungen, welche in den Umständen der Länder vorfallen, und die folglich immer sich nach den allgemeinen Vortheilen richten, sondern nach dem Maaß der Leidenschaften und Irrthümer, die hintereinander die verschiednen Gesetzgeber beherrschten. Er wird sehr oft wahrnehmen, daß die Leidenschaften eines Jahrhunderts, den Grund zur Sittenlehre künftiger Jahrhunderte geleget haben; er wird sehen, wie die heftigen Leidenschaften, eine Brut der Schwärmerey und falschen Begeisterung, von der Zeit, welche alle physische und moralische Erscheinungen in ein Gleichgewicht setzet, entkräftet und zernaget, allmählig zur Klugheit ihres Zeitalters, und zu einem nützlichen Werkzeug in der Hand des Mächtigen und Verschmitzten umgeschaffen

werden

werden. Auf diese Weise entstanden die sehr dunklen Begriffe von Ehre und Tugend, und so sind sie noch, weil sie sich mit den Abwechselungen der Zeit verändern, welche die Benennungen beybehält, wenn gleich die Sachen nicht mehr vorhanden, sie verändern sich mit den Flüssen und Bergen, welche sehr oft nicht nur die Gränzen der physischen, sondern auch der moralischen Geographie ausmachen.

§. XXVI.

Verbrechen der beleidigten Majestät.

Die ersten, welche unter die größten Verbrechen gerechnet werden, weil sie die schädlichsten sind, sind die, welche man Hochverrath nennet. Die Tyranney allein und die Unwissenheit, welche die deutlichsten Worte und Begriffe verwirren, können diesen Namen, und folglich auch die größte Strafe, Verbrechen von ganz verschiedener Art zuerkennen, und also hier wie bey tausend andern Gelegenheiten die Menschen zum Schlachtopfer eines Wortes machen g). Jedes, auch so gar ein Privat-

g) „Das blinde Misverständniß des Wortes Majestät hat so gar die Verfälschung der Münze zu einem Hochverrathe machen wollen. Ich aber kenne einen Rechtsgelehrten, der da meynet, man könne einem falschen Münzer weiter nichts thun, als einen in dieser Kunst so geübten Menschen dahin, daß er Zeitlebens in der Münze des Königes mit der Schelle am Beine oder an der Kette arbeiten müsse zu verdammen." Französ. Commentar. Hältst du die Regel gegründet, daß für ein Verbrechen, so leicht zu erdenken ist und nicht heimlich bleiben kann, eine geringe Strafe sattsames Gegengewichte sey, so wären unsere Gesetze bey der falschen Münze zu hart. Es ist diese Uebertretung selten und der Schade vertheilt sich unter viele. H.

verbrechen verletzet die Gesellschaft, aber nicht jedes Verbrechen hat die unmittelbare Zerstörung derselben zur Absicht. Die moralischen Handlungen haben so wie die physischen ihren abgemessenen Wirkungskreis, und sind auf verschiedene Art, wie alle natürliche Bewegungen von der Zeit und dem Raum umschränket. Es kann also nur eine sophistische Auslegung, welche gemeiniglich die Philosophie der Sclaverey ist, dasjenige verwirren, was von der ewigen Wahrheit durch unverrückte Gränzen von einander unterschieden worden.

§. XXVII.

Verbrechen gegen die Sicherheit eines jeden Privatmannes. Gewaltthätigkeiten.

Nächst diesen folgen die Verbrechen, die gegen die Sicherheit eines jeden Privatmannes unternommen werden. Denn da dieselbe die Hauptabsicht einer jeden rechtmäßigen Verbindung ausmacht, so muß unumgänglich auf die Verletzung des Rechts der Sicherheit, welches jeder Bürger erworben hat, eine der nachdrücklichsten von den Gesetzen verordneten Strafen, geleget werden.

Einige Verbrechen sind Angriffe gegen die Person, andre gegen das Vermögen. Die ersten müssen ohne allen Zweifel mit Leibesstrafen beleget werden.

Die Anfälle auf die Sicherheit und Freyheit der Bürger machen also die größten Verbrechen aus, und in dieses Fach gehören nicht nur die Mordthaten und Diebstäle gemeiner Leute, sondern auch diejenigen so von vornehmen und obrigkeitlichen Personen begangen werden, angesehen diese einen weit größern Einfluß haben, und dadurch beträchtlicheren Schaden thun, weil sie bey den Unterthanen alle Begriffe von Recht und Billigkeit ausrotten, und an deren Stelle das Recht des Stärkeren setzen, welches eben so viel Unheil und Gefahr, so wohl bey dem, der es ausübet, als bey dem, der darunter leiden muß, stiftet [h]).

h) Da der Verfasser nichts von der Gotteslästerung saget, so kann ich deren hier gedenken, weil in den gemeinen Schulbüchern die Blasphemie eine Beleidigung göttlicher Majestät genennt wird. Diese Benennung ist zwar rednerisch genug, aber der Sache gar nicht angemessen. Denn niemand kann durch Thaten, geschweige denn durch Worte bewirken, daß die Welt und Gottes Reich zu Grunde gehe. Nur Giganten konnte es einfallen mit Felsen den Jupiter zu bestürmen. Nothwendiges Erforderniß: Soll eine Rede für eine Blasphemie gehalten werden, so muß auch der Schmähende denjenigen, welchen er lästert, für eine Gottheit halten. Wenn ein Christ in Constantinopel sagt: Mahometh sey ein Betrüger, so beleidigt er zwar das Volk, unter welchem er sich aufhält, indem er demselben auf solche Art Dummheit vorwirft, aber er beleidigt nicht Gott. Eben dieses steht zu sagen, wenn umgekehrt der Türke oder Jude unter den Christen unartig von Christo spricht. Gesetzt aber, der so genannte Gotteslästerer hielte denjenigen für einen wirklichen Gott, dem er ein oder die andere Eigenschaften abspricht, so muß man ferner untersuchen, ob er im Zorne und in der Meynung Gott zu beschimpfen, es gesprochen habe. Als Leibniz lehrte, daß Gott Urheber der Sünde sey, nannten es die Theologen Blasphemie. Allein er that es nicht zur Verkleinerung, sondern zur Verherrlichung seines Gottes, weil er den Teufel von dem Throne stieß, worauf ihn noch jetzo einige herrschende Manichäer gesetzet haben. Die Küster und Schulmeister nennen auch die Socinianer, weil sie die Gottheit Christi leugnen, Beleidiger der göttlichen Majestät. Sie verwechseln hier offenbar den Begriff

Weder dem Mächtigen noch dem Reichen, muß verstattet werden, seine Anfälle auf geringe und arme Leute mit Gelde zu schlichten; andrergestalt würden die Reichthümer, welche unter dem Schutze der Gesetze die Belohnung des Fleißes sind, zur Unterstützung der Tyranney dienen. So bald die Gesetze zugeben, daß der Mensch auf irgend eine Art aufhöret eine Person zu seyn, und anfange ein Eigenthum des Mächtigern zu werden, sobald verschwindet die Freyheit. Geschiehet dieses, so wird man sehen, wie der Mächtige alle Mittel anwendet, sich mit seinen Vorzügen über alle bürgerliche Verbindungen wegzusetzen, die das Gesetz zu seinem Vortheil ihm verstattet, diese Entdeckung ist die Zauberkunst, welche die Bürger in Lastthiere verwandelt, sie ist in der Hand des Mächtigen die Kette, womit er die Handlungen der Blöden und Schwachen fesselt, da habet ihr den Grund, warum in einigen Staaten, die den völligen Schein der Freyheit haben, doch die größte Tyranney im Verborgnen herrscht, und sich in einen Winkel der Staatsverfassung schleicht, welcher der Vorsichtigkeit des Gesetzgebers entwischet und unvermerkt zu einer Riesengröße angewachsen ist. Der offenbaren Tyranney wissen die Menschen immer einen gnugsamen Damm vorzubauen;

griff der Ketzerey mit der Blasphemie. Auch, wer im Spaaße unartig spricht, verdienet zwar einen Verweis, ist aber kein Gotteslästerer, weil er nicht den Willen hat zu schimpfen, sondern zu spaaßen. Es schneyet, die Böhmische Käsemutter hat ihr Enkelgen auf dem Arme und spricht: Siehe, die liebe Maria schüttet ihr Federbette aus. Der Pfarr will es zur Blasphemie machen, ohnerachtet er doch gar wohl weiß, daß die gute Käsemutter äußerst orthodox sey. H.

zubauen; aber öfters sehen sie den unsichtbaren Wurm nicht, der ihn durchlöchert, und ehe man es sich versiehet, der Ueberschwemmung einen Weg öfnet, der man nicht widerstehen kann, weil niemand anfangs die kleine Zernagung bemerket. Was werden sich denn nun für Strafen auf die Verbrechen der Adlichen gehören, deren Vorrechte einen großen Theil der Gesetze aller Völker ausmachen? Ich will mich hier nicht auf die Untersuchung einlassen, wie weit dieser erbliche Unterschied zwischen dem Adel und gemeinen Manne, in einem Staate nützlich, oder in einer Monarchie nothwendig sey; ob es wahr sey, daß der Adel gleichsam eine mittlere Macht vorstelle, welcher den zwey äußersten Ungleichheiten Gränzen setzet, oder, ob er nicht vielmehr eine Gesellschaft bildet, die, da sie ihr selbst eigner und andrer Sclave zugleich ist, allen Umlauf des öffentlichen Glaubens und der Hoffnung in einen sehr engen Kreis einschließet, gleich jenen kleinen fruchtbaren und anmuthigen Inseln, welche unter den unermeslichen arabischen Sandwüsten hervorstechen? ob, wenn es ja wahr ist, daß die Ungleichheit unvermeidlich oder so gar nützlich in der Gesellschaft sey, es auch gleichfalls wahr sey, daß sie mehr in ganzen Versammlungen als in einzelen Personen bestehen müsse; ob es besser, wenn sie nicht bey einem Theile des Staates haftete, als durch den ganzen politischen Körper ihren Umlauf nähme, und ob sie vielmehr beständig verbleiben, oder entstehen und unaufhörlich vergehen sollte. Ich will nur auf die für diesen Stand gehörigen Strafen mich einschränken, und behaupte demnach, daß man einerley Strafe für den Vornehmsten und Geringsten bestimmen müsse. Jeglicher Unterschied, er bestehe in der Ehre, oder im im Reichthum, wenn er rechtmäßig seyn soll, setzet eine vorgängige Gleichheit unter den Bürgern voraus, und gründet sich auf die Gesetze welche alle Unterthanen von sich in gleicher Abhängigkeit betrachten i). Man muß annehmen, daß die Menschen damals, als sie auf ihre natürliche Freyheit Verzicht thaten, gesagt haben: wer am geschicktesten und emsigsten seyn wird, soll die größte Ehre genießen, und sein Ruhm soll in seinen Nachkommen hervorleuchten; aber wer glücklicher und geehrter als seine Mitbürger seyn wird, mag zwar seine Hoffnungen erweitern; allein er fürchte nicht minder als andre, diejenigen Verträge, und erfülle die Bedingungen, unter welchen wir ihn über andre erhoben. Dergleichen Schlüsse sind freylich auf keinem allgemeinen Reichstage des menschlichen Geschlechtes abgefasset worden, allein sie haben nichts destoweniger ihr Daseyn in dem unabänderlichen

i) Wer bey Hofe oder in einer ansehnlichen Stadt Mahlzeiten giebt, ein Haus machet und gesellschaftlich ist, heist ein schätzbarer Mann, der sich zu unterscheiden und zu leben weiß. Ich lobe es. Wie aber auf dem Lande? Der arme Bauer, der nichts als geben soll, der Landmann, welcher beynahe die Luft bezahlen muß, die er einathmet und nichts als eine Maschine ist, aus der man Geld spinnet, wie wenn er gesellschaftlich lebet? Der Edelmann und Gerichtshalter verfolgen ihn. Alle Freuden, alle Ergötzlichkeiten des Lebens sind ihm untersaget: er ist die seufzende Creatur. Seine Rockenstube, was ist sie anders als eine Assemblee? Was ist der Unterschied? Der Papinian des Dorfes wird sagen, sind denn die Bauern Menschen? Ich antworte, sie sind so gar Mitglieder der allgemeinen Gesellschaft und deren größter Theil. Das kann der Erzbischof des Dorfes nicht verdauen. In der Schenke, seufzet er, und zwar am Sonntage Musik! Ja, meynet er, wenn es noch allenfalls der Edelmann thäte. H.

änderlichen Wesen der Dinge. Sie heben die Vortheile nicht auf, die man sich aus der Einführung des Adels zu ziehen verspricht, und beugen den Unbequemlichkeiten vor, die eine Folge davon seyn können. Sie machen die Gesetze verehrungswürdig, indem sie alle Hoffnung zu einem ungestraften Frevel abschneiden.

Wollte man mir einwenden, daß, wenn man eben dieselbe Strafe dem Adelichen, wie dem gemeinen Mann, auferlegte, sie in Rücksicht auf den Unterschied der Erziehung und Schande, welche dadurch einem vornehmen Geschlechte widerführe, nicht einerley, sondern weit schwerer wäre, so antworte ich: Nicht die Empfindlichkeit eines Schuldigen, sondern der Grad des Schadens, welcher der Gesellschaft zuwächst, ist der einzige und ächte Maasstab der Strafen. Nun aber steigt der Grad des Schadens desto mehr, je vornehmer der Schuldige ist. Die vorgeschützte Ungleichheit der Strafe hat nur einen äußerlichen Schein, da sie in der That bey jeder einzelen Person verschieden ist. Die Schande einer unschuldigen Familie kann durch öffentliche Bezeigungen des Wohlwollens von dem Regenten leicht weggenommen werden. Und wer weiß nicht, daß ins Auge fallende Formalitäten bey dem leichtgläubigen und über alles erstaunenden gemeinen Haufen, die Stelle vernünftiger Gründe vertreten?

§. XXVIII.

Schmähungen.

Die persönlichen, die Ehre, das ist jenen rechtmässigen Antheil an der Achtung, die ein jeder Bürger von dem

dem andern zu fordern berechtiget ist, kränkende Schmähungen, müssen mit der Ehrlosigkeit bestraft werden.

Es ist ein merkwürdiger Widerspruch zwischen den bürgerlichen Gesetzen, die vor allen Dingen über den Leib und das Vermögen jedes Bürgers mit großem Eifer wachsam sind, und den Gesetzen dessen, was man Ehre nennet, wo man den Wahn vorziehet. Dieses Wort Ehre ist eines von denjenigen, welches zu weitläuftigen und glänzenden Abhandlungen Stoff gegeben, ohne daß man damit einen festen und unwandelbaren Begriff verbunden hätte. Elender Zustand der menschlichen Gemüther, die sich mehr mit den weit entfernten, und weniger wichtigen Bewegungen der himmlischen Körper, als mit den sie angehenden höchst wichtigen moralischen Begriffen, den Kopf zerbrechen. Diese sind bey ihnen leider immer sehr schwankend und verwirret, so wie sie von den Leidenschaften erreget, und von der Unwissenheit, ihrer Führerin, aufgenommen und fortgepflanzet werden. Allein dieses scheinbare Wunderding wird verschwinden, wenn man erweget, daß, gleich wie allzunahe vor das Auge gehaltne Sachen undeutlich werden, also verursacht auch die gar zu große Nähe der moralischen Vorstellungen, daß die häufigen einfachen Merkmale, woraus sie bestehen, sich mit einander vermengen, und die Linien, welche ein geometrischer Kopf gebrauchet, um sie aus einander zu setzen, sich unter einander verwirren.

Ueberhaupt wird es einem gelaßnen Beobachter menschlicher Handlungen wunderbar vorzukommen aufhören, wenn er darauf verfallen wird, daß wohl gar mit einander kein so großer Kram moralischer Vorschriften,

noch

noch so große Bande nöthig sind, um die Menschen ruhig und glückselig zu machen.

Der Begriff der Ehre gehöret zu den zusammengesetzten Vorstellungen, welche eine Sammlung nicht von einfachen, sondern wiederum zusammengesetzten Ideen sind. Nachdem man nun dieselben nach Unterschied ihrer Bestandtheile von verschiednen Seiten vorstellet, so fasset der Verstand bald einige von diesen verschiednen Theilen, bald schließet er einige davon aus, mit Beybehaltung einer kleinen Anzahl gemeinschaftlicher Ideen, so wie viele algebraische Größen einen gemeinschaftlichen Theiler haben. Will man diesen gemeinschaftlichen Theiler, zu den mannichfaltigen Vorstellungen, welche sich die Menschen von der Ehre machen, ausfindig machen, so darf man nur einen flüchtigen Blick auf den Ursprung der Gesellschaft werfen.

Die ersten Gesetze, die ersten Obrigkeiten, haben ihr Daseyn der Nothwendigkeit zu verdanken, der die ersten Menschen sich unterwarfen um der Gewalt des Stärkern zu entgehen; dieses war die vornehmste Absicht bey Errichtung der Gesellschaft, und diesen Hauptzweck haben die Rechtsbücher aller Völker, ja selbst diejenigen Gesetze, die schlecht, schädlich und verderblich ausgesonnen sind. Alles ist auf diesen Zweck gerichtet, wo nicht in der That selbst, doch wenigstens zum Scheine. Allein die genauere Verbindung der Menschen, und die Ausbreitung ihrer Kenntnisse brachten bald eine unzähliche Reihe von Handlungen und Bedürfnissen hervor, welche unter den Gliedern der Gesellschaft wechselseitig wurden. Auf diese nicht vorausgesehene, und den Kräften eines einzelen Bürgers nicht angemeßne Bedürfnisse, hatten die Gesetze

keine

keine Rücksicht genommen. Von diesem Zeitpunkt her fing der Wahn an die strenge Oberherrschaft zu erlangen, indem er das einzige Mittel war, von andern diejenigen Vortheile sich zu verschaffen, und alle Uebel zu entfernen, welches zu bewirken die Gesetze nicht vermögend waren. Der Wahn ist es, welcher den Weisen und den Pöbel martert, der dem falschen Schein der Tugend ein größeres Ansehen verschafft, als die Tugend selbst hat, der auch den Bösewicht zum Bußprediger macht, weil er seinen Vortheil dabey findet. Daher wurde der Beyfall der Menschen nicht nur nützlich, sondern auch nothwendig, um nicht in Gegenhaltung andrer der Verachtung ausgesezt zu werden. Wenn daher der Hochmüthige sich darum, als etwas ihm schmiechlendes, bewirbt, wenn der Ruhmräthige solchen zu erbetteln sucht, um solchen als Zeugniß seiner Verdienste aufzuweisen, so siehet auch der wahre Rechtschaffne sich in die Nothwendigkeit versezt darnach zu streben. Diese Ehre ist eine Bedingung, die viele Menschen ihrem eignen Daseyn gleich schätzen. Da sie allererst nach der Errichtung der Gesetze entstanden, konnte sie dazumal gleich den übrigen Antheilen des natürlichen Rechtes nicht in die allgemeine Verwahrung gegeben werden. Daher ist sie vielmehr als eine plötzliche Rückkehr in den natürlichen Zustand anzusehen, vermöge dessen man seine Person auf einen Augenblick von den Gesetzen entziehet, die in diesem Fall einen Bürger nicht hinlänglich vertheidigen.

Hieraus folget, daß bey der größten politischen Freyheit, und wiederum bey der äußersten Unterthänigkeit, die Begriffe der Ehre verschwinden, oder sich völlig mit andern

andern vermengen. Weil in jenem Fall die despotischen Gesetze das Bestreben nach andrer Beyfall, unnütz machten; und im zweyten die despotische Gewalt der Menschen, indem sie alle bürgerliche Vorrechte aufhebt, kaum einen Schein einiger erbettelten Rechte ihm übrig läßt. Die Ehre ist demnach eine von den Grundsäulen solcher Monarchien, wo ein gemäßigter Despotismus herrschet, und in denselben ist sie eben das, was in den wirklich despotischen Reichen die Staatsveränderungen sind, nämlich ein Augenblick der Rückkehr in den Stand der Natur, und eine Erinnerung an den Regenten der ehmaligen alten Gleichheit [k]).

§. XXIX.

Von Zweykämpfen.

Aus dieser Nothwendigkeit sich um andrer Beyfall zu bestreben, sind die Zweykämpfe entstanden, deren Ursprung man in dem Mangel der Gesetze suchen muß. Man will behaupten, daß sie in alten Zeiten unbekannt gewesen, vielleicht weil die Alten, weder in ihren Tempeln, noch auf ihren Schauplätzen, noch auch in Gesellschaft ihrer Freunde, sich auf eine mistrauische Weise bewaffnet einfanden; vielleicht auch weil der Zweykampf ein alltägliches und gemeines Schauspiel war, welches die Fechter, so Sclaven und verächtliche Leute waren, dem

k) Er sagt mit erzwungener Dunkelheit hiermit nichts anders, als daß, wenn der Richter mir meine entrissene Ehre nicht wiedergeben kann, ich mich wiederum im Stande der Natur befinde. H.

dem Volke gaben, und also freye Personen sich es zur Schande rechneten, durch dergleichen Gefechte, für dergleichen geachtet und so genannt zu werden. Alle Verordnungen haben vergebens versucht, diese Gewohnheit dadurch auszurotten, daß sie dem, der eine Ausforderung annimmt, die Todesstrafe zuerkennen. Denn da sie sich auf das gründet, was einige Menschen mehr als den Tod verabscheuen, weil sie dadurch des Beyfalls andrer beraubet werden; so siehet sich ein Mann von Ehre dem Uebel ausgesetzet, entweder aller Gesellschaft und allem Umgange mit andern Menschen zu entsagen, welches für einen geselligen Menschen ein unerträglicher Zustand ist, oder ein offenbares Ziel der Beleidigungen und der Schande zu werden, die durch wiederholte Anfälle über alle Besorgniß gestraft zu werden, die Oberhand behält [1]). Woher mag es wohl kommen, daß unter dem gemeinen Volke der Zweykampf nicht so oft vorkommt als unter den Großen? Daher nicht allein, weil es unbewafnet ist, sondern auch, weil bey geringen Leuten das Bestreben nach Achtung nicht so gewöhnlich ist wie bey den Vornehmen, die mit mehrerm Mistrauen und Eifersucht einander ansehen.

Es wird nicht überflüßig seyn, das zu wiederholen, was andre schon vorgetragen haben, nämlich, daß das beste Mittel diesem Verbrechen vorzukommen, dieses sey, wenn man den Urheber, das heißt, den, der zu dem Zweykampf

1) „Der Adeliche, der den andern im Duell ermordet, mag „immer pardoniret werden, so lange wir kein wirksameres Mittel haben die Ehre zu beschützen; nur „nicht der Adeliche, der Bauren ermordet." Michaelis Vorrede zum 6sten Theile des mosaischen Rechts. H.

kampf Gelegenheit gegeben hat, bestraft, und hingegen denjenigen für unschuldig erkläret, welcher ohne seine Schuld gezwungen worden dasjenige zu vertheidigen, dem die Gesetze keinen Beystand leisten, nämlich den Wahn m).

§. XXX.

Diebstähle.

Die Diebstähle, welche nicht mit Gewalt ausgeübt werden, sollten mit Geldstrafen gebüßet werden. Wer mit dem was andern zugehöret sich bereichern will, der muß dadurch, daß er das seinige verliert, gestraft

m) Ich pflichte vollkommen bey, setze aber hinzu, daß alles hier auf richterliches Gutachten ankommen müsse, welchen von beyden er als Urheber des Zankes betrachten wolle.

A. sagt zu B. in öffentlicher Gesellschaft:
„ich habe heute bey deiner Schwester geschlafen.
„B. Du redest dieses als ein Schurke,
„A. versezt hierauf eine Ohrfeige,
„B. ergreift den Degen und stößt jenen zu Boden.“

Jeder Philosoph wird hier den Todschläger gänzlich entbinden und loszählen. Zuweilen aber ist es kaum zu ergründen, wem eigentlich die Schuld beyzumessen sey. In meiner Rhapsodie Obs. 383. werden diejenigen widerlegt, welche behaupten, nicht derjenige, der zuerst geschimpfet, sondern der zuerst ausgeschlagen habe, müsse für den Urheber des Unglücks angesehen werden. Denn wer schimpfet, sollte wissen, daß auch der kleinste Funke in Zunder geworfen, Glut und Brand erregen könne. Unsere Vorfahren sagten: auf einen Schimpf gehört sich eine Ohrfeige, und auf eine Ohrfeige gehört sich ein Dolch. Doch, diese Philosophie ist mir zu schlüpfrig, als daß ich ihr weiter nachdenken sollte. H.

werden. Da aber dieses Verbrechen nicht leicht von jemanden gewöhnlicher Weise begangen wird, als solchen, die Elend oder Verzweiflung dazu treibet, ein Verbrechen desjenigen unglücklichen Haufens der Menschen, welchen das Recht des Eigenthums (ein schreckliches und vielleicht nicht nothwendiges Recht) nichts weiter, als ihr Leben übrig gelassen hat; und durch die Geldstrafen weit mehr Schuldige, als Verbrechen entstehen würden, und man solchergestalt das Brod Unschuldigen aus dem Munde reissen würde, um es Bösewichtern zu geben; so ist die allerschicklichste Strafe, die einzige Art der Sclaverey welche man rechtmäßig nennen kann, worinnen einer eine gewisse Zeitlang durch eigne dem Staate geleistete Arbeit, die von ihm verübte Kränkung und Verletzung der gesellschaftlichen Verträge wieder vergütet. Wenn aber der Diebstahl mit Gewaltthätigkeit verknüpfet ist, so muß die Strafe gleichermaßen aus Leibesstrafe und Knechtschaft bestehen [n]). Es haben schon andre Schriftsteller vor mir den handgreiflichen Irrthum bewiesen, welcher daraus entstehet, daß man die gewaltsamen Diebstähle nicht von den listigen unterscheidet, indem man

n) Nein, auf dem Diebstahl, der mit Gewalt verknüpft, muß Todesstrafe stehen, wenn auch noch niemand getödtet worden wäre. Denn wer mit Gewehr zum Stehlen eingehet, hat die Absicht, denjenigen, der sich ihm widersetzet, zu verwunden und folglich zu tödten. Von ihm hat also das gemeine Wesen das Aeußerste zu besorgen. Hier muß die ganze Gegend aufgeboten werden, als wenn ein Wolf sich hätte blicken lassen. Es lauft nicht nur einer oder der andere, sondern die ganze Gesellschaft Gefahr, daß viele auf solche Art ermordet werden könnten. Der Räuber verliert mit Recht das Leben, das er andern nehmen wollte. H.

man das Leben eines Menschen mit einer ansehnlichen Summe Geldes in gleichen Werth setzet. Dieses sind ganz von einander unterschiedne Verbrechen, und es ist ein in der Staatskunst eben so richtiger Grundsatz wie in der Mathematik, daß zwischen Größen von verschiedener Art, der Unterschied unendlich ist, welcher sie von einander trennet. Indessen ist es niemals überflüßig das zu wiederholen, was schier niemals ist befolget worden. Die politischen Maschinen behalten mehr als alle andre den eingerichten Gang, und können sehr langsam in einen andern geleitet werden.

§. XXXI.

Schleichhandel.

Der Schleichhandel ist ein wahres Verbrechen, welches den Regenten und das Volk beschädiget; die Bestrafung desselben muß jedoch nicht ehrenrührig seyn: weil es nach dem gemeinen Wahn niemals eine Ehrlosigkeit nach sich ziehet.

Wie kommt es aber, daß dieses Verbrechen seinem Urheber nicht die Ehrlosigkeit zuziehet, da es doch in einem Diebstahl bestehet, welcher an dem Regenten, und folglich an der Nation selbst verübet wird? Ich antworte, daß die Menschen aus Beschädigungen, von welchen sie glauben, sie könnten ihnen nicht widerfahren, sich nicht so viel machen, als erforderlich ist, den öffentlichen Widerwillen gegen den Urheber zu erregen. Dergleichen ist der Unterschleif. Die Menschen sind meistentheils so beschaffen, daß entfernte Folgen einen sehr schwachen Eindruck auf sie machen, und also sehen sie den Schaden nicht ein, der ihnen durch den Unterschleif widerfährt: vielmehr genießen sie davon die gegenwärtigen Vortheile. Sie sehen nur lediglich auf den Schaden, den der Regent leidet; und es lieget ihnen also nicht so viel daran dem ihren Beyfall zu versagen, der einen Unterschleif begeht, als demjenigen, der einen Privatdiebstahl begeht, falsch Geld macht, oder andre Verbrechen begeht, die sie betreffen können. Dieses ist ein handgreiflicher Beweis, daß jedes empfindliche Wesen sich nur um die Uebel bekümmert, die es kennet. Dieses Verbrechen hat seinen Ursprung aus dem Gesetze selbst; weil, wenn die Abgaben erhöhet werden, der Vortheil sich vergrößert und die Versuchung stärker wird, Unterschleif zu machen, zumal wenn es sehr leicht ist, wegen des Raums, den die Waare einnimmt, solche leicht zu verbergen. Die Strafe, die verbotne Waare, und auch die andre so dabey ist zu verlieren, ist höchst gerecht. Jedoch würde sie von so viel größerer Wirksamkeit seyn, je kleiner die Abgabe wäre, weil blos nach dem Maas des Nutzens, den ein glücklicher Ausgang verschafft, die Menschen etwas gefährliches wagen.

Wie nun aber, soll dem ein solches Verbrechen ungestraft hingehen, der nichts zu verlieren hat? Nein, denn es giebt Unterschleife, wodurch die Einhebung der Gefälle, die ein so wesentliches und so schwer einzurichtendes Stück einer guten Gesetzverfassung sind, so leidet, daß ein dergleichen Verbrechen eine beträchtliche Strafe, die sich bis zum Gefängniß, bis zur Knechtschaft erstrecket, verdienet. Es versteht sich aber, daß beydes nach der Beschaffenheit des Verbrechens selbst muß bestimmet werden.

werden. Man muß zum Beyspiel, einem Tabakseinschwärzer nicht eine solche Gefangenschaft zuerkennen, wie einem Räuber oder Meuchelmörder, und die Arbeit des ersteren muß nach dem Austrag der Gefälle, welche er hat unterschlagen wollen abgemessen werden, so wird sie das gehörige Maas der Strafe abgeben.

§. XXXII.

Von Schuldnern.

Treu und Glauben in Verträgen, Sicherheit im Handel und Wandel zwingen den Gesetzgeber, die Gläubiger durch die Personen ihrer bankerutirten Schuldner sicher zu stellen. Allein, mich dünkt, man müsse einen wichtigen Unterschied, unter einem vorsetzlichen Bankerutirer und einem unschuldigen machen. Der erste sollte in eben die Strafe verfallen, die man den falschen Münzern zuerkennt. Denn ein Stück geprägtes Metall, welches ein Unterpfand der bürgerlichen Schuldigkeiten ist, zu verfälschen, ist doch gewiß kein größeres Verbrechen, als die Schuldigkeiten und Verbindlichkeiten selbst zu verfälschen. Der unschuldige Bankerutirer aber, nämlich derjenige, der nach einer strengen Untersuchung, vor seinen Richtern erwiesen hat, daß er entweder, durch andrer Bosheit, oder andrer Verfall, oder auch durch Unglücksfälle, die keine menschliche Klugheit voraussehen können, um sein Vermögen gekommen ist, aus welcher unmenschlichen Ursache sollte ein solcher ins Gefängniß geworfen, und des einzigen betrübten Gutes, was ihm allein übrig ist, seiner Freyheit beraubt werden, um die Quaal eines Schelmen zu erdulden,

den, und in Verzweiflung seiner unterdrückten Redlichkeit, sich vielleicht es reuen zu lassen, daß er rechtschaffen gehandelt. Als ein solcher lebte er ruhig unter dem Schutz der Gesetze, welche nicht zu verletzen, in seiner Gewalt nicht stand, Gesetze die die Habsucht der Mächtigen aufgebracht, unter welche ohnmächtige sich schmiegen, mit der Hofnung, die im menschlichen Herzen meist glimmet, und sie überredet, daß nur andern Unfälle begegnen, uns aber alles wohl von statten gehen müsse. Die Menschen, welche sich nur nach den vorkommenden Empfindungen richten, sind grausamen Gesetzen hold, ob sie gleich selbst ihren Druck fühlen, und ob es gleich für einen jeden gut wäre, wenn sie gemäßiget würden, indem doch die Furcht beleidiget zu werden, größer ist, als die Begierde zu beleidigen. Um also wieder auf den unschuldigen Bankerutirer zu kommen, sage ich, daß wenn seine Verbindlichkeit unauslöschlich seyn sollte, bis zur völligen Bezahlung, wenn es ihm nicht zugestanden wird, sich derselben zu entziehen, ohne Einwilligung derer die Anspruch darauf haben, und unter andern Gesetzen seinen Fleiß und Mühe anzuwenden, die aber bey Strafe nur dazu müßten angewendet werden, ihn in Stand zu setzen, nach dem Verhältniß des guten Erfolgs Befriedigung zu leisten; was könnte man für einen rechtmäßigen Vorwand finden, als wie die Sicherheit des Handels, das heilige Eigenthum des Vermögens um eine Beraubung der Freyheit zu rechtfertigen o), welche völlig ohne Nutzen ist, es wäre denn in dem

o) Daß ein Schuldner, wenn er merket, daß er nicht mehr, als die Hälfte, also 50 für 100 seinen Gläubigern bezahlen könne, sich angeben solle, ist mir immer be-

dem Falle, wenn man durch beschwerliche Knechtschaft hinter die Geheimnisse eines für unschuldig gehaltnen Bankerutirers kommen könnte. Dieser Fall aber könnte äusserst selten vorkommen, wenn man eine scharfe vorhergegangene Untersuchung annimmt! Ich sollte meynen, der beste Grundsatz, den die Gesetze annehmen könnten, wäre, die politischen Ungemächlichkeiten so in Anschlag zu bringen, daß sie ein zusammengesetztes Verhältniß, des graden, welchen der öffentliche Schaden, und des ungekehrten Verhältnisses, welchen die Unwahrscheinlichkeit ihn beweisen zu können, darstellet, ausmachten *).

J 5 Man

bedenklich gewesen. Auch der redlichste, rechtschaffenste Mann thut das nicht. Die Schande ist zu groß, er wird noch nicht gedrücket. Das schimmernde Gespenst der Hofnung, welches aus allen Gegenden des Himmels seine Strahlen auf Unglückliche herabschießen läßt, bildet ihm Glücksumstände vor, wie er sich helfen könne. Fast gehöret dieses unter die Verordnungen, die der menschlichen Natur widerstreiten, und also schlechterdings ins Unmögliche fallen. Aber unmögliche Dinge soll man nicht bestrafen. Man müßte vorher die Hofnung aus der menschlichen Seele herausschneiden. Diese täuscht mit mancherley Farben, — sollten es auch Lotterien seyn.

Spes facit, ut videat cum terras undique nullas
Naufragus in mediis, brachia jactet, aquis.

Man erhöhe die Strafe so hoch man immer will, so werden sie noch nicht an die Schande gereichen, die ein Bankerutierer auch ohne alle Gesetze an sich erlebet. Sie werden ihn zwar zuletzt flüchtig machen, aber nie dem Unglücke in Zeiten vorbeugen.

*) Die Handlung, das Eigenthum der Güter sind nicht der Endzweck des gesellschaftlichen Bündnisses, sie können aber ein Mittel werden den Endzweck zu erhalten. Alle Glieder der Gesellschaft den Uebeln auszusetzen, die durch sovielerley Verknüpfungen veranlasset werden, hieße

Man könnte den Vorsatz von einem groben Fehler, den groben von einem geringen, den geringen von der vollkommnen Unschuld unterscheiden p); auf den ersten die Strafe der falschen Münzer, den zweyten eine geringere, aber mit Beraubung der Freyheit legen, und dem letzten die freye Wahl der Mittel sich wieder aufzuhelfen zugestehen, dem dritten die Freyheit solches selbst zu

hieße eben soviel als die Mittel zu Endzwecken machen, ein in allen Wissenschaften besonders in der Staatskunst verkehrter Schluß, welchen ich selbst in den vorhergehenden Ausgaben dieses Werkes gemacht habe, wo ich sagte, der unschuldige Bankerutirer müßte als ein Unterpfand seiner Schulden verwahret, oder als ein Sclave zur Arbeit für seine Gläubiger angehalten werden. Ich schäme mich dieses geschrieben zu haben. Man hat mich für einen Mann ohne Religion ausgeschrieen, welches ich nicht verdient habe. Ich bin ein Aufrührer beschuldiget worden, und man that mir Unrecht. Ich habe aber in diesem Stücke die Rechte der Menschheit verletzet, und darüber hat mir niemand einen Verweiß gegeben. Beccar.

p) Wenn ein Kaufmann ein gefährliches Geschäfte unternimmt, das gleichwohl, wenn es mislingt, ihn nicht gänzlich wirft, so kann man seine Begierde, dabey viel zu gewinnen, nicht tadeln. Dahingegen wenn einer anderer Leute Geld nehmen, sich davon ein Schiff auf die See bauen wollte, und es gienge unter, dieses ein fast der Bosheit gleich zu achtendes Versehen seyn würde. Sollte jedoch die Wahrscheinlichkeit, daß ein solches Unternehmen mit fremder Leute Geldern, aller menschlichen Vermuthung nach, nicht mislingen könne, eintreten, so würde dieses den Grad des Versehens allerdings in etwas mindern. Nur muß ihm nebenbey keine zu reiche Haushaltung, keine Ueppigkeit in Gastereyen, Kleidungen, kein Uebermuth vorgeworfen werden können. Denn dieses schlägt hernach alles übrige nieder. H.

zu thun benehmen, und solche den Gläubigern überlassen. Die Bestimmung aber, welches ein grober oder geringerer Fehler sey, muß lediglich von dem blinden und unparteischen Gesetze abhängen, und nicht von der gefährlichen und willkührlichen Klugheit der Richter. Die Festsetzung der Gränzen sind in der Staatskunst so nothwendig, als in der Mathematik, sowohl in Ansehung der Abmessung des gemeinen Besten, als in der Abmessung der Größen.

Ein vorsichtiger Gesetzgeber könnte solchergestalt auf eine sehr leichte Art einen großen Theil sträflicher Bankerute verhindern, und so dem Unglück eines unschuldigen fleißigen Mannes abhelfen. Ein öffentliches und richtiges Verzeichniß aller Kontrakte, die jedem Bürger ertheilte Freyheit alle ordentlich beygelegte Urkunden und Verträge nachzusehen; eine Bank, welche aus weißlich vertheilten Beyträgen begüterter Kaufleute errichtet, woraus die nöthigen Summen zur Unterstützung eines unglücklichen aber unschuldigen Mitgliedes hergeschossen würden; dieses wären die Einrichtungen, welche keine wahre Unbequemlichkeiten, wohl aber unzählige Vortheile erzeugen würden. Allein die leichten, die einfachen und großen Gesetze, die nur auf einen Wink des Gesetzgebers warten, um in den Schooß des Volkes Reichthum und Macht auszuschütten, Gesetze, die mit unsterblichen Lobsprüchen der Dankbarkeit von einem Menschenalter zum andern ihn überhäufen würden, sind entweder nicht sehr bekannt oder nicht sehr beliebt. Ein gewisser Geist der Unruhe mit Kleinigkeiten beschäftiget, eine nur auf gegenwärtigen Augenblick

kurz-

kurzsichtige Klugheit, eine übertriebene Abneigung gegen alle Neuerungen beherrschen die Gesinnungen derjenigen, welche das Schicksal der elenden Sterblichen einzurichten haben.

§. XXXIII.

Von der öffentlichen Ruhe.

Unter die Verbrechen von der dritten Gattung, sind endlich diejenigen besonders zu zählen, die den Frieden und die öffentliche Ruhe der Bürger stören. Hieher gehören der Lärmen, die Schlägereyen auf den öffentlichen zur Handlung und Fahren und Gehen bestimmten Strassen, nicht minder schwärmerische Predigten, welche die leichtsinnigen Leidenschaften des neugierigen Pöbels in Aufruhr bringen. Denn je zahlreicher die Menge der Zuhörer ist, je dunkler und geheimnißvoller die scheinbare Begeisterung des entzückten Redners ist, desto gefährlichere Folgen können daraus entstehen, weil ein grosser Schwarm niemals dem sanften Zuge einer aufgeklärten und stillen Vernunft folgt.

Die auf öffentliche Kosten bey Nacht erleuchtete Stadt, die durch alle Viertel derselben bestellten Wächter, vernünftige und der Einfalt der christlichen Sittenlehre gemäße Kanzelreden, die in einer anständigen und ehrerbietigen Stille blos in den Kirchen gehalten werden, die des öffentlichen Schutzes genießen; die zu Aufrechthaltung des gemeinen und Privatnutzens abzielende Vorstellungen, welche in der Versammlung des Volkes, in Parlamenten, oder wo die Majestät des Regenten ihren Sitz hat, zu halten, sind allesamt kräftige Mittel einer

gefähr-

gefährlichen Zusammenrottung unruhiger Köpfe vorzukommen. Diese machen einen Hauptzweig von der Wachsamkeit der Obrigkeit aus, welche die Franzosen, die Policey nennen. Wollte aber eine solche Obrigkeit nach willkührlichen und in keinem Gesetzbuch gegründeten Regeln, die allen Bürgern bekannt seyn müssen, verfahren, so würde der Tyranney, die immer durch die Schranken der politischen Freyheit durchzubrechen sucht, Thüre und Thor geöfnet. Ich kann mir bey diesem allgemeinen Satze keine Ausnahme vorstellen, daß ein jeder Bürger wissen muß, wenn er schuldig oder wenn er unschuldig ist. Wenn in einem Staate Sittenrichter oder überhaupt Obrigkeiten, die nach ihrem Gutdünken richten, nöthig sind, so kommt dieses von der Schwäche ihrer Verfassung und nicht von der Natur eines wohleingerichteten Staates her. Die Ungewißheit seines eignen Schicksals hat der verdeckten Tyranney mehr Schlachtopfer gebracht als die offenbare und förmliche Grausamkeit. Denn diese empöret und erbittert die Gemüther mehr, als daß sie ihnen eine sclavische Furcht einjagt. Der wirkliche Tyrann fängt erstlich an über den Wahn zu herrschen, welcher der Herzhaftigkeit vorbeugt, denn diese pflegt nur entweder in dem hellen Glanze der Wahrheit zu leuchten, oder in dem Feuer der Leidenschaften, oder in der Unwissenheit der Gefahr sich hervorzuthun.

§. XXXIV.

Müßige.

Weise Regierungen leiden nicht in dem Schooße der Arbeit und des Fleißes den politischen Müßiggang.

Ich nenne aber denjenigen einen politischen Müßiggang, der zu dem Wohl der Gesellschaft nichts beyträgt weder durch Arbeit, noch durch seinen Reichthum, der immer gewinnet ohne jemals zu verlieren, der von dem dummen Pöbel bewundert und verehret, von dem Weisen aber mit Misvergnügen und Mitleiden angesehen wird, weil er diesem Müßiggange Wesen aufopfern sieht, die, dadurch, daß sie des Antriebes zu einem geschäftigen Leben, welcher, in der Nothwendigkeit die Gemächlichkeiten des Lebens zu erhalten oder zu vermehren, bestehet, beraubet sind, einem zur Leidenschaft gewordnen falschen Wahn, der nur gar zu sehr unter den Menschen eingewurzelt ist, seine ganze Stärke geben q).

Einige finstere Sittenlehrer haben diesen Müßiggang mit jenem, den durch Fleiß und Mühe erworbnes Vermögen und Reichthümer zuweilen veranlassen, vermenget. Allein hier kommt es nicht auf die übertriebne und strenge Tugend einiger Sittenrichter an, sondern die Gesetze müssen allein bestimmen, welcher Müßiggang strafbar sey. Derjenige ist für keinen politischen Müßiggänger zu halten, der die Früchte des Lasters oder der Tugend seiner eignen Vorfahren genießt, und für wirkliches Vergnügen der geschäftigen Armuth, die einen stillen Krieg des Fleißes mit dem Reichthum, anstatt des gegen Gewalt gebrauchten blutigen und ungewissen Krieges führet, den nöthigen Unterhalt zufließen läßt. Dieser Müßiggang ist nothwendig und nützlich, nach dem Maaß als sich die Gesellschaft erweitert, und die Verwaltung verengert.

§. XXXV.

q) Dieser ganze §. gehet die Protestanten nichts an.

§. XXXV.

Selbstmord.

Der Selbstmord ist ein Verbrechen, bey welchem, wie es scheinet, keine eigentlich so genannte Strafe statt findet; weil solche entweder nur auf unschuldige, oder auf einen kalten und unempfindlichen Körper treffen kann r). Da nun aber diese auf Lebendige eben so wenig Eindruck machet, als geschehen würde, wenn man einer Bildsäule den Staupbesen geben wollte, so ist jene die die Anverwandten betrift ungerecht und tyrannisch, weil die politische Freyheit der Menschen als nothwendig voraussetzet, daß die Strafen nur auf die eigne Person des Missethäters fallen müssen. Die Menschen lieben das

r) „Der berühmte *du Verger de Hauranne*, Abt von St. Cyran, hat ein Büchelchen vom Selbstmorde um das Jahr 1609. zu Paris drucken lassen, welches unter die seltensten Bücher gehöret, und in der Bibliothek des Königs von Frankreich befindlich seyn soll. Darinnen sagt dieser heilige Mann: Wenn es Fälle giebt, wo man ungestraft seinen Nächsten tödten kann, so muß es auch wohl Fälle geben, wo es erlaubt ist, sich selbst zu tödten. Man sagt, es sey rühmlich, seinem Fürsten zu Liebe sich in den Tod zu geben, für Eltern. für das Vaterland zu sterben. Wie? also auch nicht um sein Selbst willen? Wir sind uns näher als Eltern und Vaterland. Aber man bestraft es. Wen denn? Des Entleibten Sohn, weil er seinen Vater verloren hat, und die Witwe wegen des schmerzlichen Verlustes ihres Mannes. Das macht der unüberlegte Eifer der Geistlichen, welche wohl gar von der Kanzel sich nicht entblöden gotteslästerlich zu behaupten, Judas habe nicht so sehr gesündiget, daß er den Herrn verrathen, als daß er sich erhänget habe. Dergleichen übertriebene Reden können die traurigsten Folgen haben." Französ. Commentar.

das Leben nur allzusehr, und alles was sie umgiebet, bestärket sie in dieser Liebe. Die verführerische Vorstellung des Vergnügens, und die Hofnung, dieser angenehme Betrug der Sterblichen, durch deren Beredung wir manchen großen Kelch von Bitterkeiten, worinnen kaum einige Tropfen von Annehmlichkeiten sind, verschlucken, locket uns gar zu sehr an, als daß man befürchten sollte, daß die nothwendige Ungestraftheit eines solchen Verbrechens einen großen Einfluß, solches zu begehen, auf die Menschen haben sollte. So lange man sich vor Schmerzen fürchtet, wird man die Gesetze beobachten. Da aber der Tod alle Empfindungen des Körpers aufhebt, was wäre für ein Bewegungsgrund übrig, der die Hand des mit Verzweiflung ringenden Selbstmörders zurück hielte?

Derjenige, welcher sich selbst umbringt, füget der Gesellschaft einen weit geringeren Schaden zu, als einer, welcher auf immer aus dem Lande entweicht, indem jener sein ganzes Hab und Gut darinnen läßt, da dieser für seine Person weggeht und auch einen Theil seines Vermögens mitnimmt. Und was noch mehr ist, wenn man bedenkt, daß die Stärke eines Staates in der Menge seiner Einwohner bestehet, so erwächset, wenn man entweicht, und in einen benachbarten Staat sich begiebet, ein doppelter Schaden daraus gegen jenen der sich nur schlechterdings für seine Person der Gesellschaft entzieht. Es kommt demnach auf die Frage an, ob es für ein Volk nützlich oder schädlich sey, wenn es jedermann frey stehet, sich von der Gesellschaft wegzubegeben s).

Ein

s) Nachdem ich vorhero andere reden lassen, so will ich nun-

Ein jedes Gesetz, welches aus Mangel der Macht nicht mit Nachdruck vollzogen werden kann, oder welches gewisser unmöglicher Umstände halber nicht bestehen kann, muß nicht öffentlich bekannt gemacht werden. Da nun der Wahn die Gemüther beherrschet, welcher von den langsamen und unmerklichen Eindrücken des Gesetzgebers sich

nunmehro meine Gedanken selbst vortragen, wo ich dieser Sünde gar nicht das Wort reden will, indem ich selbst, so wie alle andere Menschen, die den Gebrauch ihrer Sinne haben, dagegen einen natürlichen Abscheu trage. Die sich selbst zu tödten die Herzhaftigkeit besitzen, werden von Dichtern und Geschichtschreibern bewundert, weil sie groß zu seyn scheinen. Mir aber scheinen sie klein. Jeder Selbstmord ist Verzweifelung, diese aber nicht das Merkmal einer großen Seele, sondern eine Wirkung unbändiger Leidenschaften. Die Selbstmörder besitzen nicht gnugsame Größe der Seele, den Druck ihres Unglücks zu ertragen. Cato ersticht sich, warum? daß ich so reden möge, um eine Erbse. Er war unleidlich, einen Beherrscher über sich zu sehen, welches eine Ratte ist, die gar vielen im Kopfe herumläuft, kaum einer Erbse werth. Das Wort Freyheit, eine klingende Schelle, hatte seine Vernunft übertäubet. Man lobt einen Capitain, der, ehe er das Schiff dem Feinde übergiebt, Feuer in die Pulverkammer legt, und sich nebst allen in die Luft spreget. Ist das kein Selbstmord? Die Trauerspiele sind mir unausstehlich, wo der Held, um Bewunderung und Thränen des Mitleidens zu erwecken, sich mit dem Dolche würget, oder ein Weib, zu Bewahrung ihrer Keuschheit, den Giftbecher trinket. Blutige Römer mögen dieses ihren Jahrbüchern einverleiben, aber nicht der sanftmüthige, der duldende Christ. Nur wollte ich wünschen, daß die alltäglichen Moralisten sich nicht solcher Widerlegungen bedienten, deren Ungrund jedwedem so gar sinnlich in die Augen fällt. „Ich darf," sagen sie, „mir nicht das Leben nehmen, denn

sich lenken läßt, den gewaltsamen und sichtbaren aber widerstehet; so verursachen auch unnütze und von den Menschen verachtete Gesetze, daß man die heilsamsten geringe schätzet, und sie mehr für ein Hinderniß, das man aus dem Wege räumen muß, als eine zum gemeinen Besten gemachte Verordnung ansiehet.

Ja

denn ich habe mir es nicht gegeben." Wohlklingend! Aber Nägel und Haare habe ich mir auch nicht gegeben, also darf ich sie nicht abschneiden? Das vom Vater ererbte Haus habe ich mir auch nicht gegeben, also darf ich es nicht verkaufen. So gar den Fuß lasse ich ablösen, wenn er beschwerlich. Auch die Obrigkeit hat dem zum Tode verurtheilten Missethäter das Leben nicht gegeben, und doch nimmt sie es. Ueber diese falsche Gedanken vergißt man das Wahre. Mich wundert, daß besonders die Geistlichen, wenn ein solcher Fall geschieht, die Sache so gar sehr übertreiben, da doch Gott im Mosaischen Gesetze, in welchem vom Blute so viel und so seltne Fälle abgehandelt werden, des Selbstmordes gar nicht gedenket, ob er schon unter den Juden gar gewöhnlich und eingerissen war. Also war er erlaubt. Denn ohne Strafgesetze, wie könnte man strafen? Es mag die That allenfalls Sünde seyn, nur kann ich, nach dem gegebenen deutlichen Merkmale eines politischen Verbrechens, es für ein solches nicht erkennen! Und wie ist die Untersuchung beschaffen? wer ist der Ankläger? wer sind die Zeugen? wo seine Schutzschrift? Etwa ein feindseelicher Nachbar spricht, der Entleibte habe immer bedenklige Reden geführt; der Pfarrer trit auf und sagt, er habe alle zwey Jahre nur fünfmal den Tisch des Herren besuchet, da es sich doch aller sechs Wochen geziemet hätte; der Gerichtshalter erstattet einen abscheulichen Bericht, weil der Entleibte ihn bey der Regierung angegeben, daß er wegen unmäßiger Sporteln ihm sein Gut angeschlagen. Alles dieses geschiehet, weil die Sache keinen Verzug leidet, in einem Augenblicke. Keine Zergliederung, keine Untersuchung,

wie

Ja was noch mehr, da, wie gesagt, unsre Empfindungen eingeschränkt sind, so werden die Menschen, so viel Ehrerbiethung sie für Gegenstände, die den Gesetzen nicht unterworfen sind, bezeigen, destoweniger gegen die Gesetze selbst haben. Aus diesem Grundsatze kann ein weiser Verwalter der öffentlichen Glückseligkeit, verschiedne nützliche Folgen ziehen, deren Erörterung mich allzuweit von meinem Vorwurf abführen würde, welcher blos darinnen besteht, zu beweisen, wie ganz unnütze es sey aus dem Staate ein Gefängnis zu machen. Ein dergleichen Gesetz ist darum unnütz: denn wenn nicht ein Land durch unzugängliche Felsen oder durch ein unschiffbares Meer von allen Ländern abgesondert ist, wie wollte man alle Punkte seines Umfanges verschließen,

wie seine Säfte beschaffen gewesen, kein Arzt besichtiget sein Gehirn, keiner den Magen. Gleichwohl erschallet der Ausspruch: Auf den Schindanger! Abscheuliches Wort, wofür die Menschlichkeit schaudert. Der Ausspruch ist da, daß seine Familie, dieses Begräbnisses halber, geschändet seyn solle bis in das dritte und vierte Glied. Ich könnte hier: „Die Leiden des jungen Werthers" erwähnen, deren buntschäckigtes Schicksal die Geschichte der Gelahrheit zum lustigen Vergnügen der Nachwelt aufbehalten wird. Alle Welt hat dieses Buch gelesen, aber sich noch niemand erschossen. Ueberhaupt sind leichte Gemüther zu diesem Entschlusse selten aufgeleget, sondern ich habe aus einer Menge Acten zu bemerken gehabt, daß meist schwermüthige Seelen und gar fromme Gemüther, bey denen man meist das Gesangbuch aufgeschlagen und schöne Sprüche aus dem göttlichen Worte auf den Tisch geschrieben angetroffen, weil sie furchtsam, die Raserey begehen. Leute die alles in der Bibelsprache redeten und, welches die höchste Gnade der Erleuchtung, mit den Geistern Umgang hatten, sieht man dahin fallen. H.

und die Hüter selbst bewachen? Wer alles mit sich wegnimmt, der kann, wenn es bereits geschehen, ja weiter nicht bestraft werden. Ein solches Verbrechen kann, so gleich es begangen worden, nicht mehr bestraft werden. Wollte man es vorher bestrafen, so hieße dieses den Willen bestrafen, und nicht die That. Es hieße über die Absicht gebieten, worinnen die vorzüglichste Freyheit der Menschen bestehet, die keinem Gesetz unterworfen ist. Wollte man endlich den Abwesenden an seinen etwa noch zurückgelaßnen Gütern bestrafen, so würde das, da er solches durch Verständniß mit andern leicht vermeiden kann, eine Tyranney seyn, wodurch alle Verträge vernichtet, und aller Handel eines Landes mit dem andern zu Grunde gerichtet würde. Sollte aber ein solcher Schuldiger, wenn er wieder käme, der Strafe unterworfen werden, so würde man dadurch verwehren, daß der der Gesellschaft zugefügte Schade vergütet würde, und alle Entwichne zu einem beständigen Aussenbleiben zwingen. Selbst das Verbot, nicht aus dem Lande zu gehen, reizet die Begierde der Eingebornen nur noch mehr, und dienet den Ausländern zur Warnung sich nicht darinnen seßhaft zu machen.

Was soll man sich von einer solchen Regierung denken, die keine andre Mittel kennt, die Menschen in ihrem Vaterlande zu erhalten, an welches sie die Natur durch die ersten Eindrücke der Kindheit gebunden hat, als die Furcht? Die sicherste Art die Bürger an ihr Vaterland zu heften, ist, wenn man eines jeden Wohlstand vermehret. Wie man sich alle ersinnliche Mühe geben muß, daß der überwiegende Vortheil der Handlung sich auf unsre Seite neige, so muß dem Landesherrn oder der Nation

tion hauptsächlich daran gelegen seyn, daß die allgemeine Glückseeligkeit des Volkes, wenn sie mit der Nachbaren ihrer verglichen wird, vor dieser den Vorzug behaupte. Der Grundstoff dieser Glückseeligkeit bestehet nicht in den Vergnügungen des Prachtes, obgleich derselbe ein nothwendiges Mittel ist, die Ungleichheit unter den Bürgern unkenntlich zu machen, welche sich mit dem Wachsthum der Wohlfart einer Nation vergrößert, ohne welchen die Reichthümer in eines einzigen Kasten sich anhäufen würden *).

*) Wo die Gränzen eines Landes sich in einem größern Verhältniß erweitern, als die Bevölkerung desselben zunimmt, so kommt die Schwelgerey und der Pracht der übermäßigen Herrschsucht zu statten, sowohl, weil, je weniger der Einwohner sind, der Fleiß und die Arbeitsamkeit um so viel geringer ist; je geringer der Fleiß ist, desto grösser wird die Unterwürfigkeit der Armen unter den Hochmuth der Reichen, und die Vereinigung der Unterdrückten gegen ihre Unterdrücker wird um so viel schwerer, und weniger gefürchtet. Denn die sclavische Verehrung, die Dienstbeflissenheit, die Unterscheidungszeichen, die Unterthänigkeit, welche machen, daß der Abstand zwischen dem Mächtigen und dem Schwachen gar zu auffallend wird, sind leichter von wenigen zu erzwingen als von vielen, indem die Menschen so viel unabhängiger sind, je weniger man sie bemerket, und um so viel weniger bemerket sind, je großer ihre Menge ist. Wo aber die Bevölkerung in größerem Verhältnisse wächset, als die Gränzen des Landes, so wird die verschwenderische Pracht eine Schutzmauer und Damm, wider die übermäßige Herrschsucht, weil sie den Fleiß und die Geschäftigkeit der Menschen ermuntert, und die arbeitsame Nothdurft bietet dem Reichen allzuviel Vergnügungen und Bequemlichkeiten an, als daß diejenigen, so nur den eitlen Pracht ausmachen, und den Wahn der Abhängigkeit ver-

Jedoch führet der Handel und Betrieb der Vergnügungen des Prachtes diese Unbequemlichkeit mit sich, daß, ob er zwar viele beschäftiget, so fängt er doch nur bey wenigen an und endiget sich bey wenigen, und die meisten kosten das wenigste davon; daß also solchergestalt die Empfindung des Elendes, welches zwar mehr in der Vergleichung mit andrer Glücke als in der Wahrheit gegründet ist, dadurch nicht aufgehoben wird. Daher sind die Sicherheit und die blos durch die Gesetze abgemessene Freyheit dasjenige, was den Hauptgrund dieser Glückseeligkeit ausmacht. Nur in Verbindung mit dieser Sicherheit und Freyheit kommen die Vergnügungen des Prachtes der Bevölkerung zu statten, ohne sie aber werden sie ein Werkzeug der Tyranney. Gleichwie die edelmüthigsten wilden Thiere und die freyen Bewohner der Luft, die Vögel, am liebsten ihren Auffenthalt in einsamen Orten und undurchdringlichen Wäldern suchen, und die fruchtbaren und lachenden Fluren den ihnen nachstellenden Menschen überlassen; so fliehen die Menschen die Ergötzlichkeiten selbst, wenn sie von der Tyranney ausgetheilet werden.

So wäre demnach erwiesen worden, daß ein Gesetz, welches die Unterthanen in ihrem Vaterlande einsperret und einkerkert unnütz und ungerecht sey; eben dieses gilt auch

vergrössern, die Oberhand haben sollten. Daher kann man bemerken, daß in weitläuftigen aber schwachen und wenig bevölkerten Staaten, wofern andre Ursachen es nicht verhindern, der Aufwand in der äußerlichen Pracht, den Aufwand auf Bequemlichkeit weit übertrifft; in Staaten aber, die mehr bevölkert als weitläuftig sind, muß der Aufwand zur Pracht allezeit dem Aufwand zur Bequemlichkeit nachstehen. Becc.

auch von der Strafe des Selbstmordes. Denn ob derselbe gleich eine Missethat ist, die Gott bestrafet; so ist er doch kein Verbrechen gegen die Menschen, indem die Strafe, anstatt den Schuldigen zu betreffen, nur auf seine Familie fällt. Wollte mir jemand hierwider einwenden, daß eine dergleichen Strafe demohngeachtet, einen der sich umbringen will, davon abhalten kann; so antworte ich, daß wer so gleichgültig dem Leben, dem größten Gut, entsagen kann, dem sein Daseyn in der Welt dergestalt verhaßt ist, daß er demselben eine unglückseelige Ewigkeit vorziehet, den wird die entferntere und wenigern Eindruck machende Betrachtung seiner Kinder oder Anverwandten, nicht im geringsten rühren[t]).

t) Ich will hier einer Eintheilung erwähnen, die ich mir vom Selbstmorde gemacht, in den mittelbaren und unmittelbaren. Nämlich gemeine Leute nicht von der besten Gemüthsart, die sich aber vor der Hölle fürchten, meist schwache Weibspersonen von einfältiger geringer Erziehung, wenn sie von heiligen Stäte oftmals gehöret, daß kein Selbstmörder selig werden könne, gleichwohl aber ihres Lebens überdrüßig sind, ermorden öfters anderer Leute unschuldige Kinder oder auch erwachsene Personen, und geben sich hernach in Gerichten selbst an, als häten sie eine recht christliche That verübet, in brennender Begierde eine öffentliche Todesstrafe auszustehen, um desto sicherer in Himmel zu gelangen. Ein höchst verdammliches Beginnen! weit abscheulicher, als der unmittelbare Selbstmord, weil bey diesen keine Bosheit, hier aber die größte vorhanden ist, welche, weil niemand vor ihnen sicher, dem ganzen gemeinen Wesen schädlich, und die öffentliche Sicherheit stöhret. Wannenhero dieses weit mehr, als der gemeine und unmittelbare Selbstmord, ein Gegenstand der gesetzgebenden und schützenden weltlichen Regierung ist. Es reißet dieses Gift sehr ein, und sehen wir tägliche Beyspiele. Meuchelmörderischer Weise überfallen sie andere Personen und besonders Kinder mit kaltem Blute, in einem (ihrer Meynung nach) gottseligen Vorsatze, weil sie nämlich auf solche Art gewiß seelig zu werden vermeynen, und sich vorstellen, daß das von ihnen öfters unter den süßesten Schmeicheleyen ermordete fremde Kind, „da es noch keine Sünde gethan,“ ebenermaaßen die Seeligkeit erlange. Dieses ist ein wahres Verbrechen, und nicht, wie der unmittelbare, blos Sünde, weil vor solchen blutgierigen und enthusiastischen Leuten keiner ihrer Nebenmenschen, ja nicht einmal Prinzen, Lebens Sicherheit haben, welche doch unter allen übrigen die obriste und vornehmste ist, die man von dem Schutze der gesetzgebenden Gewalt zu verlangen befugt ist, wobey ich aus den Acten einigemal auch dieses bemerket, daß dergleichen Gedanken bey schwachen und einfältigen Gemüthern auch daher entstanden, daß ihre Einbildungskraft äußerst rege worden, wenn sie bey dem Gepränge einer Execution die rührende Vorbereitung durch Geistliche mit angesehen, so daß sie im Herzen zu wünschen angefangen: sie möchten doch eben so seelig, eben so wohl zubereitet, als dieser abgethane Sünder, sterben, als welche gewiß das Himmelreich ererbeten, da schon der Großvater ihnen erzählet, daß, wenn es auch am Tage einer solchen Execution noch so trübe wäre und beständig geregnet hätte, doch die Sonne, sollte es auch nur einige Augenblicke seyn, einige Strahlen scheinen lassen. Die Sache träfe ein, man sollte nur Acht darauf geben. Es ist ein Dänisches Gesetz vorhanden, welches denen, die auf solche Art den Tod wünschen, das Leben zur Strafe auferleget, aber ein schmäliches Leben. Erhöhete Todesstrafen würden hier nichts helfen, weil schwärmerische Einfalt selbst durch die Schärfe der Strafe gereizet wird. Wie nun der gemeine oder unmittelbare Selbstmord die Sicherheit des Nebenmenschen nicht störet, hingegen bey dem mittelbaren doppelter Tod erfolget, und vor solchen Mördern, deren Phantasie durch verkehrte Frömmigkeit entzündet ist, und die folglich alles zu unternehmen im Stande, sich niemand hüten kann, so ist nicht jener unmittelbare, sondern dieser, ein wahrer Gegenstand der peinlichen Gesetze. Nämlich

der

§. XXXVI.

Verbrechen die schwer zu beweisen sind.

Es giebt einige Verbrechen, die in der Gesellschaft häufig vorkommen, und doch zu gleicher Zeit schwer zu erweisen sind; dahin gehören der Ehebruch, die Knabenschänderey, und der Kindermord.

Der Ehebruch ist ein Verbrechen, welches politisch betrachtet zweyerley Ursachen hat v) woraus seine Stärke

der andern zugefügte Schade, Verletzung, boshafter Vorsatz, und Störung der öffentlichen Sicherheit, bestimmet die Größe eines Verbrechens: wo aber niemand beleidiget wird, kann die That Sünde seyn, die aber zu bestrafen Gott allein sich vorbehalten hat, und dürfte wohl, nach des Lactantius Meynung, der weltliche Arm zu hochmüthig denken, wenn er glauben wollte, er müsse den göttlichen Arm unterstützen. §.

v) Der Ehebruch ist nur alsdenn zu bestrafen, wenn der beleidigte Theil klaget, eben so wie der Richter einen tüchtigen Verweis und Ersatz aller Unkosten auf sich ladet, wenn er den Sohn, welcher seinen Vater bestohlen, ohne daß letzterer es angiebt, vernehmen will, weil er in häusliche Dinge sich nicht einmengen soll, und die ganze Familie dadurch einen Schandfleck erhält, also der Unschuldige mehr als der Schuldige bestraft wird. Es ist im Ehebruche das nämliche. Der beweibte Stephan, ein Häusler, seines Guthsherrens bester Unterthan, ein rechtschaffener, wohlthätiger, gefälliger Mann, liebt seines Nachbars ledige Tochter. Das ganze Dorf weiß es, nur nicht das Eheweib. Denn wer sollte wohl so gottlos, so unbedachtsam seyn, ihr solches zu entdecken? Glaubte der Verräther, daß sie es schon wüßte, so wäre er ein Bösewicht, wenn er eine schon bekränkte Frau durch Schraubereyen noch mehr bekränken wollte; glaubte er aber, sie wisse nichts, o! so müßte in der ganzen Hölle kein solcher grundböser Geist erfunden

und Richtung herkommt; nämlich die veränderlichen Ge-

setze

den werden, der durch dergleichen unnöthige Eröfnung eine im übrigen wohl stehende Ehe erschüttern und das bisher aus Unwissenheit glückliche Weib in tiefe Schwermuth eines bittern Leidens versenken und Saamen der Zwietracht aussäen wollte. Unterdessen ist die Sache dorfkundig, und der Pastor erzählt es endlich dem Gerichtshalter mit Seufzen. Dieser stellt eine Untersuchung an, und ist also dasjenige Geschöpf, derjenige unseelige Mann, der den zeitherigen Frieden der Ehe zernichtet, und nicht allein die Untreue zu des Weibes Wissenschaft, sondern auch zur völligen Ueberzeugung bringet. Sie und des Nachbars Tochter, so vorher gute Freundinnen waren, raufen sich nunmehro bey den Haaren, und die Kinder sehen mit gerichtlicher Gewißheit an ihrem eignen Vater ein, vorher mit dem Schleyer der Ungewißheit umhülltes, schändliches Beyspiel. Stephan wird unter Betrüger und Spitzbuben in Kerker geworfen, und Frau und Kindern der Erhalter entzogen. Unterdessen vergiebt die unschuldige Gattin ihrem Manne den Fehltrit. Die Proceßkosten aber haben das Haus verzehret. Zur Belohnung ihrer Großmuth und Liebe, die sie an ihrem Gatten erwiesen, ergreift sie mit ihm den Pilgrimsstab in fremde Lande, und geht mit ihm und ihren Kindern betteln. Wie leicht ist es nicht, daß, wenn er siehet, wie die Gesetze unter Schwachheit und Bosheit keinen Unterschied machen, daß er seine Ehre durch die Inquisition verlohren, daß er schon einmal wie ein Spitzbube in Gerichten behandelt worden, er sich denselben beygeselle. Ehebruch wird nur alsdenn, wenn es der Gatte rüget, zum Verbrechen. Weisheit ist in Böhmers Worten, wenn er über den Carpzov *Pr. Cr. Q. 51.* also schreibet: Vbi innocentis partis magis interest ne domesticum malum manifestetur, non peccat iudex, qui facti veritatem rigorose indagare negligit, et delationes, maxime vbi obscuriores fuerint, potius dissimulat, ne concordantia matrimonia turbentur, vt iam LEYSER vidit *Spec. 575. Med. 11.* Hätte der Ehemann, auf schändliche Weise,

für

setze der Menschen, und jenen heftigen Trieb, der ein Geschlecht zu dem andern ziehet *).

Wenn ich mit Völkern zu handeln hätte, die von dem Lichte der Religion noch nicht erleuchtet sind, so würde ich sagen: es gäbe noch einen andern beträchtlichen Unterschied zwischen diesem und den andern Verbrechen. Dieses entstehet aus dem Misbrauch eines der ganzen Menschheit eignen eingepflanzten beständigen Triebes, eines Triebes der vor aller gesellschaftlichen Verbindung vorher gegangen, ja vielmehr dieselbe gegründet hat, wo hingegen die andern die Gesellschaft zerrüttenden Verbrechen, ihren Ursprung mehr aus plötzlichen Leidenschaften, als einer natürlichen Nothdurft haben. Ein solches Bedürfniß wird demjenigen, der die Geschichte und den Menschen kennet, unter einerley Himmelsstrich immer bey einer gleichen Menge, einerley vorkommen. Wenn dieses wahr wäre, so würden jene Gesetze und Gewohnheiten unnütze,

für Darleihung seiner Frau Geld gewonnen oder es sonst willigst geschehen lassen, so hört es, weil niemand beleidiget wird, auf, Verbrechen zu seyn, und bleibet wegen Ueberbleibsel der alten Lehre, daß die Ehe ein Sacrament sey, blos Sünde. Der Satz ist richtig und unumstößlich, daß bey dem Ehebruche der unschuldige Theil mehr, als der schuldige, leiden müsse.

*) Diese Anziehung ist in vielen Fällen der bewegenden Schwerkraft des Weltgebäudes gleich, indem sie, wie dieselbe auch, durch die Entfernung abnimmt, und wie diese alle Bewegungen der Körperwelt bestimmet und einrichtet, also thut es jene in Ansehung der Gemüthsbewegungen, so lange ihre Periode dauert; in diesem Stück aber ist sie unähnlich, daß die Schwerkraft mit dem Gegengewichte sich ins Gleichgewichte setzet, jene hingegen durch den Widerstand selbst mehr Kräfte und Nachdruck erhält. Becc.

unnütze, ja vielmehr schädlich seyn, welche die durchs Ganze vertheilte Summe dieser Triebe vermindern wollten, denn auf solche Weise wollten sie einem Theil die eignen und der andern Bedürfnisse zugleich aufladen. Im Gegentheil würden das weise Gesetze seyn, die sich nach der leichten Neigung des ebenen Weges richteten, und die ganze Summe dieser Triebe in so viel kleine Theile vertheileten, und ableiteten, welches auf gleichmäßige Art so wohl die Dürre an einem Orte als die Ueberschwemmung am andern verhindern würde. Die ehliche Treu stehet immer in Verhältniß mit der Anzahl und Freyheit der Ehen. Wo angeerbte Vorurtheile hierbey herrschen, wo der Aeltern Gewalt dieselben stiftet und trennet, da zerreissen Liebeshändel heimlich die Bande, so sehr auch die alltäglichen Sittenlehrer dawider schmälen, Sittenlehrer die nur sich es zur Pflicht machen, auf die Wirkungen loszuziehen, den Ursachen aber Verzeihung wiederfahren zu lassen. Jedoch es bedarf aller dieser Betrachtungen nicht, bey demjenigen, der in der wahren Religion lebt, und viel erhabnere Bewegungsgründe hat, die die Macht der natürlichen Triebe in Ordnung halten. Die Ausübung eines solchen Verbrechens ist so schnell und geheimnißvoll, so mit eben dem Vorhange bedecket, den die Gesetze davor gezogen haben; ein zwar nöthiger aber schwacher Vorhang, welcher die Sache mehr vergrößert, anstatt sie zu vermindern; die Gelegenheiten zu diesem Vergehen sind so leicht, und die Folgen so zweydeutig, daß es einem Gesetzgeber leichter ist ihnen zuvor zu kommen, als sie hernach zu verbessern x). Man möchte es zu einer

x) „Eben so verhält es sich mit der Selbstbefleckung. Ob sie

einer allgemeinen Regel machen: Bey einem jeden Verbrechen, was die meistenmale nicht füglich bestrafet werden kann, wird die Strafe mehr zu einer Anreizung es zu begehen. Es ist eine Eigenschaft unsrer Einbildungskraft, daß Schwierigkeiten, die nicht unüberwindlich sind, oder gar zu groß in Ansehung der trägen Gemüthsart eines jeden Menschen, die Einbildungkraft weit lebhafter erhitzen, und den Gegenstand vergrößern, dadurch, daß sie gleichsam so viele Dämme sind, die die herumschweifende und flüchtige Einbildungskraft aufhalten, daß sie aus der Vorstellung des Gegenstandes nicht herauskommen können. Sie wird so zu sagen, recht gezwungen, allen Bedenklichkeiten auszuweichen, und hänget stärker an dem Angenehmen, zu welchem unser Gemüthe natürlicher Weise geneigt ist, als an den schmerzhaften und traurigen Folgen, von denen es sich entfernet und fliehet.

Die Knabenschänderey so von den Gesetzen so hart bestrafet wird, und wegen welcher man ohne vieles Bedenken jemanden der Marter unterwirft, die doch auch über die Unschuld den Sieg davon trägt, hat nicht so wohl ihren Grund in den eingepflanzten Trieben eines freyen und abgesonderten Menschen, als in den Leidenschaften des Geselligen und des Sclaven y). Sie erhält ihre

sie wohl eine sehr schädliche Unehrbarkeit ist, die man auszurotten wünschen möchte, so ist doch auf selbige eine Strafe zu setzen, thöricht, weil sie zu selten exequiret werden kann, also nicht abschreckt. „Michaelis Vorrede zum 6sten Theile des Mosaischen Rechts. H.

y) Sodomiterey ist Sünde, außer dem auch Unflath, Schmutz, Unanständigkeit, die Schande bringet, aber kein

ihre Stärke nicht sowohl aus der ekelhaften Sättigung der

kein Verbrechen, weil es niemanden das Seinige entziehet, und nicht aus betrügerischem boshaftem Herzen entspringet, noch die bürgerliche Gesellschaft zerrüttet. Aber unser geistliches Recht hält solche, ja so gar eine Heyrath in verbotenem Grade, oder sonst ein fleischliches Verbrechen, (ich kann die Ursache gar nicht begreifen,) weit abscheulicher als Betrügerey und Diebstahl, ja wohl gar als Feueranlegen und Gift. Kann man sich nicht anders helfen, so giebt man der Uebertretung eine verhaßte Benennung, mengt nach Gelegenheit das Wörtgen Blut mit unter, und opfert die Sache den Namen auf. So nennt man die Selbstbefleckung höchst ungeschickt und albern, eine Onanitische Missethat. Gott tödtete den Onan nicht deswegen, weil er seinen Saamen auf die Erde fallen ließ. Unter diesem geilen Volke war unstreitig die Selbstbefleckung so gewöhnlich, daß Gott der Herr Judenseelen zu hundert tausenden hätte von dem Erdboden wegraffen müssen. Nein, das war Onans Verbrechen nicht, weshalb er sterben mußte, sondern sein Geitz, sein Bestreben nach seines verstorbenen Bruders Gute, dem er keine Nachkömmlinge erwecken wollte, wie er nach dem Gesetze thun mußte, also ein wahres Verbrechen. Aber dieses wird überschlagen, und man bleibt bey dem Schmutze stehen. Als ich vor mehr als zwanzig Jahren in die Rechtsstühle aufgenommen zu werden die Ehre hatte, zerbrachen sich die ältern Herren Collegen noch sehr die Köpfe, ob, wenn in Acten dieses Laster vorkam, man diesen sogenannten Onaniten nicht verbrennen wollte? Der Unflätige ist eine verächtliche Person, aber kein Verbrecher, kein Beleidiger seines Nächstens. Wenn ein lediger Christ bey einer ledigen Ungläubigen oder auch Jüdin schläfet, oder umgekehrt, so soll es mit Staupenschlägen geahndet werden. Wir wollen die Gründe der alten Criminalisten hören, an deren Gottesfurcht wohl nichts auszusetzen seyn dürfte: Es ist nicht fein, sagt Christus, daß man den Kindern das Brod nehme, und werfe es für die Hunde. Wen verstehet er hier unter den Hunden?

der Wollüste, als vielmehr aus einer gewissen Art der Erziehung, welche um Menschen andern nützlich zu machen, anfängt sie sich selbst unnütze zu machen, in solchen Häusern, wo man eine feurige Jugend zusammen sperret, und ihr einen unübersteiglichen Damm wider den Umgang mit dem andern Geschlechte vorbauet, dergestalt, daß die Natur die sich eben entwickelt, ihre Kräfte für die Menschheit unnützer Weise verschwendet, ja vielmehr vor der Zeit das Alter hervorbringt. Der Kindermord ist gleichfalls der Erfolg eines unvermeidlichen Kampfes, worinnen eine Person, die entweder aus Schwachheit nachgegeben, oder durch Gewalt gezwungen worden versetzet worden ist. Wer sich in den Umständen befindet, daß er zwischen der Schande und dem Morde eines Wesens, das unvermögend ist, das Uebel davon zu empfinden, wählen soll, wie kann eine solche Person nicht diesen, dem unvermeidlichen Elend, welchem sie und die unglückliche Frucht ausgesetzet ist, vorziehen? Die beste Weise diesem Verbrechen vorzukommen, würde seyn, wenn man die Schwachheit mit kräftigen Gesetzen gegen diejenige Tyranney schützte, welche die Laster allzu sehr vergrößert, die man nicht mit dem Mantel der Tugend bedecken kann.

Es ist meine Meynung gar nicht den gerechten Abscheu zu verringern, welchen dergleichen Verbrechen verdienen; sondern ich glaube nur, indem ich die Quellen davon anzeige, befugt zu seyn, eine allgemeine Folgerung daraus herzuleiten, nämlich, daß man keine Strafe eines Verbrechens in engem Verstande, gerecht, das heißt

den? Die Heiden. Also welche Christin sich mit einem Heiden oder Türken vermischet, schläft bey einem Hunde. Dieses ist Sodomiterey. Ergo. H.

heißt nothwendig nennen kann, so lange das Gesetz, nicht die besten und möglichsten Mittel angewendet hat, bey vorkommenden Umständen ihm vorzubeugen z).

§. XXXVII.

z) Findelhäuser sind freylich das beste Mittel, dem Kindermorde vorzubeugen, aber der Mangel am Gelde solche anzulegen, verwandelt diesen Rath in einen bloßen Wunsch. Wie aber, wenn man jeder Geschwächeten erlaubte, ihre Kinder ungestraft und ohne Vorwurf wohl verwahrt an Orte auszusetzen, wo die Leute hin und wieder gehen? Dann müßten die also ausgesezten Kinder aus der Armencasse, oder wo es diese nicht vermag, von der Obrigkeit ernähret werden. Sollten wohl auf ein Dorf jährlich mehr als zwey Findlinge kommen? Sollte es zu hart seyn, wenn jede ledige Person, so bald sie mannbar, alle viertel Jahre einen Groschen Findelgelder erlegte? Wie viel geht nicht dem Staate junger Anflug dadurch verlohren, daß fromme Obrigkeiten die fleischlichen Verbrechen auf Anstiften und Anfrischen der Ausleger eines fremden, längst abgeschafften, uns gar nichts angehenden Rechtes außer der Maaßen hart bestrafen und verfolgen. Hier aber höre ich den gütigsten Landesvater rufen: Wie? sagt er, fast in der Sprache eines Beleidigten, wie? bey einem Vortheile, der hauptsächlich mir zum Besten gereichet, sollte ich die Last der Auferziehung meiner künftigen Soldaten den Obrigkeiten und Armencassen aufbürden? Sollte ich nicht wenigstens dabey etwas thun? Ich will demjenigen, der das Kind erziehen will, jährlich aus öffentlichen Einkünften etwas reichen lassen, so lange bis es sein Brod selbst zu verdienen im Stande; dieser Pfleger soll außer dem das Recht der väterlichen Gewalt erlangen, und des Kindes Mutter, wenn sie entdecket wird, oder sich selbst entdecket, beerben. u. s.w. Ein flatterndes Heer von vielen tausend Seelen, die ich meinem Leser hier in einem weiten Perspective als errettet in der Ferne zeige, sollten ihn ermuntern, diesem meinen rohen Gedanken, den ich hier nur flüchtig entworfen habe, weiter nachzudenken, und scheinet mir diese Sache würdig, daß sie zu einer Preisschrift ausgestellet werde. H.

§. XXXVII.

Von einer besondern Art der Verbrechen.

Wer diese Schrift lieset, wird wahrnehmen, daß ich eine Art von Verbrechen ausgelassen habe, welche Europa mit Menschenblut überschwemmet, und jene traurigen Scheiterhaufen aufgerichtet hat, wo lebendige Menschen den wüthenden Flammen zur Nahrung dienen mußten, wo es für einen blinden Pöbel ein angenehmes Schauspiel und ein belustigender Klang war, das dumpfige Aechzen und Heulen der Elenden, welches durch die schwarzen Rauchwolken der brennenden Holzstöße drang, und das Knistern der anbrennenden Gebeine und der noch schlagenden Eingeweide anzuhören. Vernünftige Leute werden aber wohl einsehen, daß der Ort, das Zeitalter und der Stoff der Sache selbst mir nicht erlauben, die Beschaffenheit eines solchen Verbrechens zu untersuchen. Es würde allzu weitläuftig und meinem Vorwurf nicht gemäß seyn, wenn ich beweisen wollte, wie nothwendig eine vollkommne Gleichförmigkeit der Meynungen in einem Staate, gegen das Beyspiel so vieler Nationen sey; wie Meynungen, die blos durch einige spitzfündige und dunkle Unterscheidungsmerkmale, die noch dazu weit über die Fähigkeit des menschlichen Verstandes sind, sich von einander entfernen, doch den gemeinen öffentlichen Ruhestand zerrütten können, wofern nicht eine vorzüglich vor den übrigen gebilliget und angenommen wird; man erwarte nicht, daß ich ausführen soll, wie unter diesen so mannichfaltigen verflochtnen Meynungen wohl etwan einige befindlich seyn können, die durch ihre Gährung und wechselseitige Bekämpfung sich einander selbst aufklären, daß die wahrhaften oben auf schwimmen, die falschen aber in Vergessenheit versinken; andre weniger gegründete blos wegen des beständigen Beyfalls, den sie immer gehabt haben, mit äußerlicher Macht und Gewalt erhalten werden müssen. Es würde mich zu weit von meinem Endzweck abführen, wenn ich beweisen wollte, daß die Gewalt über die menschlichen Gemüther, so verhaßt sie auch seyn mag, weil sie doch nur Heuchler und sodann Verächter macht, und so sehr sie dem Geist der Sanftmuth und der brüderlichen Liebe, die die Vernunft uns gebietet, und die Obrigkeit, welche wir verehren, uns befiehlt, zuwider ist, doch unumgänglich nothwendig sey. Dieses alles muß man als völlig erwiesen annehmen, und glauben, daß es dem wahren Wohl der Menschen gemäß sey, wenn derjenige, der die anerkannte Gewalt hat, solche ausübet. Ich rede nur von Verbrechen, die aus der menschlichen Natur entspringen, und aus dem gesellschaftlichen Bündniß, aber gar nicht von Sünden, auf welche auch die zeitlichen Strafen nach ganz andern Grundsätzen müssen bestimmet werden, als die eine eingeschränkte Philosophie an die Hand giebt [a]).

§. XXXVIII.

a) Den Unglücklichen, dem das Loos zu Theil worden, wahnwitzig zu seyn, will man mit heiligen Flammen rösten und einen Blinden strafen, weil er das Gerade vom Krummen nicht zu unterscheiden weis. Christus am Kreuze, als er die ungläubigen Juden seiner spotten sahe, betete und sprach: Vater, vergieb ihnen, denn sie wissen nicht, was sie an mir thun. Ich will Christi Nachfolger werden. Wenn ich einen Irrenden sehe, so will ich für ihn beten, „denn er weis nicht, „was er thut“ Wer diejenigen verfolgt, die anders denken, als er, zeigt eben dadurch, daß er kein Christ sey

weil

§. XXXVIII.

Von einer gewissen Quelle der Irrthümer und Ungerechtigkeiten in der Gesetzgebung, und zwar erstlich von falschen Vorstellungen des Nutzens.

Eine Quelle von Irrthümern und Ungerechtigkeiten, sind die falschen Vorstellungen gewisser Vortheile, welche sich die Gesetzgeber machen. Eine falsche Vorstellung von Nutzen macht sich derjenige, der einem besondern Uebel abhilft und das allgemeine stehen läßt; derjenige welcher über Empfindungen herrschen will, anstatt daß er solche nur rege machen sollte, der zur Vernunft spricht: unterwirf dich. Eine falsche Vorstellung von Vortheilen macht sich derjenige, der tausend wahre Vortheile, wegen eines eingebildeten, oder unerheblichen Uebels aufopfert, der den Menschen den Gebrauch des Feuers wegnehmen würde, weil es Feuersbrünste verursacht, und das Wasser, weil es sich zuträgt, daß Menschen darinnen ersaufen b); der dem Uebel nicht anders vorbauet, als

 durch

weil er die ersten Grundsätze des Heilandes verletzet. Der goldne Talar, den die Zorntheologen ihren Leidenschaften umzuhängen wissen, daß es „der Ehre Gottes halber" geschehe, kann ihre Blöße nicht decken. Warum haben die Juden Christum gekreuziget? Ihrer Meynung nach, der Ehre Gottes halber; warum haben sie Stephanum gesteiniget? Aus Orthodoxie; warum ist Huß verbrannt worden? Gott einen angenehmen Dienst und Ehre zu erweisen. Alles aus heiligem Eifer! Sie wollen dem Allerhöchsten beystehen. Die Milbe im Käse, welche von mir vielleicht ganz irrige Begriffe hat, die mich nicht kennet und niemals mit Augen gesehen, will mir helfen meine Haushaltung führen! H.

b) Wenn gleich die Aerzte seit hundert Jahren geschrien, daß

durch Niederreissen. Von dieser Art sind die Gesetze, welche verbieten Gewehr zu tragen, weil sie doch niemand entwaffnen, als diejenigen, welche weder zum Verbrechen geneigt, noch genugsam dazu entschlossen sind; denn, wie werden diejenigen, welche die Dreistigkeit haben, die heiligsten Gesetze der Menschheit, und die wichtigsten Verordnungen des Gesetzbuches zu verletzen, die unwichtigeren und blos willkührlichen verehren, deren Uebertretung, weil sie allzuleichte, ungestraft bleiben sollte, und deren gar zu genaue Befolgung alle persönliche Freyheit benehmen würde; eine Freyheit die dem Menschen lieb und selbst einem Gesetzgeber von erhabner Einsicht angenehm seyn muß c). O traurige Verbote, welche Unschuldige schreck-

daß jährlich eine große Menge unehelicher, schon ohnehin äußerst gebeugter Sechswöchnerinnen für Schrecken, Gram und Schande, durch böse Brüste und andre Zufälle dem Grabe zur Beute werden, wenn der Büttel am andern Tage ihrer Niederkunft mit öffentlichem Gepränge ihnen eine Haube auf das Bette leget, so rühmen doch ächte und fromm gesinnete Biedermänner, daß dieses eine sehr löbliche Gewohnheit sey. Was ist, sagen diese gottseeligen Herren, an dem Leben einer solchen Vettel gelegen? H.

c) Freyheit. Handlungen, deren Unterlassung der Schatzkammer oder Kämmerey keinen Vortheil stiften und, weil sie niemanden beleidigen, in bürgerlichem Rechtsverstande der Republik unschädlich sind, muß der Beherrscher, als gleichgültige betrachten. sie mögen auch Namen haben, was sie für einen wollen, und von einer Gattung seyn, von welcher sie wollen. Zwang in Kleinigkeiten, wenn solche gleich die unerfahrne Einfalt für Elephanten hält, Zwang in Kleinigkeiten, sage ich, machet die Menschen, (welche ohnehin schon in wichtigen und unumgänglich nothwendigen Dingen auf hundertfache Art gefesselt und eingeschränket sind) verdrieß-lich.

schrecklichen Mishandlungen aussetzen, die nur Verbrechern gebühren. Dergleichen Gesetze verschlimmern

lich. Sie murren und, wenn nicht Ansessenheit oder Familie, oder andere Nothdurft sie abhält, so fliehen sie und werfen sich lieber einem Fürsten in die Arme, der als ein weiser Mentor durch einen Adlerblik das Ganze übersiehet, und mit Minervens Geiste seine beglückten Völker nachsehend zu Tugend leitet: als einem kurzsichtigen, in Mückenfange beschäftigten Orbilius, welcher mit grossen Tugenden, deren nur edle Gemüther fähig, unbekannt, seine Bürger zu kleinen Pflichten peitschen und zur Frömmigkeit einsperren will. Er weiß nicht, daß Tugend, die einer beständigen Wache bedarf, Laster sey; er weiß nicht, daß er in seinen Gesetzen der jetzigen Welt und Nachkommenschaft sein eignes kleines Herz abmahle. Besonders wollen die Politiker bemerket haben, daß die Großen des Staats in kleinen Republiken, wenn ihre Erziehung allzu bürgerlich gewesen, gar zu gerne die kleinen, allermeist unschädlichen, jedoch auch dem Pöbel sichtbaren Ritzen zu verstopfen pflegten, und in dem künstlich eingerichteten politischen Gebäude Sparren für Hauptpfeiler hielten. Weil letztere meist ein wenig verstecket, und dieser Herren Einsicht bis dahin, daß sie, wenn gedachte Hauptbalken wurmstichig oder faulend werden, bemerken könnten, sich nicht erstrecket, das Gebäude aber sinken will, so rufen sie: „Bessert nur die Sparren!“ Denn die sieht man. Hier findet man kleinstädtischen Zwang, und höret Lobreden auf Einrichtungen, deren man in großen Regierungen sich schämet. Zwang in Kleinigkeiten ist es, wenn man den entblößten Busen (über welchen zu Anfange dieses Jahrhunderts die Geistlichen sich fast zu tode gepredigt haben) bestrafet; wo man einen allzu weiten Reifen-Rock durch des Henkers Hand zerhacken und die zerstümmelten Stücke den Völkern zum Schrecken, gegen alle vier Welttheile ausstreuen lässet; wo man allzu zeitig in Wirthshäusern (den Raths Keller ausgenommen)

das Schicksal der angefallnen Beleidigten, und verbessern das Schicksal der Beleidiger und Anfallenden, sie tragen nichts

Feyerabend gebietet; wo derjenige, der in erlaubten Spielen die Marque über einen Pfennig, oder höchstens einen Zweyer, gelten lassen, fast am Leben gestrafet wird; wo eine Bandschleife, mehr oder weniger, auf der Haube die ganze Stadt in Bewegung bringet; wo man vernünftigen Schauspielern den Zutritt versaget (jedoch daß den Wurzelmännern und Zahnärzten einen Affen und Hanswurst zu führen, billig nachgelassen bleibe). Jedermann weiß es, daß es Städtchen giebt, wo es als ein Policey-Verbrechen angesehen wird, wenn man, statt der Begrüßung, sich nicht der Worte bedienet: „Gelobet sey Jesus Christus!" worauf der andere, statt der Danksagung, erwiedern muß: „In alle Ewigkeit Amen!" Ein Fremder begegnete einer Frau in einem solchen Orte, und sagte zu ihr: Ich bin Dero gehorsamer Diener, worauf sie ihm policeymäßig antwortete: In alle Ewigkeit Amen! Nein, Madam, versetzte er, das wäre ein wenig zu lange. Unter den bedenklichen und unstrafbaren Zwang, (damit ich aus sehr vielen Beyspielen, nur einiger gedenken möge) rechnen Leute, die auf Reisen die Welt kennen lernen, Leute, welche große Städte und Länder gesehen haben und sich Einsichten erworben, auch die Einschränkung der Pracht in Kleidungen nach Stand und Würden, die allzu strenge Bücher-Censur und Confiscationen, die unnöthige Sperrungen der Thore, und die Visitatinen in Privathäusern oder Haussuchungen ohne Verdacht, welche letztere in Schweden die ehedem despotisch regierende Reichsräthe, nicht nur wegen Einschleppung verbotener Waaren, sondern auch aus Frömmigkeit, um üppiges und unkeusches Leben, hohes Spiel und Schwelgereyen zu verhüten, ihrer Meynung nach, sehr weißlich eingeführet hatten, so, daß bey Tag und Nacht zu allen Stunden geringschätzige Policeybediente gewaltthätig in unbescholtener Leute Häuser eindrangen und, wenn man nicht den Beutel in Zeiten blicken ließ, alles durchsucheten und durchwühleten.

Der

nichts zur Verminderung sondern zur Vermehrung der Mordthaten bey, weil Unbewehrte um so viel dreister

Der selbstdenkende König Gustav, welcher Weltweise gelesen und Weltweise zu Lehrern gehabt, rechnet solche unter den nichtswürdigen Zwang und hat allerneust, nehmlich am 16 Febr. 1778 sie nochmals in folgenden denkwürdigen Worten, worinnen tiefe Einsicht in die legislatorische Klugheit hervorblitzet, wohlthätig abgeschaffet, so daß niemand führohin in seinem Hause und Zimmer beunruhiget wird, ausgenommen offenbare Missethäter. „Verordnungen, Gesetze und Verbote, „welche sowohl wider der Menschen Neigungen, als „wider ihre Denkungsart streiten, sind dem freyen „gemeinen Wesen höchst schädlich. Denn indem sie an „der einen Seite durch die Länge der Zeit unzulänglich „werden so machen sie auch einzig und allein, daß sich „der Mensch gewöhnet, der Regierung ungehorsam zu „seyn; oder sie zwingen auch den Regenten zu einer „ungerechten und unnützen Strenge, welche wiederum „in gewissen Fällen gegen eine rechtschaffene Freyheit „streitet und die besondere Ruhe, die Sicherheit, die „ein jeder in seinem Hause, als der sichersten Zuflucht „haben muß, sowohl die Treue, die das Hausgesinde „seiner Herrschaft schuldig ist, und das einzelne Ver„gnügen, welches ein jeder in einem friedlichen Staate „innerlich in sich hegen kann und darf, zerstöret. Ver„schiedene Verfassungen haben die Hausvisitationen leider „verstattet, welche, indem sie sehr öfters die Ruhe und „Sicherheit des dem Gesetze gehorsamen Bürgers ge„störet haben, eben so unzulänglich gegen den Ver„brecher des Gesetzes gewesen sind. Die Dienstboten „sind geschützet ja ermuntert worden, ihre eigene Herr„schaft anzuklagen, welches sowohl mit der Länge der „Zeit das Herz der Nation hätte verschlimmern, als „auch eine weit größere Ungelegenheit verursachen kön„nen, als diejenige, welcher man durch dergleichen „Mittel hat vorbeugen wollen. Nachdem Wir also der „Natur nicht gemäß gefunden haben, mit den Haus-

überfallen werden, als die so bewafnet sind. Das kann man nicht Gesetze, die dem Verbrechen zuvorkommen, nennen,

„visitationen aus den Gründen, welche in unserer „Verordnung vom Jul. 1776. angeführet worden, fort„fahren zu lassen ꝛc." Sehet da einen neuen Philosophen auf dem Throne, der, weil er aus preiswürdigen Absichten, eine neue Kleidertracht wünschet, zu solcher niemanden zwinget, sondern die Gemüther zu lenken weiß, daß sie von selbst seinen Wunsch gewiß erfüllen werden. Erkennet, daß Klugheit mehr als Strafe bewirke, und begreifet aus diesem Beyspiele, daß man nicht nur in Republiken, sondern auch in Monarchien, von Freyheit sprechen könne. Selbst ein König spricht davon. Kann man also wohl mich, der ich solche so eifrig vertheidige, eines Hochverraths beschuldigen? Man denke von mir, was man will, man schimpfe, man tadle mich nach Belieben, ich weiche nicht von meinem Satze, sondern behaupte bis an das Ende meiner Tage daß, weil die Unterthanen in allen Ländern durch Drangsale der Abgaben ohnehin sehr beängstiget, und verschiedene Nothwendigkeit mancherley Einschränkungen schon außerdem erfodert, der Fürst, wo er nur weiß und kann, durch verstattete Freyheit den Bürgern diese Bitterkeit versüßen, und ihnen nicht alle Tritte und Schritte, die sie thun und nicht thun sollen, vorschreiben müsse. Er liebe und verstatte Freyheit, damit man sein Herz aus seinen Gesetzen lesen könne; er lerne seinen Beruf kennen, die zeitliche Glückseligkeit der Unterthanen zu befördern, und steige in keine andere Sphäre. Er verwandele Seelen in keine Marionetten; er lasse seine Gesetze überall Menschlichkeit athmen, und Milzsucht von ihnen entfernet seyn; er glaube sicherlich, daß diejenigen auf unrechten Pfaden wandeln, welche die Kunst zu herrschen aus Hübners, Christian Weisens, Uhsens und Talanders Schriften, oder aus des Erasmus Büchelchen de civilitate morum erlernen wollen; er hüte sich, etwas zu verbieten, wodurch dem Nächsten kein Schade

nennen, sondern die sich vor ihm fürchten, die aus dem betäubenden Eindrucke einiger besondern Vorfälle entstanden, nicht von einer vernünftigen Ueberlegung der Nachtheile und Vortheile einer allgemeinen Verordnung. Ein falscher Begriff vom Nützlichen ist ferner derjenige, welcher gerne einer Menge empfindender Wesen die Gleichförmigkeit und Ordnung geben möchte, deren eine rohe und leblose Materie fähig ist. Hütet euch auch, daß ihr bey Gebung der Gesetze, große Bewegungsgründe nicht außer Augen setzet, die stark und dauerhaft auf den gemeinen Haufen wirken, um entfernte Bewegungsgründe zu gebrauchen, deren Eindruck matt und flüchtig ist, wofern nicht etwan eine starke Einbildungskraft, welche der Menschlichkeit doch eben nicht gar gewöhnlich, durch die Vergrößerung des Gegenstandes die Entfernung desselben ersetzet.

Endlich ist auch unter die falschen Vorstellungen vom Nützlichen zu rechnen, wenn man mit Weglassung der Sache den Namen beybehält, und das gemeine Beste von der Wohlfarth einzelner Personen gänzlich trennet. Der Unterschied zwischen dem Zustande der Gesellschaft und der Natur bestehet darinnen, daß der in dem natürlichen Zustande lebende Mensch nie zu Handlungen schreitet, die andern zum Schaden gereichen, als in so fern er vor sich Vortheile daraus ziehet; allein der gesellschaftliche Mensch wird öfters durch fehlerhafte Gesetze

 bewo-

Schade erwächset, wodurch niemand beleidiget wird. Was kann er wohl für Bedenken haben, seinen Unterthanen eine Wohlthat zu erweisen, die ihm nicht das geringste kostet, sondern vielmehr einträglich ist, weil sie Fremden gefällt und die Leute gerne in seinem Lande wohnen? Freyheit locket, Zwang verjaget. H.

bewogen, andere zu verletzen, ohne sich damit selbst Vortheile zu verschaffen. Der despotisch Herrschende jaget den Seelen seiner Sclaven Furcht und Schrecken ein, da aber diese wiederum auf ihn mit größerer Gewalt zurück wirken, so gereichen sie ihm gar bald zur Beunruhigung und zum Schaden. Je heimlicher, je häuslicher und einsamer die Furcht ist, destoweniger ist sie demjenigen, der sie zum Werkzeuge seiner Glückseeligkeit zu brauchen weiß, gefährlich; je öffentlicher sie hingegen und jemehr sie unter eine größere Anzahl von Menschen verbreitet ist, desto leichter kann es geschehen, daß ein Thor, ein Verzweifelnder, oder ein Tollkühner oder auch ein Verschlagner sich finde, der sich anderer zu Ausführung seiner Absichten bedienet, und in ihren Gemüthern desto annehmlichere und verführerische Hofnungen erreget, da die Gefahr der Unternehmung unter eine größere Menge in gleichem Maaße vertheilet, und der Werth, den sie ihrem Leben beylegen, desto geringer wird, je größer die Mühseligkeit ist, in welcher sie leben. Dieß ist die Ursache, warum eine Verletzung immer mehrere zu wege bringt, weil der Haß viel länger als die Liebe dauert, da jener durch wiederholte Thaten mächtig gestärket, diese aber vermittelst des öfteren Genußes sich gleichsam selbst verzehret.

§. XXXIX.

Vom Familien Geiste c).

Diese unseeligen und doch autorisirten Ungerechtigkeiten, sind von den erleuchtesten Männern gut geheißen, und

c) Dieser §. hätte füglich wegbleiben können, und kann der Leser solchen auf meine Gefahr gänzlich überschlagen.

und in ganz freyen Staaten in Ausübung gebracht worden, weil man die Gesellschaft vielmehr als eine Vereinigung von Familien, als eine Vereinigung der Menschen angesehen. Man nehme an, eine Nation bestehe aus hundert tausend Menschen, oder zwanzig tausend Familien, deren jede aus fünf Personen bestehet, das Haupt mit eingerechnet, welches sie vorstellt. Geschiehet diese Vereinigung in Familien, so sind zwanzig tausend Menschen und achtzig tausend Sclaven da. Geschiehet sie aber nach einzelen Personen, so sind hundert tausend Bürger und kein einziger Sclave da. Im ersten Falle wird eine Republik vorhanden seyn, und zwanzig tausend kleine Monarchien, aus welchen sie bestehet; im zweyten wird der republikanische Geist, nicht nur auf den öffentlichen Plätzen und in den Versammlungen der Nation, sondern auch in den Privat-Mauern, welche den größten Theil der Glückseligkeit oder des Elendes der Menschen in sich schließen, aus freyer Brust athmen. Da die Gesetze und Sitten eine Wirkung der eingewurzelten Gesinnungen der Mitglieder der Republik, oder der Häupter der Familie sind, so wird in dem ersten Falle der monarchische Geist sich nach und nach in der Republik selbst einschleichen; und seine Wirkungen werden nur blos von dem entgegengesetzten Nutzen eines jeden Mitgliedes, nicht aber von einer mit Freyheit und Gleichheit beseelten Gesinnung im Zaum gehalten werden, der Geist der Familie beschäftiget sich mit Kleinigkeiten und einzelen Dingen

gen. Durch Weitschweifigkeiten, die man bey einem so scharf denkenden Kopfe nicht gewohnt, werden Dinge vorgetragen, die mir noch dazu falsch scheinen. Man muß allerdings philosophiren, sagten die Alten, aber nicht zu viel! H.

Dingen, aber der die Republik umfassende Geist, ergreifet allgemeine Grundsätze, blicket auf die Begebenheiten, ordnet dieselben nach den wichtigen allgemeinen Hauptfächern und ziehet Regeln daraus, die der großen Menge zuträglich sind. In einer Republik, die aus Familien besteht, bleiben die Kinder unter der Gewalt des Oberhauptes, so lange es lebet, und müssen erst von seinem Tode denjenigen Stand erwarten, welcher von den Gesetzen allein abhänget. Da sie bey jungen und muntern Jahren, in welchen ihre Empfindungen noch wenig von der aus Erfahrung entstandnen Furcht, die man Mäßigung nennet, beschränket werden, sich zu schmiegen und zu zittern gewohnet sind, wie sollen sie im schwachen und hinfälligen Alter den Hindernissen widerstehen, die in diesen Jahren das Laster der Tugend entgegensetzt, und wo die aufgegebene Hofnung die Früchte seiner Bemühungen einzusammlen, von allen muthigen Unternehmen abschrecket?

In Republiken, wo einem jeden das Bürgerrecht zustehet, ist die Familie keine Vereinigung, die sich auf eine gezwungene Unterwerfung gründet, sondern eine Verknüpfung der Glieder durch einen Vertrag; haben die Kinder das Alter erreichet, wo sie die Bedürfnisse der Natur, das ist die Schwäche, die nöthige Erziehung und Schutz übersteigen; so werden sie freye Mitglieder der Gesellschaft, und unterwerfen sich dem Haupte der Familie, um die hieraus zu erwartenden Vortheile zu genießen, eben so wie die freyen Menschen in der großen Gesellschaft. Im ersten Falle stehen die Söhne, das ist, der größte und nützlichste Theil der Nation unter der väterlichen Gewalt. Im zweyten aber finden keine

durch

durch Gesetze verordnete Bande statt, als nur jene heilige und unverletzliche Pflichten, sich alle nöthige Hülfe und Beystand gegenseitig zu leisten, und für die erhaltne Wohlthaten die gebührende Dankbarkeit zu erweisen, Pflichten die nicht so sehr durch die Bosheit des menschlichen Herzens, als durch eine von den Gesetzen verordnete übel verstandne Unterwürfigkeit verdorben worden sind.

Dergleichen Widersprüche zwischen den Gesetzen der Familie und den Grundgesetzen der Republik, sind eine reiche Quelle, woraus viele Widersprüche zwischen der öffentlichen und häuslichen Sittenlehre entspringen, und veranlassen einen beständigen Streit in dem Gemüthe eines jeden Menschen. Die öffentliche flößet Muth und Freyheit ein, die häusliche Unterwerfung und Furcht. Diese lehret, die Wohlthätigkeit auf eine kleine Anzahl von Personen einschränken, ohne eine freywillige Wahl, jene aber erstrecket sich auf alle Klassen der Menschen; die häusliche befiehlt, sich beständig einem eingebildeten Götzen aufzuopfern, den man das Wohl der Familie nennet, welches doch sehr oft keinem einzigen der Familie zum Besten gereichet. Die öffentliche lehret, wie man seine eigne Vortheile zu befördern suchen soll, ohne die Gesetze zu verletzen, oder sie ermuntert den Bürger, sich seinem Vaterlande für eine Belohnung aufzuopfern, womit er seine Handlung in fanatischem Geiste voraus bekrönet sieht. Diese widersinnige Vorstellungen verursachen, daß die Menschen unwillig werden, der Tugend nachzugehen, welche sie so verstellet, so unkenntlich und in so weiter Entfernung erblicken, die aus der Dunkelheit der physischen und moralischen Gegenstände herkommt.

herkommt. Wie oft muß nicht der Mensch erstaunen, wenn er bey Erwägung seiner vergangnen Handlungen merket, daß er in seinen Thaten unredlich gewesen. Je ausgebreiteter die Gesellschaft wird, ein desto kleinerer Theil des Ganzen wird ein jegliches Mitglied, und in eben dem Maaße vermindert sich der patriotische Eifer für das gemeine Wohl, wofern die Gesetze nicht darauf bedacht sind, dieses Gefühl stärker und geschärfter zu machen. Die politischen Gesellschaften haben, wie die menschlichen Körper, ihre beschriebnen Gränzen, wachsen sie über diese hinaus, so entstehet daraus eine nothwendige Zerrüttung ihrer Haushaltung. Die Größe eines Staates muß, wie es scheinet in einem umgekehrten Verhältnisse mit dem Grade der Empfindlichkeit der Glieder bestehen, sonst würden, wenn beyde anwüchsen, die guten Gesetze, wenn sie den Verbrechen vorbeugen wollten, in dem Guten selbst, was sie hervorgebracht, ein Hinderniß antreffen. Eine allzuweitläuftige Republik kann dem Despotismus nicht ausweichen, wofern sie nicht Unterabtheilungen annimmt, und sich in kleine mit einander verbundne Republiken vereiniget. Aber wie fängt man es an, um es dahin zu bringen? Hierzu würde ein despotischer Dictator erfordert, welcher eben so viel Muth als Sylla, und so viel Anlage zu bauen hätte, als dieser niederzureissen. Wäre dergleichen Mann ehrbegierig, so hätte er den Nachruhm aller Jahrhunderte zu erwarten; wäre er ein Philosoph, so würden ihn die Seegenswünsche seiner Mitbürger für den Verlust seines Ansehns entschädigen, wofern er nur nicht gleichgültig gegen ihre Undankbarkeit wäre. Je mehr die Empfindungen die uns mit der Nation vereinigen

einigen stumpf werden, je stärker werden diejenigen, die uns an die Gegenstände knüpfen, die uns umgeben. Deswegen sind unter dem stärksten Despotismus die Freundschaftsbande fester und dauerhafter und die immer sehr mittelmäßigen Familien Tugenden sind die gemeinsten ja fast die einzigen. Hieraus kann man abnehmen, wie klein und eingeschränkt die Einsichten der meisten Gesetzgeber gewesen.

§. XL.

Vom Fiscus d).

Es ist eine Zeit gewesen, wo alle Strafen in Geldbußen bestanden. Die Verbrechen der Menschen waren gleichsam das Erbtheil und Vermögen der Fürsten. Die Kränkungen der öffentlichen Sicherheit waren eine Fundgrube zum Pracht; wer bestellet war die allgemeine Ruhe zu vertheidigen, fand seinen Vortheil dabey, wenn sie gestöret wurde. Die Strafe war damals ein Gegenstand eines Processes zwischen dem Fiscus, der die Strafen zuerkannte und dem Schuldigen, der sie erlegte, folglich vielmehr eine streitige Geldsache, als eine öffentliche Angelegen-

d) Man sieht es allen Gesetzen so gleich an Augen an, ob die Schatzkammer dabey Gewinn oder Verlust leide? Wenn dieses ist, so kommen lauter Abweichungen von dem gewöhnlichen Wege vor: übermäßige Strafen, abgeschnittene Entschuldigungen Wildprets Diebe schmiedete man lebendig auf einen Hirsch, daß dieser durch Zaun und Hecken streichend den Elenden jämmerlich, unter Hunger und Durst, in Stücken reißen möchte. Oefters kann man seinem Nachbar weit ungestrafter tausend Thaler entwenden, als dem Fiscus einen Haasen. H.

legenheit. Der Fiscus behauptete damals andre Rechte, als diejenigen, welche ihm die Vertheidigung der öffentlichen Ruhe gaben, und der Schuldige wurde mit andern Strafen belegt, als wozu er sonst, wegen Nothwendigkeit des Beyspiels hätte belegt werden sollen. Der Richter war also vielmehr ein Sachwalter des Fiscus, als ein unpartheiischer Forscher der Wahrheit; vielmehr ein Verwalter des fiscalischen Schatzes, als ein Beschützer und Handhaber der Gesetze e). Wenn sich nach diesem System jemand für schuldig erkannte, so erklärte er sich zu gleicher

e) Als Ludwig dem vierzehnten ein Proceß vorgetragen wurde, den seine Kammer wider den Besitzer eines Hauses führte, sagte er großmüthig: der Besitzer hat Recht. Die königl. Academie der Inschriften hielt für würdig, darauf eine Münze zu erdenken mit der Ueberschrift: FISCVS CAVSA CADENS. Verlohnte sich das wohl der Mühe? Haben wir nicht ein deutliches Gesetz L 10. ff. de jur. fisc. wo der Rechtsgelehrte Modestinus sich also herausläßt: Non puto delinquere eum, qui in dubiis quaestionibus contra fiscum facile responderit. Als in auswärtigen Acten ein Advocat sich auf eben dieses Gesetz berufte, wurde er von der Kammer um 10 Thlr. bestrafet. Hilf Himmel! Was für Zeiten? Hat nicht der Fürst blos durch sein Ansehen, durch die Furcht und Gewalt Vortheile genug? Wenn ihr ein Gesetz findet, welches allen Regeln der Billigkeit entgegen strebet, so könnet ihr fast vermuthen, daß der Fiscus gerade zu, oder doch wenigstens durch einen Umweg, Vortheil darunter finde. Alle Rechtsgelehrte, wenn es auf die Gerechtsame des Fürsten ankommt, sind Schmeichler, Anhänger des Hofes und Speichellecker der Großen, wie Leyser in einer academischen Abhandlung durch tausend Beyspiele erhärtet. Sie wissen Farben anzustreichen, daß man schwören sollte, daß die Plünderungen, so der Fiscus unternimmt, eine dem Volke erwiesene Wohlthat sey H.

cher Zeit für einen Schuldner des Fiscus, und also erreichte man die Absicht der damaligen Criminal-Verfahren; also wurde das Bekenntniß des Verbrechens, welches mit so einer Weise verbunden war, daß es dem Fiscus nicht zum Schaden sondern zum Nutzen gereichte, der Mittelpunkt, um den sich alle Criminal-Einrichtungen drehen. Wie es denn noch heutiges Tages dergleichen ist, weil die Wirkungen immer sehr lange fortdauren, wenn gleich die Ursachen nicht mehr vorhanden sind. Ohne dasselbe wird der durch unbezweifelte Beweise überzeugte Schuldige mit einer gelindern Strafe, als der in Gesetzen verordneten, beleget werden; ohne sie, wird er nicht die Marter wegen andrer Verbrechen von derselben Art, die er könnte begangen haben, ausstehen dürfen. Vermittelst desselben macht sich der Richter zum Herrn und Eigenthümer des Leibes des Schuldigen, und peiniget ihn nach ordnungsmäßigen Vorschriften, um wie aus einem erkauften Landgute allen nur möglichen Nutzen zu ziehen. Wenn es nur erwiesen ist, daß ein Verbrechen begangen, so macht das Bekenntniß einen überzeugenden Beweiß, und um diesem Beweise allen Verdacht zu benehmen, so erzwinget man ihn mit Gewalt, durch Quaal und durch, bis zur Verzweifelung treibende, Schmerzen, weil das zu gleicher Zeit gethane außergerichtliche ruhige und gelassene Bekenntniß, ohne die überwiegende Furcht einer folternden Untersuchung zur Verurtheilung nicht hinlänglich ist.

Man schließt bey Anstellung des Processes diejenigen Untersuchungen und Beweise aus, wodurch die Sache selbst ins Licht gestellet, die aber den Ansprüchen des Fiscus nachtheilig seyn würden. Nicht zur Linderung des Elendes, noch aus Mitleiden gegen die Schwäche der Menschlichkeit, verschonet man zuweilen die Beklagten mit der Folter, sondern zum Besten des Ansehens und der Rechte, welcher dieses unbegreifliche Unding sonst verlustig werden möchte. Der Richter wird ein Feind des Beklagten, eines gefesselten Menschen, welchen in einem gräßlichen Gefängnisse mancherley Martern und die fürchterlichsten Schreckbilder der Zukunft plagen. Er suchet nicht die Wahrheit der Sache selbst, sondern er suchet das Verbrechen in der Person des Beschuldigten, er leget ihm Fallstricke, und glaubet es sey ein Verlust für ihn, wenn es ihm nicht gelinget, er meynet seiner Untrüglichkeit, welche sich die Menschen in allen Dingen beylegen, zu nahe zu treten. Die Anzeigen den Verhaft zu verhängen, stehen in der Gewalt des Richters; damit einer seine Unschuld erweisen kann, muß er vorher schuldig erkläret werden. Das nennet man einen Offensivproceß führen; und gleichwohl ist dieses Verfahren des peinlichen Gerichtes, in diesem achtzehenden Jahrhunderte fast allenthalben, wer sollte das glauben? bey den sich klug nennenden Europäern ganz was vortrefliches. Der wahre Untersuchungs-Proceß, das ist, die gelaßne Untersuchung der Sache, welche die Vernunft gebietet, deren sich die militairischen Gesetze bedienen, ja selbst der asiatische unbeschränkte Beherrscher in ruhigen und gleichgültigen Fällen gebrauchet, ist bey den europäischen Gerichtshöfen äußerst selten gebräuchlich. Welch verwirrtes Labyrinth von wunderlichen Ungereimtheiten, die vielleicht einer glücklichern Nachkommenschaft unglaublich seyn werden! Nur die Philosophen derselben Zeit werden in der Natur des Menschen die Möglichkeit eines solchen Systems antreffen.

§. XLI.

§. XLI.

Wie man den Verbrechen vorbeugen soll.

Es ist besser den Verbrechen vorzubeugen, als schon verübte zu bestrafen. Dieß ist der Hauptzweck jeder guten Gesetzgebung, welche nichts anders ist, als die Kunst, die Menschen zu dem höchstmöglichen Grade des Glückes, oder dem möglichst geringen Grade des Unglücks zu führen, und so zu sagen alles Gute und alles Böse dieses Lebens in Rechnung zu bringen. Es sind aber die bis jetzt angewandten Mittel meistentheils falsch, oder wohl gar dem Endzweck selbst entgegen gesetzt gewesen. Es ist nicht möglich den unruhigen Unternehmungs-Geist der Menschen, in eine geometrische Ordnung zu bringen, daß sich nicht hier und da einige Unregelmäßigkeit und Verwirrung einmischen sollte. Können die festgesetzten und einfachen Gesetze der Bewegung nicht verhindern, daß die Planeten am Himmel in ihrem Laufe sich nicht zuweilen verirren, so werden menschliche Gesetze noch viel weniger verhüten, daß nicht bey der anziehenden Kraft einer unendlichen und wider einander laufenden Menge von Vergnügen und Schmerzen, einige Störungen und Unordnungen entstehen sollten. Gleichwohl ist dieses das jämmerliche Hirngespinste, welches kurzsichtige Leute, wenn sie einigermassen mit Hand an das Ruder der Regierung legen, sich in Kopf zu setzen belieben. Eine Menge gleichgültige Handlungen verbieten heißt nicht Verbrechen vorbeugen, die nicht entstehen können g), wohl

g) Das ist der Fehler unserer Policey-Ordnungen, welche den Menschen zu Maschinen machen wollen, die zu gesetzter

aber heißt es, neue veranlassen, das heißt, Begriffe von Tugend und Laster nach eignem Gefallen machen, die doch ewig und unveränderlich ausgeschrieen werden. Wie schlecht würde es um uns stehen, wenn uns alles was zum Verbrechen Gelegenheit geben kann, verboten werden sollte? Man müßte den Menschen des Gebrauches seiner Sinne berauben. Es giebt gegen einen Bewegungsgrund, welcher die Menschen ein wahres Verbrechen zu begehen reizet, tausend, die sie zu gleichgültigen Handlungen antreiben, welchen thörichte Gesetze den Namen eines Verbrechens beylegen. Die Wahrscheinlichkeit, daß Verbrechen werden verübet werden, beziehet sich auf die Anzahl der Bewegungsgründe, welche die Menschen dazu reizen; wenn nun dieses ist, so wird durch unnöthige Erweiterung des Umfangs der Verbrechen, auch die Wahrscheinlichkeit vergrößert, daß mehrere werden begangen werden. Wahrhaftig ein großer Theil der Gesetze sind nichts anders, als ein ausschließendes Vorrecht oder ein Tribut, den alle zur Bequemlichkeit einigen wenigen erlegen.

Will man den Verbrechen zuvorkommen, so sey man darauf bedacht, daß die Gesetze klar und einfach seyn mögen, und daß die ganze Macht der Nation zur Vertheidigung, und kein Theil dieser Macht zur Durchlöcherung der Gesetze angewendet werde. Man sehe dahin, daß nicht verschiedene Stände der Menschen, sondern die Menschen insgesammt von den Gesetzen begünstiget werden. Man lasse sich angelegen seyn, den Menschen Furcht vor den Gesetzen

gesetzter Zeit schlafen, beten, essen und trinken sollen, wie man es in Schulen mit den Kindern macht. H.

Gesetzen einzuflößen, aber nur vor den Gesetzen allein. Diese Furcht ist heilsam, aber die Furcht eines Menschen vor dem andern, ist schädlich und eine ergiebige Quelle mancherley Unheils. Die Sclaven sind wollüstiger, ausgelaßner und grausamer als freye Menschen. Diese huldigen den Wissenschaften, und überdenken das allgemeine Wohl, sie sehen große Gegenstände und streben ihnen nach. Allein in Furcht und Sclaverey lebende Bürger, sehen nur auf den gegenwärtigen Tag, und suchen in schwärmender Betäubung des zügellosen Lebens eine Zerstreuung, um sich den schrecklichen Zustand zu erleichtern, worinnen sie sich erblicken, und einigermaßen das Nichts zu vergessen, worinnen sie versetzt sind. An die Ungewißheit aller Begebenheiten gewöhnet, ist ihnen der Ausgang ihrer Verbrechen, gleich einem dunklen Räthsel unauflöslich, wodurch die Leidenschaften, von denen sie hingerissen werden, Nahrung und Macht gewinnen. Fällt diese Ungewißheit der Gesetze auf ein Volk, welches der Erdstrich den es bewohnet, träge machet, so erhält und vermehret sie dessen Trägheit und Dummheit; trift sie auf ein wollüstiges und rüstiges Volk, so verbreitet sie nach ihrem thätigen Geiste, eine Menge kleiner Kabalen und listiger Anschläge, welche alle Gemüther mistrauisch machen. Verrätherey und Verstellung machen daselbst die Grundlage ihrer Klugheit aus. Fällt diese Ungewißheit der Gesetze endlich auf ein muthiges und starkes Volk, so verursacht sie vorher vieles hin und herschwanken von der Freyheit zur Sclaverey, und von der Sclaverey zur Freyheit, bis sie endlich völlig aufhört.

Wollet ihr den Verbrechen zuvor kommen? so machet, daß die Einsichten einer Nation sich erweitern, und der

der Freyheit zur Seite gehen. Die Uebel, welche aus vermehrten Einsichten erwachsen, stehen in umgekehrtem Verhältniß mit der Ausbreitung der Einsichten, die Vortheile aber in geradem Verhältnisse. Ein dreister Betrüger, der nicht gemeinen Witz und Schlauigkeit besitzen muß, wird von einem unwissenden Volke angebetet, von einem aufgeklärten aber ausgepfiffen h). Kenntnisse verschaffen den Menschen eine Fertigkeit der Seele einen Vergleich zwischen Gegenständen anzustellen, und indem sie ihn lehren, selbige aus verschiednen Gesichtspunkten zu betrachten, so stellen sie viele Empfindungen einander entgegen, welche einander wechselsweise bestimmen und berichtigen; sie helfen ihm nun so viel leichter bey andern Menschen eben die Begierden, die er selbst hat, entdecken,

h) Nationalthorheiten eines Volkes sind nie von Grossen auf die gemeine Menge, sondern von den Bauern auf die Grossen kommen. Wenn ein Aberglaube erst unter dem Pöbel allgemein, dann wird erst der Vornehme mit fortgerissen. Gespenster und Hexen sind erst vom Dorfe nach Hofe gezogen. Zoroaster und Mahomed, um ihre Lehre zu verbreiten, hingen sich sogar an die Weiber, bey welchen Geschichten und Mährgen desto fester geglaubt werden, je unwahrscheinlicher sie ausfallen. Da nun der gemeine Mann seiner Natur nach, und wegen der ihm beywohnenden Furcht, ein abergläubisches Thier ist, so habe vielmals überleget, ob es nicht zur Tugend viel beytragen würde, wenn man sich dieser seiner Schwachheit bediente, und anstatt daß man ihm erzählet, wenn ein Haase quer über den Weg laufe, dieses Unglück bedeute, andere Sprüchelgen unter ihm ausstreuete, die ihn zur Rechtschaffenheit lenketen, als z. B. wer sich grausam gegen sein Vieh bezeiget, dem gehet es in der Welt nicht wohl; oder fremdes Gut hat eiserne Zähne, es frist nicht allein sich selbst, sondern neben bey auch das eigene und gerechte Gut, u. s. w. H.

entdecken, und von ihrer Seite gleichen Widerstand voraus sehen. Mitten unter den weit verbreiteten Kenntnissen in der Nation, schweiget die verläumderische Unwissenheit, das durch vernünftige Gründe entwaffnete Vorurtheil des Ansehns zittert, nur die strenge Gewalt der Gesetze bleibet unerschüttert, denn es ist kein aufgeklärter Mensch zu finden, der nicht den offenbaren Nutzen der Verträge zur gemeinen Sicherheit erkennen und genehmigen sollte, weil er den geringen Antheil der unnützen Freyheit, deren er sich beraubet, mit der Summe der Freyheit, welche die andern alle dagegen aufgeopfert, in Vergleichung setzet und erwäget, daß der sämmtlichen Mitglieder Freyheit, ohne den Beytritt der Gesetze, sich wider seine Sicherheit verschwören könnte. Wer ein empfindsames Herz hat, und einen Blick auf ein wohl abgefaßtes Gesetzbuch wirft, wird zu dem Throne und dem, der darauf sitzet mit Segenswünschen hinauf blikken, weil er sieht, daß er nichts weiter verloren, als die unseelige Freyheit, seinem Nebenmenschen boshafter Weise zu schaden.

Es ist falsch, daß die Wissenschaften dem menschlichen Geschlechte jederzeit schädlich, und sind sie es jemals gewesen, so war es ein den Menschen unvermeidliches Uebel. Die Vermehrung des menschlichen Geschlechtes auf Erden, hat den Krieg verursacht. Die noch unausgebildeten Künste und ersten Gesetze, welche nur Verträge einer entstehenden und bald vorübergehenden Nothwendigkeit waren, fanden in dem Kriege ihren Untergang. Damals entstand die erste Philosophie, deren Grundsätze zwar nicht sehr zahlreich, aber in ihrem Urstoffe richtig waren, weil die Menschen durch ihre Unem-

pfindlichkeit und Einfalt vor vielen Irrthümern bewahret wurden. Als aber mit der Vermehrung der Menschen sich ihre Bedürfnisse vervielfältigten, waren stärkere und dauerhaftere Eindrücke nöthig, damit die Bürger abgeschrecket würden, nicht so wiederholte Rückfälle in ihre erste Wildniß zu versuchen; Rückfälle die tagtäglich gefährlichere Folgen nach sich zogen. Es waren also die ersten Irrthümer in der Religion, welche die Erde mit erdichteten Gottheiten anfüllten, und ein unsichtbares Weltall oder Weltgeist erschufen i), welches die sichtbare unsrige
Welt

i) Damit waren die Chaldäischen Weisen sehr freygebig. Die Ursache war, weil sie keine Kenntniß der Natur hatten. Je bekannter man ist mit der Körperwelt, desto mehr verschwindet die Geisterwelt. Wie mögen aber wohl die Menschen zuerst und bevor das versiegelte Kleinod der heiligsten Offenbarung hierinnen den Juden davon einige Kenntniß gegeben, blos durch die Vernunft auf den Begriff eines Geistes gerathen seyn? Der Hauch und die Luft hat Gelegenheit gegeben, daß man sich solche unsichtbare Potenzen in größerer Menge ersonnen, als nöthig war. Der Wind bewegte Fenster und Thüren, ja risse wohl gar Bäume aus der Erde, und man sahe ihn doch nicht. Gleich war die Definition fertig: „Die unsichtbare Ursache einer sichtbaren Wirkung heist ein Hauch, ein Wind, ein *Geist*.“ Das ist eine leichte Philosophie. Man setze einen Geist in den Magnet, so weiß man, warum er Eisen ziehe. Die Planeten und alle himmlische Sphären wurden von Geistern gedrehet. Meer und Flüsse hatten ihre Geister, die Luft hatte ihre Geister und Wälder die ihrigen. Jeder Sterbliche bekam derer zweene zu seinen Führern, einen, der ihm gute, den andern, so ihm böse Gedanken in das Ohr lispelte. Diese Weisheit ist so bequem, so faßlich, daß sie auch Kinder verstehen können. Die Religion dieser Heyden bestand nicht in Liebe zur Tugend, nicht in Vertrauen auf Gott, sondern in einer *Furcht* für unsichtbaren Potenzen, in
Beten

Welt beherrschte, eine große Wohlthat (ich nehme dieses Wort im politischen Verstande) für das menschliche Geschlecht *). Man kann die kühnen Männer, welche die ersten Menschen betrogen, und die lehrbegierige Unwissenheit zu dem Fuße der Altäre schleppten, als Wohlthä-

 ter

Beten und Opfern. Die Sprachkunst hat mir den Ursprung der Geister, und daß der Wind oder die Luft zu solchen Gelegenheit gegeben, gelehrt. Denn in allen Sprachen ist das Wort Geist vom Winde abgeleitet, wie der Lateiner spiritus, der Griechen πνευμα. Der Englische Etymologist Skinner leitet ebenermaaßen das deutsche Wort Geist von Gust her, welches Wind bedeutet. Alles wurde nunmehr mit Geistern erfüllet. Die Chaldäer brachten die Sache dergestalt aufs Reine, daß sie sogar Eintheilungen und Classen verfertigten, sowohl der guten als bösen Geister. Von ihnen hat sie Pythagoras und Plato überkommen. Doch was versündige ich mich, da selbst in diesem 18ten Jahrhunderte Schwedenburg, Schröpfer und Gasner die vertrauteste Bekanntschaft solcher Geister genossen.

*) Da die wahre Erkenntniß Gottes, nicht nur den Menschen den Weg zeiget, auf welchem sie zu einer ewigen Glückseeligkeit nach diesem Leben gelangen können, sondern auch die besten Vorschriften und kräftigsten Bewegungsgründe ertheilet, dieses gegenwärtige Leben beglückt zu machen, da sie auf eine allgemeine Liebe und Wohlthätigkeit dringet, Irrthümer in der Religion und falscher Gottesdienst dieses aber nicht zuwege bringen können, so können solche auf keine Weise eine Wohlthat für die Menschen genannt werden. In Gedanken kann ich mir wohl die politische Verfassung durch einen abgezogenen Begriff vorstellen, in der That aber muß ich den Menschen nach seinen ganzen Beziehungen auf zeitliches und ewiges Wohl betrachten. Es geschiehet oft, wenn Wahrheiten mit Irrthümern vermischt sind, und man die einen von den andern nicht sorgfältig absondert, daß man mit der Spreu die Körner wegwirft.

A. d. U.

ter des Erdkreises betrachten. Sie stellten den Völkern Dinge vor, welche ihre Sinne überstiegen, und die sich immer mehr von ihnen entfernten, je näher sie ihnen zu kommen glaubten. Dinge die niemand zu verachten wagte, weil er sie nicht kannte. Auf diese Art vereinigte man die zerstreuten Leidenschaften vieler Menschen auf einen einzigen Mittelpunkt, welcher sich gänzlich ihrer Seelen bemeisterte k). So war das Schicksal der ersten Völker beschaffen, die aus Wilden entstunden. Dies war der Zeitpunkt, wo die großen Gesellschaften ihr

k) Daß alle Religionen, nur die jüdische ausgenommen, politische Erfindungen schlauer Staatsmänner gewesen, um den einfältigen Pöbel, der durch Überglauben, nicht aber durch Vernunftschlüsse zu lenken ist, desto leichter zu regieren, scheint mir ein wenig zu viel gesagt. Ich weiß zwar wohl, daß hierunter freylich vielerley Betrügereyen gespielet worden, und daß Numa, Minos, Lykurgus, Zaleukus, Mneves, Zarraustis und Zamolxis vorgegeben haben, als hätten sie ihre Gesetze von Göttern, ja daß selbst Könige das Priesterthum zugleich verwaltet:

Rex Anius, rex idem hominum, Phoebique sacerdos.

Allein ich finde einen etwas nähern Grund selbst in der menschlichen Seele, welcher zur Religion Anlaß gegeben, nachdem ich in den Reisebeschreibungen gelesen, daß viele amerikanische Völkerschaften, auch Isländer, Grönländer, Kamtschatkaer und andere Bewohner neu entdeckter Inseln, die völlig wild und ohne Könige gelebet, zwar nicht von Gott, d. i. von dem Geber des Guten und Schöpfer der Welt gewußt, aber sämtlich Teufel geglaubt, d. i. sehr garstige unsichtbare Gespenster, die tief in der See wohneten und zuweilen hervorkämen den Menschen zu schaden, aber mit Geschenken versöhnet werden könnten. Also hat bey den Heyden, wie die Historie bezeuget, die Furcht wenigstens Teufel erschaffen, ohne daß Könige an dieser Erfindung den mindesten Antheil gehabt. H.

ihr Daseyn erhielten, und so war das nothwendige und vielleicht einige Band derselben beschaffen. Ich will hiermit nicht jenes von Gott erwählete Volk verstanden wissen, bey welchem außerordentliche Wunderwerke und die deutlichsten Merkmale der göttlichen Gnade die Stelle der menschlichen Staatskunst vertraten. Allein wie der Irrthum seiner Natur nach, sich in unendliche Aeste verbreitet, so haben die daher entstandnen Wissenschaften aus den Menschen einen fanatischen Haufen von Blinden gemacht, welche in einem verschlossenen Labyrinthe an einander stoßen, und sich dergestalt verwirren, daß einige empfindliche und philosophische Seelen, sich in den alten Stand der Wildheit zurück wünschten. Das war also die erste Epoche, wo die Kenntnisse oder besser zu sagen, die Meynungen schädlich waren.

Die zweyte bestehet in dem schweren und abschreckenden Uebergang von dem Irrthum zur Wahrheit, von der unerkannten Finsterniß zum Lichte. Es giebt einen ungeheuren Kampf zwischen Irrthümer und Wahrheiten. Einige wenige Mächtige bedienen sich gewisser Irrthümer zu ihrem Vortheil, um dadurch Wahrheiten zu bestreiten, die vielen Schwachen nützlich sind. Die Annäherung und Gährung der Leidenschaften, die bey dieser Gelegenheit aufwachen, verursachen den elenden Sterblichen unendliche Uebel. Wenn man die Geschichte, worinnen die Hauptbegebenheiten der Welt, nach Ablauf gewisser Zeiträume immer wieder erscheinen, mit Aufmerksamkeit lieset, so wird man sehen, daß in diesem traurigen aber nothwendigen Uebergange, von der Finsterniß der Unwissenheit zum Lichte der Philosophie, und von der Tyranney zur Freyheit oftmals ein ganzes Menschengeschlechte, dem künftigen Glücke derer, welche darauf folgen, aufgeopfert wird. Wenn aber die Gemüther besänftiget, und das Feuer, welches die Nation von den Uebeln, die sie bedrückten, gereiniget hat, gelöschet worden ist, alsdenn gelanget die Wahrheit zwar anfangs mit langsamen Schritten, die aber nachmals geschwinder werden, bis zu dem Throne der Monarchen, setzt sich ihnen als eine Gesellschafterin zur Seite, und erwirbet sich in der Versammlung des Volkes und in der ganzen Gesellschaft Sitz und Stimme. Wem kann da wohl noch einfallen zu behaupten, daß das den großen Haufen erleuchtende Licht, schädlicher als die Finsterniß, und die richtige Erkenntniß der einfachen und leicht zu begreifenden Wahrheit dem menschlichen Geschlechte nachtheilig sey?

Wenn eine blinde Unwissenheit weniger schädlich ist, als eine geringe und verwirrte Erkenntniß [1]), weil mit dieser noch der unvermeidliche Irrthum verbunden ist, indem derjenige der darinnen stecket viel zu kurzsichtig ist, als daß er die Gränzen der Wahrheit kennen sollte; so ist ein

1) Noch weit schädlicher für das gemeine Wesen ist es, wenn man die Religion in äußerlichem Gepränge suchet. Das Christenthum bestehet bey den meisten Menschen im Kirchengehen, Singen und Beten. Wer das thut, heißt bey der Kirche und unter dem Pöbel ein frommer christlicher Mann, wenn er auch ein Wuchrer, Betrüger und Meyneidiger seyn sollte. So übertünchet man Gräber, ziehet aber keine Christen, deren Handlungen tugendhaft seyn müssen. Es geziemet mir nicht, einen Blick in die Ewigkeit zu wagen, sonst würde ich muthmaßen, daß ein tugendhafter Heyde, welcher vom Christenthume keine Kenntniß erlangen, oder solches nicht begreifen mögen, dem Throne des Glanzes wohl näher treten dürfte, als ein lasterhafter Christ mit wunderschönem Geplärre. H.

ein einsichtsvoller Mann das kostbarste Geschenke, welches ein Regent seinem Volke und sich selbst geben kann, wenn er ihn zum Oberaufseher und Hüter der heiligen Gesetze macht. Da derselbe die Wahrheit einzusehen gewohnt ist, ohne sich zu fürchten, da er über den größten Theil vermeinter Bedürfnisse, die niemals zur Gnüge befriedigt werden, erhoben ist; da solche hingegen die Tugend der meisten Menschen auf die Probe setzen, so ist er gewohnt die Menschheit aus einem viel erhabneren Gesichtspunkte zu betrachten. Demnach siehet er seine Nation als seine Familie und alle Mitglieder derselben, als Brüder an. Der Abstand der Großen von dem Volke kommt ihm um so viel unbeträchtlicher vor, je größer die Menge der Menschen ist, die er vor Augen hat. Die Philosophen haben Bedürfnisse und Anliegen, wovon gemeine Leute nichts wissen, worunter dieses vornehmlich gehöret, daß sie die Grundsätze, die sie in ihrem Studirzimmer ausgedacht und vorgetragen haben, durch öffentliche Ausübung an den Tag legen, denn sie sind zu einer Fertigkeit gelanget, die Wahrheit um ihr selbst willen zu lieben. Eine Anzahl solcher ausgesuchter Männer bestimmt die Glückseeligkeit einer Nation, die aber nur überhingehend ist, wenn nicht gute Gesetze die Anzahl derselben so vermehren, daß die Wahrscheinlichkeit, man möchte eine schlechte Wahl hierinnen treffen, sich von Tage zu Tage verringere.

Ein andres Mittel den Verbrechen vorzubeugen, bestehet darinn, es dahin einzuleiten, daß obrigkeitlichen Personen selbst daran gelegen sey, die ihnen anvertrauten Gesetze zu handhaben, und sich weder durch Freundschaft noch Bestechung zur Hintansetzung derselben verleiten zu zu lassen. Je größer die Anzahl derer ist, welchen die Vollziehung der Gesetze aufgetragen, und die einander beobachten und scheuen, desto seltner ist die Feilbietung der Gerechtigkeit, desto weniger sind Mishandlungen der Gesetze zu befürchten; weil der Vortheil, der auf einen jeden fallen würde, sich verkleinert, und die Gefahr der Unternehmung nicht ausgleichet. Wenn der Regent durch große Anstalten und Gepränge, durch strenge Verordnungen, durch Verschränkung, gegründete und ungegründete Beschwerden derjenigen, die sich unterdrückt zu seyn glauben, vorzubringen, die Unterthanen gewöhnet sich mehr vor der Obrigkeit als den Gesetzen zu fürchten, so werden dieselben mehr Vortheil aus dieser Furcht zu ziehen suchen, als die eigne und öffentliche Sicherheit davon Nutzen haben wird.

Hiernächst wird sich noch ein Mittel finden den Verbrechen vorzukommen, wenn man tugendhafte Handlungen belohnet. Die Gesetze aller heutigen Nationen beobachten in Ansehung dieses Vorschlages ein allgemeines Stillschweigen. Ist es möglich gewesen, daß Akademien der Wissenschaften für die Erfinder nützlicher Entdeckungen Preise ausgesetzet, und hierdurch die Kenntnisse erweitert, als auch die Anzahl guter Bücher vergrößert haben; warum sollten nicht die von der wohlthätigen Hand des obersten Gebieters ausgetheilten Preise tugendhafte Handlungen gleichermaßen vervielfältigen? Ehre und äußerliche Vorzüge, sind eine solche Münze, welche in den Händen eines weisen Verwalters unerschöpflich ist, und mit großem Wucher genutzt werden kann m).

Das

m) Daß bey vielen Verbrechen, als z. B. bey der Hurerey

Das sicherste aber zugleich auch schwereste Mittel, die Verbrechen zu verhüten, ist, die Erziehung vollkommner

ren, die Strafen nichts helfen, sondern vielmehr schädlich, hat Preussen sattsam erkannt und wir gar vielmals erwähnet. Strafe auf eine Sache zu setzen, die sich selbst bestraft, wie soll ich dieses nennen? Die Schande, ein Kind zu bekommen, und eine Hure zu heissen, ist bey dem schönen Geschlechte mehr, als der Tod. Schrecket dieses nicht, was will Kirchenbusse und vierzehn tägliches Gefängniß helfen? Treibet es aufs höchste und machet Zangen glüend, ihr werdet dem Hungrigen doch nicht verbieten, sich nach Brode umzusehen, um seiner zu begehren. Belohnungen würden mehr ausrichten, aber sie kosten Geld. Bereits im fünften Jahrhunderte hat ein Bischof in Frankreich, der heilige Medardus, das Rosenfest erfunden. Er war Herr von dem Dorfe Salency. Welches Mädgen auf eine gewisse Aussteuer, mithin auf einen Mann, alljährlich Rechnung machen darf, muß keusch gelebt haben. Man untersuchet ihren Lebenswandel, doch nicht mit der strengsten Genauigkeit, nicht dergestalt, daß der Teufel mit einem Advocaten ihr entgegengestellet werde. Das Rosenmädgen begiebt sich am Medardustage in weißer Kleidung und fliegenden Haaren in Begleitung einer Dorfmusic nach dem Schlosse. Sie macht dem Herrn von Saleney ein kurzes Compliment. Er, oder in seiner Abwesenheit ein Abgeordneter oder der Gerichtshalter, giebt ihr sodann die Hand und führet sie in Procession zur Kirche, wo sie ihre Ausstattung erhält. Man singt: „Herr Gott dich loben wir,“ und die jungen Pursche platzen dabey aus Feuerröhren. Hierauf wird sie zu Tische begleitet, und unter einem großen Baume eröfnet der Gutsherr mit diesem Mädgen den Ball. Den andern Tag bittet das Rosenmädgen die jungen Leute zu sich, und bewirthet sie nach ihrer Art, wobey gesungen und getanzet wird. Man sagt, in diesem Dorfe sey eine Schwachheit des weiblichen Geschlechtes was unerhörtes, ohnerachtet in den benachbarten Dörfern selbige wie eine Pest unter den Dirnen wüthe.

ner und besser zu machen. Es ist dieses aber ein Gegenstand, welcher mich zu weit über das Ziel, welches ich mir vorgestecket habe, hinausführen würde. Ja ich getraue mich zu behaupten, daß dieses eine Sache ist, die mit dem Wesentlichen der Regierung in allzu genauer Verfassung stehet, als daß es nicht bis auf die spätesten Zeiten der öffentlichen Glückseeligkeit, ein unfruchtbares und nur von wenigen Weisen hier und da bearbeitetes Feld bleiben sollte. Ein gewisser grosser Mann, der die Menschen, so ihn verfolgen, aufzuklären sucht, hat ausführlich die vornehmsten Grundsätze einer solchen Auferziehung, wie sie dem Staate wahrhaftig Nutzen brächte, entworfen. Hier sind einige davon: Man bemühe sich den Kindern, statt einer Menge fruchtloser Dinge die sie nicht fassen, eine kleine Anzahl wohlgewählter und deutlicher Lehren vorzulegen. So wohl bey physicalischen als moralischen Erscheinungen der Natur, die der Zufall oder die Veranstaltung den unbefangnen Gemüthern der jungen Leute vorstellt, lasse man ihnen statt einer Abbildung das wahre Urbild sehen [n]). Man suche

wüthe. Also sind Belohnungen freylich gut, aber übertriebene Züchtigungen was sollen die helfen? Sie machen die Gemüther brutal und verdunkeln den Unterschied, der zwischen großen und geringen, wahren und Scheinverbrechen obwaltet. In der Lausitz wird der Ehebruch mit sechs wöchentlichem Gefängniß, in Chursachsen mit dem Schwerdte bestrafet. Fallen etwa in diesem Markgrafthume mehrere, und in Sachsen wenigere Ehebrüche vor? Nein, dort gerade so viel wie hier, und hier gerade so viel als dort. H.

n) Ich weiß nicht, ob in irgend einer Schulordnung ein Fingerzeig geschehen, daß der Schulmeister seiner anvertrau-

che sie auf dem leichten Wege der Empfindung zur Tugend zu leiten, und von dem Bösen durch die unausbleibliche Nothwendigkeit schlimmer Folgen, und den gewiß zu erwartenden Schaden abzuziehen, keinesweges aber durch den ungewissen Weg des bloßen Befehles, wodurch man doch weiter nichts als einen heuchlerischen und überhingehenden Gehorsam zu wege bringet o).

§. XLII.

Beschluß.

Aus diesem allen nun was bisher vorgetragen worden, kann man einen allgemeinen sehr nützlichen Lehrsatz ziehen,

trauten Dorfjugend, die Kobolde, Drachen, Wechselbälge, Gespenster, Nixe, Berggeister und was dies Ungeziefer mehr für Namen hat, aus dem Kopfe rücken und die Betrügerereyen der Schatzgräber, klugen Männer, Teufelsbanner und Nativitätensteller ihnen klar aufdecken, besonders aber die Wahrsagerey aus dem Kartenschlagen, Heulen der Hunde, Schreyen des Käuzleins, aus dem Gusse des Coffeköpfgens, die Traumbücher u. s. w. lächerlich vorstellen solle. Mich deucht, eine Sache, wodurch so viel Menschen unglücklich werden, sey keine Kleinigkeit. Allein meist ist der Schulmeister selbst Prophet, vielmals glauben die Verfasser der Schulordnungen selbst an die Hexe zu Endor, wie ich denn (es ist schändlich, aber ich will es erzählen) eine Frau Pastorin gekannt, die mit völliger Genehmhaltung ihres Eheherrns, dem Pfande ihrer Liebe, das sie auf dem Arme trug, ein Scharlachläpgen um die Hand gendhet hatte, damit es nicht beschrien würde. Gott behüts! H.

o) Lokman, der arabische Weltweise, sagte: „Du kannst „sündigen, wenn du nur einen Ort findest, wo dich „Gott nicht sehen kann." Dieses scheint schön gesagt, und

ziehen, der zwar mit dem Gebrauch, welcher der gewöhnlichste Gesetzgeber der Nationen ist, sehr wenig übereinstimmt:

Eine jede Strafe, wenn sie nicht eine Gewaltthätigkeit eines oder mehrerer Personen gegen einen Privatmann seyn soll, muß ihrem innern Wesen nach, öffentlich, schleunig, nothwendig, so gelinde als sie nach Beschaffenheit der Umstände seyn kann, gegen das Verbrechen verhältnißmäßig und nur von den Gesetzen vorgeschrieben seyn.

und ist schlecht. Besser ist es, wenn der Lehrling antwortet: Ich würde blos aus Haß gegen das Laster und aus Liebe zur Tugend niemanden beleidigen, wenn ich auch dergleichen Orte zu finden wüßte. H.

Schrei-

Schreiben des Herrn D' Alembert an den P. Frisio.

Paris d. 21. Junii 1765.

Der P. Noyaez hat mir von ihrentwegen zwey Werke ihrer Freunde zugeschickt, die ich mit vielem Vergnügen durchgelesen habe, besonders dasjenige, welches zu seinem Gegenstande, Verbrechen und Strafen hat. Es scheinet einen Philosophen und Menschenfreund zum Verfasser zu haben. Er fertiget die elenden Einwürfe seines Kritikers sehr wohl ab, u. s. w.

Zweyter Brief von eben demselben Hr. D' Alembert an den P. Frisio.

Paris d. 9. Julii 1765.

Mein Ehrwürdiger Vater!

Da ich vor einiger Zeit die Ehre hatte, mich bey Ihnen schriftlich für zwey Werke zu bedanken, welche Sie mir durch den P. Noyaez geschicket hatten, hatte ich das Buch von Verbrechen und Strafen nur flüchtig durchgelaufen. Indessen hatte ich doch so viel daraus ersehen, daß ich es für ein sehr gutes Buch hielt. Nach der Zeit bin ich es mit mehrerer Muße durchgegangen, und schäme mich, ihm einen so geringen Lobspruch beygelegt zu haben. Nichts könnte mich mehr bezaubern, noch mich mehr hinreissen als dieses Buch gethan hat. Ich habe es vielen guten Philosophen zu lesen gegeben, welche mit meinem Urtheil völlig übereingestimmet haben. So klein dieses Werk auch ist, vermag es doch seinem Verfasser einen unsterblichen Namen zu verschaffen. Welche Philosophie! welche Wahrheit! welche Logik! welche Genauigkeit, und welches Gefühl und Menschlichkeit zugleich, herrschet in diesem seinem Werke! Ich ersuche Sie, dem Verfasser nebst mir Glück dazu zu wünschen, und den aufrichtigsten Dank abzustatten. Was für ein Schlingel ist der elende Mönch, der ihn so unanständig, so abgeschmackt, und so grob angegriffen hat. Einer von meinen Freunden, der ein Philosoph und sehr geschickter Schriftsteller ist, ist von diesem Werke so eingenommen worden, daß er sich darüber gemacht, es ins Französische zu übersetzen, welches in kurzer Zeit wird gedruckt werden, wobey er mir versprochen, dem Original nicht im mindesten Nachtheil zu verursachen. Darf ich Ihnen auch sagen, daß ich mit dem Stück, über die Glückseeligkeit, höchst vergnügt gewesen: Nichts als Vernunft und philosophische Entwürfe schienen mir darinnen zu herrschen. Diese Herren können mit Grunde einander versichern, daß der philosophische Geist täglich größere Fortschritte macht. Das Buch von Verbrechen kann füglich den besten Beweis davon abgeben. Ich habe dem Philosophen, der es übersetzt, gerathen, er solle zur Ueberschrift setzen: Ihr Schall ist ausgegangen in alle Lande. Das Durchlesen dieses Buches hat mich von dem Ekel einigermaßen befreyet, welchen mir die — verursachen. Leben Sie wohl Mein Ehrw. Vater, und sind Sie von der besondern Hochachtung und aufrichtigen Ergebenheit versichert, mit welcher ich bin

Ihr gehorsamster unterthänigster Knecht.

D'Alembert.

Eines

Eines berühmten Professors Beurtheilung des Buches von Verbrechen und Strafen.

Der große Galileo war der Meynung, daß die moralischen Gegenstände eben so wohl als die geometrischen könnten bewiesen werden. Der scharfsinnige Locke stimmet damit völlig überein, und giebt den Beweis davon an den ersten und einfachsten Sätzen der Sittenlehre. Die moralischen und politischen Werke des Hobbes, eines Schriftstellers, der mehr bekannt ist, als er verdient, tragen alle ein mathematisches Kleid, ohne die Seele davon zu haben: und hingegen das Buch eines Ungenannten von Verbrechen und Strafen, hat einen geometrischen Geist, ohne im mindesten mit einem solchen Aufzuge zu prangen. Man kann dem Verfasser die Stärke des Geistes, etwas aus einander zu setzen, nicht absprechen. Er hat solche dadurch, daß er die verwickeltsten Knoten von Uebereinstimmung und Unterschied, von Zusammenhang und Streit so wohl der Endzwecke unter sich, als der Mittel unter einander, wie auch der Endzwecke und Mittel unter sich, die man zu erreichen oder zu vermeiden gesucht, oder suchen sollte, in den Einrichtungen der menschlichen Gesellschaft, aufgelöset und in ihren rechten Gesichtspunkt gestellet, hinlänglich gezeigt. Diese politische Verfassungen sind Maschinen, die äußerst verwickelt sind, von welchen die vortreflichste, das ist die glückseeligste, ein Meisterstück der vollkommensten und tiefsten Einsicht in göttliche und menschliche Dinge ist. Die Schreibart dieses Verfassers ist lakonisch, erstreckt sich auf mehreres als es scheinet, bedeutet mehr als sie lautet, ja zuweilen bedeutet es das nicht, was die Worte lauten. Es ist also kein Werk für alle Leser; denn wer Behutsamkeit hätte, Stück vor Stück gegen einander zu halten, und die dunklen und zweydeutigen Ausdrücke, durch die klaren und bestimmten, deren er sich in vielen Stellen (nach Vorschrift der billigsten kritischen Regeln, in einer Schreibart dieser Art) bedient, auslegte, würde leicht unsern Verfasser ganz unrecht verstehen.

Ja so sehr seine Denkungsart in politischen und moralischen Sachen der Denkungsart eines Hobbes entgegen stehet, ist er doch von einigen für einen Hobbesianer gehalten worden, die, meines Erachtens aus folgenden Ursachen dazu verleitet worden.

Unser Ungenannte saget nämlich, daß der Stand der Natur ein Stand des Krieges, und ein jeder im Stande der Natur ein unumschränkter Herr sey, und also kann man nach der Meynung unsers Verfassers, in dem Stande der Natur, einem jeden alle Arten von Uebel anthun, ohne jemanden zu beleidigen, oder im mindesten Unrecht zu handeln. Dieser Stand kennet keine andre Vorschrift seiner Handlungen, als die unumschränkte Herrschaft des Willens, und die moralische Macht eines jeden ohne die gesellschaftlichen Verträge. Er hat keine andre Gränzen, als die Einschränkung seines physischen Vermögens. Ferner behauptet er, das Recht sey nichts anders, als eine zur Wohlfart der meisten abzielende Gewalt, und die Gerechtigkeit nichts reelles, sondern blos eine Art menschlicher Vorstellung, die einem jeden vortheilhaft ist: daß kein Verbrechen zu gedenken, wo keine Verletzung eines Vertrages statt findet; daß die Begriffe von

von Tugenden und Lastern äußerst dunkel, und von Zeit zu Zeit und Ort zu Ort sehr verschieden sind, und andre dergleichen Ausdrücke. Es ist also, nach dem Sinn des Verfassers, weder eine Beschaffenheit des Herzens, noch eine Art zu handeln, in Ansehung andrer, welcher an sich selbst betrachtet, der Karakter von Tugend oder Laster, von Billigkeit oder Unbilligkeit zukäme. Die Vorstellungen von Tugend und Laster, sind solche, die man annehmen und wegwerfen kann, sind Gewohnheiten oder Moden, oder höchstens politische Kunstgriffe, die man geschickt oder unschicklich angebracht hat, je nach den verschiednen Absichten, Umständen und Einsichten der Gesetzgeber, und Regenten der Völker. Ist dem aber also, was ist denn für ein Unterschied (schließen sie) zwischen dem Ungenannten und dem Hobbes?

Ein durchaus sehr großer, troß aller oben erwähnter Ausdrücke, aus welchen sie, hobbesianische Folgen ziehen zu können, glauben. Hobbes zeigt sich als den gehäßigsten Menschenfeind: unser Verfasser als den leutseeligsten Menschenfreund. In dem von Hobbes beschriebnen Zustand der Natur, ist ein Mensch, der sich ein Vergnügen daraus macht, ein unschuldiges Kind, welches umsonst um Barmherzigkeit flehet, zu zerfleischen, kein Mörder; der, welcher auf eine grausame Art, seinen großmüthigen und liebreichen Erretter, welcher ihn mit augenscheinlicher Lebensgefahr und eignem Schaden, aus den Klauen eines wilden Thieres befreyet, umbringet, ein rechtschaffner Mann, weil er das Gegentheil weder dem unschuldigen Kinde, noch seinem großen Wohlthäter versprochen hatte. In dem Stande der Natur aber nach unserm Verfasser ist der Krieg nicht gerecht, wenn er nicht nothwendig ist, man kann auch mit den Waffen in der Hand keinen Schaden thun, als wozu man gezwungen ist, und nichts weiter. Der Leviathan des Hobbes ist eine bis aufs höchste getriebne willkührliche Herrschaft (Despotismus). Nach dem Lehrgebäude unsers Verfassers wird die höchste Gewalt durch das vornehmste Gesetz der allgemeinen Wohlfart eingeschränkt, dergestalt, daß dem Despoten alle Verletzung dieses vornehmsten Gesetzes, welches alle heutige Monarchen anzunehmen, in Ehren zu halten, und in allen ihren Regierungsgeschäften auszuüben, sich zum Ruhm rechnen, nicht erlaubt ist. Der Leviathan des Hobbes ist die Regel, Richtschnur und der Maasstab von Recht und Unrecht, von Laster und Tugend. Was er erlaubet, ist rechtschaffen, weil er es erlaubet, was er verbietet ist sträflich, weil er es verbietet, und was er befiehlt ist nicht nur erlaubt, sondern die Pflicht aller Unterthanen, weil er es befiehlt. Wenn man die Verträge und willkührlichen Verordnungen des Leviathan beyseite setzt, so haben die menschlichen Handlungen weder einen sittlichen Schandfleck, noch eine sittliche Güte. Nach unserm ungenannten Verfasser aber, sind die selbst in den gesellschaftlichen Verträgen bestimmten Strafen, wenn solche auch von obrigkeitlicher Gewalt verordnet werden, ungerecht, unerlaubt und zu tadeln, wenn sie nicht mit den Verbrechen in richtigem Verhältniß stehen. Und alle unnütze, unbesonnene und schädliche Gesetze, leiden den gerechten Vorwurf, daß sie grausam, gottlos und unrechtmäßig sind, wenn sie auch von der höchsten Gewalt gegeben und von der Nation ausgeübet werden. Unser Verfasser preiset an mehr als einer Stelle, die Leutseeligkeit, Gnade und Wohlthätigkeit,

keit, und mehr noch die Unschuld als vortrefliche erhabne und göttliche Tugenden; und beleget nach einer richtigen Folgerung, alle entgegengesetzte Wirkungen und Betragen, mit solchen Namen, die das Gegentheil jener Tugenden ausdrücken. Er nimmt also eine Tugend und ein Laster an, ohne alle Beziehung auf eine Handlung, oder einigen Befehl des Gesetzgebers. Er erkennet nicht allein das wirkliche Wesen der Tugenden und Laster, sondern er verehret auch jene, und verabscheuet diese auf das äußerste. Daraus erhellet deutlich, daß ein jeder verständiger und unpartheyischer Leser aus dem ganzen Zusammenhange seines Werkes, augenscheinlich einen beständigen Gegensatz in der Denkungsart unsres ungenannten Verfassers und des Hobbes antreffen wird. Alle Anmerkungen der Feinde unsres Verfassers, und der Leser, welche zur Ungebühr ihm hobbesische Sätze aufbürden, laufen auf lauter Zweydeutigkeiten, und Spitzfindigkeiten hinaus, die entweder aus einer Quelle der Unwissenheit, oder unmäßigen Tadelsucht, herfließen. Es ist wahr, er nennt den Stand der Natur einen Stand des Krieges; er vergleicht ihn aber ausdrücklich mit dem wirklichen Zustande von einander unabhängiger Völker, welches doch eben nicht so viel sagen will, daß sie sich einander hassen, oder alle Pflichten der Menschlichkeit, des Umgangs, des wechselseitigen Handels, guter Nachbarschaft versagen sollten; noch weniger können diese Ausdrücke so viel bedeuten, daß die Verletzung gedachter Pflichten eine erlaubte und anständige Sache sey. Nur so viel wird dadurch angezeiget, daß, so wie unter den von einander unabhängigen europäischen Potentaten ihre Beschwerden, die sie gegen einander haben, nicht anders als durch den Krieg können gehoben werden, und der erzwungne Krieg rechtmäßig ist, wenn derjenige, welcher Unrecht hat, sich zu keiner Billigkeit verstehen will, gestalten keine andre entscheidende Gerichtsbarkeit vorhanden ist; so hat auch im Stande der Natur ein jeder das Recht, sich durch den Weg der That Gerechtigkeit zu verschaffen, eben darum, weil in dem Stande der Natur, es an einem solchen über Recht und Unrecht entscheidenden Gerichtshofe fehlet, und kein öffentlicher hinreichender Schutz gegen die Angriffe der Beleidiger im kleinen vorhanden ist. In diesem Verstande wird demnach ein jeder einzeler Mensch in dem Stande der Natur, von unserm Verfasser, als ein eigner unabhängiger Herr angesehen, keinesweges aber als ein solcher, der aller sittlichen Pflicht, alles gebührenden Verhaltens in Ansehung andrer entbunden wäre. Angesehen der höchsten Gewalt selbst noch einer jeden Nation in Ansehung einer andern nicht alles frey stehet, nach dem Lehrgebäude unsers Verfassers, in welchem er die Befugniß, dem andern in dem gerechtesten Kriege mit gewaffneter Hand Uebels zuzufügen, in sehr enge Gränzen einschließet. Und wenn er sagt, die menschliche Gerechtigkeit, wovon er handelt, sey keine würkliche Sache, so heißt das ebenfalls nicht, daß es nicht etwas wahres sey, sondern daß es kein außer uns vorhandnes Subjekt sey, wie der Heiden und Dichter ihre Göttin Themis, oder ein ander dergleichen Hirngespinnste. Er nennt sie nur eine Art und Weise einer menschlichen Vorstellung, welche aber einen ungemeinen Einfluß in eines jeden Glückseeligkeit hat, und will durch diese Ausdrücke nur anzeigen, die Gerechtigkeit sey dasjenige Gefühl, welches vernünftige Menschen, von dem

Abscheu,

Abscheu, der Mißbilligung und Greuel, gegen gewisse bestimmte Handlungen und Neigungen, und dem Beyfall, der Achtung und Zuneigung gegen gewisse andre Handlungen und Leidenschaften, die jenen schnurstracks entgegen sind, haben. Welches Gefühl der Abneigung und des Abscheues von einer Seite, des Beyfalls, Lobes und Zuneigung von der andern, einem jeden, nicht von Natur oder von dem Eindruck jener entgegengesetzten Handlungen und Leidenschaften, wovon wir reden, verdorbnen Gemüthe, eingepflanzt ist. Ja es ist zwischen diesen Handlungen und Neigungen, und dem Gefühl eine so genaue Verbindung, wie zwischen der Ursache und Würkung, dem Vordersatz und einer Folge, ohne die geringste Beziehung auf eine menschliche Einrichtung, oder irgend einen politischen Kunstgriff. Wer siehet also nicht ein, wie ungemein groß der Einfluß sey, den diese Gefühle von Verabscheuung oder Beyfall, von Greuel oder Wohlgefallen gegen jene Handlungen und Neigungen, als welche die Triebfedern derselben sind, nach unsers Verfassers Bemerkung in die Glückseeligkeit eines jeden haben. Worinnen bestehen denn nun aber diese unsre Gefühle, und unsre Urtheile, so vollkommen wahr und richtig sie sonst an sich selbst sind, als in einer Art der Vorstellung, so wie alle andre Urtheile und Gefühle von welcher Beschaffenheit sie auch immer seyn mögen. Man muß also die Redensart unsers Verfassers nicht giftig verdrehen, wo er von der menschlichen Gerechtigkeit redet. Wie man ihm denn ebenfalls sehr unrecht thun würde, wenn man das, was er von Lastern und Tugenden sagt, wie solche nach verschiednen Gegenden und Zeiten die Mode und Namen ändern, so auslegen wollte, als wenn er keine

Tugend

Tugend oder Laster annähme, welche zu aller Zeit und an allen Orten, es würklich wären, und von allen vernünftigen Wesen auf der ganzen Erde dafür gehalten würden. Allerdings erkennet, benennet und preiset er dergleichen sehr viele an, und verabscheuet die ihnen entgegenstehenden Laster. Man hat aber in der Welt viele unrichtige und verwirrte Vorstellungen von der Tugend, von eingebildeten Tugenden und Lastern, die unrichtig bestimmet und noch irriger verstanden werden, und dergleichen Tugenden und Laster sind tausend Veränderungen unterworfen. Bald gehen sie im Schwange und sind beliebt, bald werden sie ein Vorwurf des Spottes, je nachdem die Menschen aufgeklärter werden. Der Wohlstand bey den griechischen Damen verstattete niemanden den Eintritt in ihre Zimmer als den nächsten Anverwandten, und sie konnten ohne Tadel auf der Schaubühne ihre Rolle, auch sogar für Geld, spielen. In Athen waren die Ehen zwischen Bruder und Schwester erlaubt, die man anderwärts verabscheuete. Die in Rom so beliebte Artigkeit und Höflichkeit, machen den Veno unter seinen parthischen Mitbürgern verächtlich. Die Eifersucht ist bey verschiednen Völkern eine Tugend und der Hauptpunkt ihrer Ehre; nach der Meynung andrer hingegen macht man sie lächerlich, und schätzet sie keines Mitleides werth. Der Geiz wird an einem Handelsort für eine löbliche Haushaltung, Sparsamkeit und Mäßigkeit gehalten; wogegen die unsinnigsten Verschwendungen in einigen reichen Hauptstädten, den Namen eines edlen Aufwandes führen. In den ersten Jahrhunderten des römischen Kaiserthums hielt man die grausamsten Martern der unschuldigen Christen für eine Tugend, welche doch die

besten

besten Bürger und getreuesten Unterthanen waren, und zu einer andern Zeit sahe man es unter Christen für ein Gott gefälliges Werk an, die Juden umzubringen. Der heil. Bernhard that durch seine aufgeklärte und rührende Vorstellungen dieser schwärmerischen Wuth Einhalt. Es ließen sich noch unzähliche Beyspiele dieser Art anführen, welche mit der Länge der Zeit, und nach dem Wechsel der menschlichen Dinge, ihren Namen und ihr Vaterland verändern. Und dieses sind diejenigen Tugenden und Laster, welche der Verfasser zum Augenmerk hat, wenn er sagt, man habe höchst undeutliche und verworrene Begriffe von Tugend, von Laster und von Ehre, ohne dadurch im mindesten dem unveränderlichen Wesen der Tugend und des Lasters zu nahe zu treten, oder ihre eigenthümlichen und beständigen Verschiedenheiten zu bestreiten.

Wenn endlich der Verfasser sagt, es könne kein Verbrechen statt haben, wo nicht eine Verletzung des gesellschaftlichen Bündnisses vorhanden ist; wo man dem Haupt der bürgerlichen Gesellschaft, noch dem ganzen Staat oder einigen Gliedern desselben einen Schaden verursacht oder Unrecht angethan hat: so redet er augenscheinlich von politischen Verbrechen, in so fern sie solche sind, oder mit andern Worten, gebraucht er den Ausdruck Verbrechen in seinem Buche alle Handlungen anzuzeigen, und zwar nur allein solche, welche entweder den ganzen Staatskörper, oder denjenigen der ihn vorstellt, oder die einzeln Mitglieder, aus welchen er bestehet, verletzen; aber deshalben hält er nicht alle verabscheuungswürdige Handlungen, wenn sie auch gleich nicht den Staat oder die eignen Mitbürger beschädigen,

für

für erlaubt, rechtschaffen und untadelhaft. Der Mord eines unschuldigen Fremden, die Treulosigkeit gegen einen Ausländer, die Undankbarkeit gegen einen wohlthätigen Reisenden, sind zwar keine Verletzungen der bürgerlichen Verbindungen, und also in dem Verstande keine politische Verbrechen, allein es sind doch Verbrechen in einem andern Verstande, es sind Unbilligkeiten, Schandthaten und Bosheiten. Für solche sieht sie unser Verfasser an; angesehen er, wie wir oben bemerkt, alle wahrhafte und löbliche Tugenden liebet, ehret und empfiehlt, und alle denselben entgegengesetzte Laster verabscheuet, dergestalt, daß er alles Uebel, was man den Feinden in Kriegszeit, außer der höchsten Noth, anthut, für unrecht und unerlaubt erkläret. Ich habe also nicht nöthig, unsern ungenannten Verfasser von den Schandflecken, welche ihm die Schüler des alten Anaxarthus und des heutigen Hobbes, der schlimmer als jener ist, anhängen, zu rechtfertigen. Er rechtfertiget sich selbst, ich habe weiter nichts gethan als ihn zu vertreten, indem ich zeige, daß der beste Ausleger der Bücher der Text ist, und daß die Erläuterungen der dunklen und zweydeutigen Stellen, aus den klaren und bestimmten des Verfassers müssen hergenommen werden.

Ich wollte mich zwar jeßt ins Besondre der Paragraphen unsers Verfassers einlassen. Die Beurtheilungen sind sonst nicht angemessen, wenn man nicht so verfährt. Aber die mir angewiesenen Schranken sind zu enge, als daß ich nach meinem Belieben mich über alles, was zum verdienten Lobe des Verfassers und des Buches gehöret, ausbreiten könnte. Ich will also nur soviel beyfügen,

fügen, wie es zu wünschen wäre, daß er sich darüber machte, von Belohnungen und folglich vom wahren Verdienst zu schreiben: von den Kennzeichen desselben, von den politischen Mitteln zu dessen Hervorbringung, von einem untrüglichen Wege es, troß aller Kabalen und Gunst, zu erkennen. Vielleicht werde ich selbst noch einmal einen politischen Roman, eine Reise nach dem Reich Sophia, einem Theil der unbekannten Südländer herausgeben, worinnen ich eine bürgerliche Staats-Verfassung entwerfen werde, welche ich für die glückseeligste und vollkommenste halte, indem sie die größte Sicherheit vor einer Eroberung von außen, und eine ungemeine, wo nicht gar unmögliche Schwierigkeit einer innern Verderbniß in sich hält. Es ist dieses zwar nur ein Traum eines rechtschaffnen Mannes, doch nicht von der Art, wie des guten Abt St. Pierre. Ein gekrönter Held allein könnte solche würklich machen, wenn er wollte.

Anmerkung des Herrn Voltaire über das Buch von Verbrechen und Strafen.

§. I.

Gelegenheit zu dieser Anmerkung.

Das kleine Buch von Verbrechen und Strafen, ist seiner Moral nach von solchem Werth, als in der Arzneykunst jene wenige Mittel, die vermögend sind unsre Uebel zu heben; seine Durchlesung hat mir so viel Genüge geleistet, daß ich mir schmeichelte, ein dergleichen Werk,

Werk, müßte den Rückstand der Barbarey, welcher noch immer in der Gerichtsverfassung so vieler Völker vorhanden ist, völlig abschaffen. Allein die Hoffnung, welche ich von einer Verbesserung bey dem menschlichen Geschlechte hatte, wurde vereitelt, da ich Nachricht erhielt, daß in einer Provinz ein wohlgebildetes schönes mit Vorzügen begabtes, aus einer rechtschafnen Familie herstammendes Weibsbild von 18 Jahren war gehangen worden.

Ihr Vergehen bestand darinnen, daß sie sich hatte schwängern lassen, und noch schuldiger wurde sie dadurch, daß sie die Frucht ihrer Schwangerschaft verlassen hatte. Denn indem diese unglückliche Tochter, während der Flucht aus dem väterlichen Hause von Geburtsschmerzen war befallen worden, sich allein und ohne allen nahen Beystand befand, gebieret sie bey einem Brunnen. Die Scham, welche bey dem weiblichen Geschlechte eine heftige Leidenschaft ist, gab ihr so viel Kräfte, daß sie in das väterliche Haus zurückkehrete, und ihren Zustand zu verheelen suchte. Sie ließ also das Kind liegen, welches den andern Tag todt gefunden wurde; die Mutter wird entdeckt, zum Strange verurtheilt, und das Urtheil an ihr vollzogen.

Der erste Fehltritt dieses Mädchens, hätte entweder in der Stille der Hausmauren verborgen bleiben können, oder verdiente den Schuz der Gesetze, und der Verführer war verbunden, dem Uebel, welches er verursacht hatte, abzuhelfen. Die Zärtlichkeit eines jungen Frauenzimmers, welche ihre Schwangerschaft geheim halten will, kann auch in den meisten Fällen mit der Gefahr das Leben dabey einzubüßen, bestehen, weil

sie

sie bey der Entdeckung ihre Ehre verliert, außer tausend andern Hindernissen, die sich in Weg legen, wenn das Kind soll erzogen werden.

Der zweyte Fehler ist sträflicher, weil sie die hülflose Frucht verläßt, und der Gefahr umzukommen aussetzt.

Ist es aber unumgänglich nothwendig die Mutter zu tödten, weil das Kind gestorben ist. Sie hatte es doch nicht umgebracht, vielmehr konnte sie sich noch schmeicheln, daß vielleicht jemand von Vorübergehenden dieses unschuldigen Geschöpfes sich erbarmen würde, oder selbst noch den Vorsatz haben, es aufzusuchen, und die nöthige Hülfe ihm zu verschaffen. Diese Gesinnungen sind so natürlich, daß man sie bey einem mütterlichen Herzen voraussetzen muß. Das Gesetz ist würklich, in der Provinz, wovon ich rede vorhanden. Ist aber ein dergleichen Gesetz nicht etwan ungerecht, unmenschlich und schädlich? Ungerecht, weil es keinen Unterschied unter dem Kindermord und dem Weglegen des Kindes macht; unmenschlich, weil es eine Unglückliche auf eine grausame Weise zum Tode bringt, der man nichts als ihre eigne Schwäche, und die starke Begierde es geheim zu halten, zur Last legen kann; schädlich, weil es der Gesellschaft ein Mitglied entzieht, welches mehrere Unterthanen dem Staat einer Provinz, die der Bevölkerung nöthig hat, würde geboren haben.

Die Gutthätigkeit hat in demselben Lande noch kein Haus errichtet worinnen für die Erhaltung weggelegter Kinder gesorget würde, und wo es an Gutthätigkeit fehlet, ist das Gesetz immer grausam. Es würde viel besser seyn, diesen Uebeln zuvorzukommen, da sie so häufig sind, als sie blos zu bestrafen. Die wahre Rechtsgelehrsamkeit bestehet darinnen: die Verbrechen zu verhüten, nicht einem schwachen Geschlechte den Tod zuzuziehen, wenn es sonnenklar ist, daß sein Fehltritt nicht mit Bosheit verbunden ist, sondern daß es ihm sehr schwer ankommen ist, den Trieben seines Herzens zu widerstehen.

Machet nur, so viel euch möglich ist, demjenigen, der in Versuchung kommt, Uebels zu thun, Zufluchtsmittel aus, so werdet ihr viel weniger Gelegenheit zu Strafen haben.

§. II.

Von Hinrichtungen.

Dieses Verfahren und dieses so strenge Gesetz, sind mir so empfindlich gewesen, daß sie mich genöthiget haben, einen Blick auf das peinliche Gesetzbuch der Nationen zu werfen. Der menschliche Verfasser von Verbrechen und Strafen, hat nur gar zu große Ursache sich zu beklagen, daß die Todesstrafe nur allzuoft zu groß für das Verbrechen, und zuweilen dem Staat, welchem sie nützlich seyn sollte, schädlich ist.

Die gewöhnlichen Todesstrafen scheinen mehr von der Tyranney, als von der Gerechtigkeit ersunden zu seyn, und der menschliche Witz hat sich gar zu sehr bemühet den Tod schrecklich zu machen.

Das Rädern wurde in Deutschland, zur Zeit der Anarchie eingeführt, wo derjenige, welcher sich der königlichen Rechte bemächtigte, vermittelst der Anwendung

dung einer unerhörten Marter, einen jeden der sich unterstehen würde, sich an ihm zu vergreifen, durch Entsetzen zurückhalten wollte. In England schnitt man einem, der mit dem Hochverrath angesteckt war, den Leib auf, riß ihm das Herz aus dem Leibe, schlug es ihm um die Backen, und warf es ins Feuer. Worinnen bestand denn nun jemals der Hochverrath? In den bürgerlichen Kriegen war derjenige dieses Verbrechens schuldig, der einem unglücklichen Könige treu geblieben war, und der zuweilen seine Meynung über das zweifelhafte Recht des Siegers gesagt hatte. Endlich wurden die Gebräuche gelinder; denn ob man gleich fortgefahren dem Verurtheilten das Herz auszureissen, so ist es doch erst nach seinem Tode geschehen. Die Anstalt ist abscheulich, der Tod aber sanft, wenn er anders so seyn kann.

§. III.

Von den Strafen gegen die Ketzer.

Die Tyranney hat am ersten die Todesstrafe auf diejenigen, welche mit einer Lehre der herrschenden Kirche nicht übereinkamen, gesetzet. Kein christlicher Kaiser hat sich vor des Tyrannen Maximus Zeiten, in Sinn kommen lassen, einen Mensch wegen einer streitigen Lehre, zum Tode zu verurtheilen. Und es ist noch überdieses richtig, daß es zwey spanische Bischöffe waren, welche den Maximus zur Todesstrafe gegen die Priscillianisten reizten; und so ist es ebenfalls ausgemacht, daß dieser Tyrann, dadurch, daß er das Blut der Ketzer vergoß, die Gunst der herrschenden Parthey zu gewinnen suchte, denn sonst waren ihm Gerechtigkeit und Barbarey vollkommen gleichgültig. Eifersüchtig auf den Theodosius, einen Spanier wie er war, schmeichelte er sich, ihm das morgenländische Kaiserthum zu entreissen, nachdem er sich allbereit des abendländischen bemeistert hatte. Theodosius war seiner Grausamkeit wegen verhaßt, allein er hatte alle Häupter der Religion zu gewinnen gewußt. Maximus wollte mit diesem Eifer auch Aufsehen machen, und die spanischen Bischöfe in seine Parthey ziehen. Er heuchelte der alten und neuen Religion auf gleiche Weise; er war eben so tückisch als unmenschlich, und von gleichem Schlage wie alle, welche zu diesen Zeiten, nach der Regierung strebten, oder dazu gelangten. Dieser weitläuftige Theil der Welt wurde dazumal beherrschet, wie heutiges Tages Algier. Die Soldaten setzten Kaiser ein und ab; sie suchten solche oft aus Nationen aus, die man dazumal für barbarisch hielt. Theodosius setzte ihnen andre Barbaren aus Scythien entgegen, ja er war es, der das Heer mit Gothen anfüllte, und der den Alarich, den Ueberwinder von Rom, erzog. In dieser abscheulichen Verwirrung war man auf nichts bedacht, als seine Parthey, durch alle mögliche Mittel zu verstärken.

Maximus kam, nachdem er den Mitregenten des Theodosius, den Kaiser Gratianus, zu Lion hatte ermorden lassen, wieder zurück, und sann darauf, wie er den Valentinian, den von seiner Kindheit an in Rom ernannten zweyten Nachfolger des Gratians, stürzen wollte. Er zog zu Trier ein mächtiges Heer, so aus Galliern und Allemannen bestand, zusammen, und hatte eine Werbung in Spanien anbefohlen, eben, da die zwey

spani-

spanischen Bischöffe mit Namen Idacius und Itacus oder Itacius, die in großem Ansehen standen, zu ihm kamen, sich die Hinrichtung des Priscillians und seiner Anhänger bey ihm auszubitten. Diese Leute behaupteten, die Seelen wären Ausflüsse von Gott, die Dreyeinigkeit hätte nicht drey Personen, und waren übrigens so gottlos, daß sie auch des Sonntags fasteten. Maximus, der halb ein Heide und halb ein Christ war, erkannte ohne Schwierigkeit die Abscheulichkeit dieser Verbrechen, und stand den heiligen Bischöffen Idacius und Itacius die gesuchte Gnade zu, daß sie den Priscillian und seine Mitschuldigen vorhero martern möchten, ehe sie sie hinrichteten. Die Bischöffe waren bey der Marter gegenwärtig, damit alles ordentlich zugienge, und begaben sich hinweg mit der Danksagung zu Gott, und setzten den Maximus als Vertheidiger des Glaubens in die Reihe der Heiligen. Weil er aber vom Theodosius geschlagen, und vor den Füssen seines Ueberwinders umgebracht wurde, wurde er nicht canonisiret.

Merkwürdig ist hierbey, daß der heil. Martinus Bischof von Tours, ein wahrhaftig rechtschafner Mann, sich viele Mühe gab, für den Priscillian Gnade zu erlangen; die Bischöffe verklagten ihn aber selber als einen Ketzer, weshalben er nach Tours zurückgieng, aus Furcht, daß man ihm nicht etwan zu Trier die Marter anthun möchte.

Priscillian hatte, nachdem er war gehangen worden, den Trost, daß er von seiner Sekte als ein Märtyrer verehret wurde. Es wurde sein Festtag gefeiert, und würde vielleicht noch gefeiert werden, wenn es noch Priscillianisten gäbe.

Dieser Vorfall erbitterte die ganze Kirche, und doch wurde er in nicht gar langer Zeit darauf nachgethan, ja noch übertroffen, weil man viele Priscillianisten bald mit dem Schwerdt, bald mit dem Strick hinrichtete, oder auch steinigte. Eine junge Dame von Stande wurde zu Bordeaux gesteiniget, weil man sie im Verdacht hatte, daß sie Sonntags gefastet habe. Diese Hinrichtungen schienen zu gelinde zu seyn; daher man hernach Gründe hervorbrachte, um glaublich zu machen, Gott wolle es haben, daß die Ketzer geschmäuchet würden. Der völlig entscheidende Grund den man angab war, daß Gott in der andern Welt also strafe, und daß ein jeder Fürst, ein jeder Statthalter, ja eine jede Obrigkeit das Bild Gottes in dieser Welt wäre.

Vermöge dieser Gründe verbrannte man allenthalben die Zauberer, welche sichtbarlich unter der Herrschaft des Teufels standen, und Irrgläubige, welche man für ärgere und schädlichere Verbrecher hielt als die Zauberer.

Man weiß nicht genau, worinnen die Ketzerey der Stiftsherren bestand, welche der König Robert ein Sohn des Hugo, und Constantia seine Gemahlin in ihrer Gegenwart zu Orleans im Jahr 1022. verbrennen ließen. Wie könnte man es auch wissen, da zur selbigen Zeit nur eine kleine Anzahl von Ordensleuten und Mönchen schreiben konnte. Sonst versichern andre, daß Robert und seine Gemahlin diesem schrecklichen Auftritt vom Anfang bis Ende zugesehen haben. Einer von diesen Sektirern war der Constantia Beichtvater gewesen, und diese Königin glaubte, sie könnte das Unglück, bey einem Ketzer gebeichtet zu haben nicht besser gut machen, als wenn sie ihn von den Flammen verzehren sähe.

Die Gewohnheit wurde zum Gesetz; denn von derselben Zeit an bis auf unsre Tage, das heißt, einen Zeitraum von siebenhundert Jahren sind diejenigen, welche mit dem Verbrechen einer irrigen Meynung angesteckt waren, oder angesteckt zu seyn schienen, verbrannt worden.

§. IV.

Von Ausrottung der Ketzerey.

Ich meines Theils glaube, man müsse bey der Ketzerey einen Unterschied machen, unter der Meynung, und der Parthey. In den ersten Zeiten des Christenthums waren die Meynungen getheilt *). Die Christen zu Alexandria dachten über viele Punkte nicht wie die zu

*) Der Verfasser der Anmerkung, giebt nach seiner gewöhnlichen Art, mit großer Dreistigkeit vor, daß in den ersten Zeiten des Christenthums, die Christen in einigen Meynungen von einander verschieden gewesen wären, dergestalt, daß die Christen von Antiochia nicht wie die zu Achaja gedacht hätten, und diese nicht wie die Asiatischen; er beweiset es aber nicht. Vielmehr wird er offenbar durch die Apostelgeschichte widerlegt, wo man einige Verschiedenheit in Ansehung der kirchlichen Gebräuche zwischen einer und der andern Kirche antrift, aber doch in der Lehre eine völlige Uebereinstimmung, wie auch, daß ein einzelnes Mitglied, aber nicht die ganze Kirche einer andern Meynung war. Es fällt demnach die ganze Folge, die aus einer falschen Voraussetzung genommen worden, hinweg, daß, da Jesus Christus alle seine Gläubigen zu einem Sinn hätte vereinigen können, und er es nicht gethan, zu vermuthen sey, daß er es nicht habe thun wollen. Angesehn ein einzelnes Glied, welches andrer Meynung ist, nicht die ganze Kirche macht. Und es ist gewiß, daß blos ein einzelnes Glied, und niemals die Kirchen, in den Lehrpunkten uneins waren.

zu Antiochia, und die von Achaja waren den Asiatischen entgegengesetzt. Diese Verschiedenheit ist zu allen Zeiten gewesen, und wird wahrscheinlicher Weise immer fortdauern. Jesus Christus, welcher seine Gläubigen auf einen gleichen Sinn vereinigen konnte, hat es nicht gethan; daß also zu vermuthen ist, er habe es nicht thun wollen, sondern alle seine Kirchen zur Nachgebung und Liebe angewöhnen, durch Zulassung verschiedner Lehrgebäude, welche alle darinnen, daß sie ihn für ihr Haupt und Meister erkannten, mit einander übereinstimmten. Alle diese Sekten, welche lange Zeit von den Kaisern geduldet, oder vor ihren Augen verborgen geblieben, konnten einander nicht verfolgen oder verbannen, weil sie auf einerley Art den römischen Obrigkeiten unterworfen waren, und nur unter einander zanken konnten. Wurden sie von der Obrigkeit verfolgt, so beriefen sie sich gleichförmig auf das Recht der Natur, und sagten: lasset uns Gott in Ruhe anbeten, und nehmet uns die Freyheit nicht, die ihr den Juden zugestehet. Alle Sekten können heut zu Tage, eben das zu denen sagen, die sie unterdrücken wollen. Sie können zu den Völkern, welche den Juden Privilegien verliehen, sagen: behandelt uns wie ihr die Kinder Israel behandelt, lasset uns Gott anbeten, wie sie ihn anbeten, nach unserm Gewissen. Unsre Meynung ist eurem Staat so wenig nachtheilig als das Judenthum. Ihr duldet die Feinde Jesu Christi, so duldet doch auch uns die wir ihn anbeten, da zumal unter uns und euch kein Unterschied als einige theologische Streitigkeiten; beraubet euch doch, um Himmels Willen, keiner nützlichen Unterthanen. Lasset alle eure Sorge dahin gehen, daß sie in euren Fabriken arbeiten, bey

eurer

eurer Schiffarth dienen, und euer Land anbauen, und kümmert euch gar nicht darum, ob sie einige andre Glaubensartikel haben, als ihr. Ihr habt nur ihrer Hände, und nicht ihres Katechismus nöthig.

Die Parthey ist eine ganz verschiedene Sache. Es ist eine nothwendige Folge, daß eine verfolgte Sekte in eine Parthey ausartet. Die Unterdrückten vereinigen sich, und durch diese Vereinigung kriegen sie Herz; und die herrschende Kirche kann nicht so viel Mühe sich geben, ihre Parthey auszurotten, als sie anwenden sie zu verstärken. Daher kommt es, daß sie entweder ausgerottet werden, oder den Gegentheil ausrotten; wie es sich nach der 303. vom Kaiser Galerius erregten Verfolgung zutrug, welches die zwey letzten Jahre der Regierung Diocletians waren. Weil die Christen völlige achtzehen Jahr von dem Diocletian begünstiget wurden, waren sie viel zu begütert und zahlreich worden, als daß sie hätten können ausgerottet werden. Sie hielten es also mit dem Constantius Chlorus, fochten für seinen Sohn Constantin, und daher erfolgte eine gänzliche Veränderung im Reiche.

Man erlaube kleine Sachen mit großen zu vergleichen, wenn beyde von einerley Triebfeder beweget werden. Eine gleiche Staatsveränderung hat sich in Holland, in der Schweiz und in Schottland zugetragen. Da Ferdinand und Isabella die Juden aus Spanien, welche nicht nur vor dem regierenden Hause, sondern vor den Mauren, ja so gar schon vor den Carthaginensern sich darinnen niedergelassen, vertrieben; so würden die Juden in diesem Reiche eine Staatsveränderung gemacht haben,

 wenn

wenn sie so kriegerisch gewesen wären, als sie reich waren, und sich mit den Arabern hätten verstehen können.

Mit einem Worte, keine Sekte hat jemals die Regierung verändert, als nur wenn die Verzweiflung ihr die Waffen gereichet. Es würde dem Mohammed selbst seine Unternehmung nicht gelungen seyn, wenn er nicht aus Mekka verjagt und ein Preiß auf seinen Kopf gesetzt worden wäre.

Wollet ihr also verhindern, daß eine Sekte einen Staat nicht zerrütte, so bedienet euch der Duldung, und ahmet das vernünftige Betragen von Deutschland, England und Holland nach. Der einzige Weg, den man der Staatsklugheit nach in Ansehung einer neuen Sekte nehmen kann, ist, daß man ohne Barmherzigkeit, die Häupter und Anhänger, Männer, Weiber und Kinder, ohne ein einziges auszunehmen, umbringen lässet, oder wenn die Sekte zahlreich ist, sie duldet. Das erste ist das Verfahren eines Ungeheuers, das andre eines Weisen.

§. V.

Von Entheiligungen.

Ludwig der IX. König von Frankreich, der seiner Tugenden wegen in die Zahl der Heiligen aufgenommen worden, machte ein Gesetz gegen die Lästerer, wodurch sie zu einer Strafe verurtheilet wurden, daß ihnen mit einem glühenden Eisen die Zunge abgeschnitten werden sollte. Es war dieses eine Art des Vergeltungsrechtes, weil die Strafe an dem Gliede vollzogen wurde, welches gesündiget hatte. Es war übrigens schwer zu entscheiden, welches eine Lästerung wäre. Es entfahren einem

einem im Zorn, oder Schwirbel, auch wohl in dem gewöhnlichen Umgang Ausdrücke, welche eigentlich zu reden, nur Ausfüllungsworte sind, wie das Sela und das Vah der Hebräer, das Pol und Aedepol der Lateiner, desgleichen die Redensart, bey den unsterblichen Göttern (per deos immortales,) deren man sich in allen Gesprächen bediente, ohne würklich bey den unsterblichen Göttern zu schwören. Das was man Schwüre, Flüche nennet, sind mehrentheils weitschweifige Worte, die willkührlich ausgelegt werden, und das Gesetz, welches sie bestraft, scheint aus der Juden ihrem hergenommen zu seyn: du sollt den Namen Gottes nicht unnützlich führen. Die geschicktesten Ausleger glauben, daß dieses Gesetz den Meineyd verbiete, und sie haben recht, weil das Wort Shave, welches durch unnützlich übersetzt worden, eigentlich den Meineid bedeutet: was kann aber der Meineyd für Beziehung haben, mit den gemilderten Worten Cadedis, Corbleu etc. Die Juden schwuren bey dem Leben Gottes: So wahr der Herr lebet; und das war eine gewöhnliche Formel. Es war also nur verboten im Namen Gottes, den man zum Zeugen rufte, zu lügen.

Phlilipp August hatte im Jahr 1181. die Adlichen unter seiner Herrschaft, wenn sie die Worte Tête bleu, ventre bleu, corbleu aussprachen zu einer Geldstrafe verurtheilet, die Unadlichen aber sollten ersäufet werden. Der erste Theil dieser Verordnung schien kindisch zu seyn, der zweyte war abscheulich; weil er das Naturgesetz dadurch verletzte, daß die Unadlichen wegen eben des Verbrechens ersäuft werden sollten, von welchem sich die

Adlichen durch zwey oder drey Groschen des damaligen Geldes loskaufen konnten. Doch blieb dieses wunderliche Gesetz ohne Ausführung, wie dergleichen viele andre geblieben sind, besonders da der König war in Bann gethan, und seinem Lande die Religionsübung vom Pabst Cölestinus III. war untersagt worden.

Der heil. Ludwig vom Eifer hingerissen, befahl ohne Unterschied, daß demjenigen, der jene unanständige Worte ausgesprochen, die Zunge durchboret oder die Oberlippe abgeschnitten werden sollte, welchem zufolge einem groben Bürger zu Paris die Zunge durchboret wurde, der sich deshalben bey dem Pabst Innocentius dem IV, beschwerte. Dieser Pabst verwieß dem Könige diese für das Verbrechen zu harte Strafe; und der König ließ hierauf von einer solchen Strenge ab. Was wäre es für die Menschlichkeit für ein Glück gewesen, wenn die Päbste keine andre Oberherrschaft über die Reiche sich angemaßet hätten.

Die Verordnung Ludwigs des XIV. vom Jahr 1666. setzet fest: daß diejenigen, welche überwiesen worden, daß sie geschworen und den heiligen Namen Gottes oder seiner allerheiligsten Mutter, oder seiner Heiligen gelästert haben, zum erstenmal zu einer einfachen, beym zweyten- dritten- und viertenmal zu einer zwey- drey- und vierfachen Geldbuße, zum fünftenmal zum Halseisen, zum sechstenmal an Pranger mit Abschneidung der Oberlippe sollten verdammt werden.

Dieses Gesetz scheint weise und menschlich zu seyn; weil es keine grausame Strafe auflegt, als nach dem siebenden Rückfall, der nicht zu vermuthen stehet.

Was

Was aber die größern Entheiligungen betrifft, die man Sacrilegia nennet, redet die Verordnung von nichts, als von den Diebstählen in Kirchen, ohne sich über andre öffentliche Gottlosigkeiten auszulassen, vielleicht weil sie dergleichen Thorheiten nicht voraus gesehen, oder vielleicht weil es zu schwer ist, sie genau zu bestimmen. Es bleibt also der Klugheit der Richter überlassen, dergleichen Verbrechen zu bestrafen, ob zwar die Gerichtspflege ihrer Willkühr nicht überlassen werden muß.

Was sollen nun bey einem so seltnen Fall die Richter thun? Sie müssen das Alter der Verbrecher, die Beschaffenheit ihres Verbrechens, den Grad der Bosheit, und des gegebnen Aergernisses, ihrer Halsstarrigkeit, die Nothwendigkeit, welche das Publikum von einer harten Züchtigung fordern kann, sehr wohl in Erwegung ziehen. Nach Beschaffenheit der Person, der Zeit, des Alters, Geschlechtes, soll gelinder oder härter erkannt werden. Wenn das Gesetz nicht ausdrücklich die Todesstrafe auf das Verbrechen setzt, welcher Richter wird sich verpflichtet halten, sie zu erkennen? Wenn eine Strafe nothwendig ist, das Gesetz solche aber nicht bestimmt, so muß der Richter ohne Bedenken, auf die gelindeste erkennen, weil er ein Mensch ist.

Die Entheiligungen welche man Sacrilegia nennet, werden nur von lüderlichen jungen Burschen begangen. Kann man sie aber mit gleicher Strenge bestrafen, wie diejenigen, die ihren Bruder umgebracht hätten? Ihr Alter muß ihnen in ihrer Sache zu statten kommen. Sie haben keine Gewalt über ihr Vermögen, weil man annimmt, daß es ihnen an reifer Ueberlegungskraft fehle, die üblen Folgen des Durchbringens einzusehen. Folglich

lich hat es ihnen daran auch gefehlet die Folgen ihrer gottlosen Unbesonnenheit einzusehen.

Würdet ihr denn mit einem luderlichen Jüngling, welcher in seiner Verblendung ein heiliges Bild entheiliget, ohne es gestohlen zu haben, so verfahren, wie ihr mit der Brinvilliers, die ihrem Vater und seiner Familie vergeben hatte, verfahren habet? Es ist kein ausdrückliches Gesetz wider diesen Unglücklichen vorhanden, und ihr wolltet eines machen, daß er den Tod leiden müßte? Er verdient eine nachdrückliche Züchtigung, verdient er aber unmenschlich gemartert zu werden, und einen schrecklichen Tod auszustehen?

Es ist richtig, er hat Gott beleidiget, und zwar auf eine grobe Weise. Macht ihr es mit ihm, wie es Gott mit ihm macht. Gott vergiebt ihm, wenn er Buße thut. Leget ihm eine schwere Buße auf, und vergebet ihm.

Euer berühmter Montesqvieu hat gesagt: Man muß die Gottheit ehren, und nicht rächen: lasset uns diese Worte erwägen; sie bedeuten nicht, daß man sich um Aufrechthaltung der Zucht und Ordnung nicht bekümmern soll, sondern sie bedeuten, wie der einsichtsvolle Verfasser der Abhandlung von Verbrechen und Strafen sagt, daß es ungereimt sey, wenn sich ein Wurm einbildet das höchste Wesen zu rächen. Denn weder ein Dorfrichter noch ein Stadtrichter, sind lauter Moses und Josua.

§. VI.

§. VI.

Nachsicht der Römer in Ansehung dieser Gegenstände.

Durch ganz Europa redet man in Zusammenkünften verständiger und gelehrter Leute, von dem erstaunenden Unterschied, welcher sich zwischen den römischen Gesetzen, und den so vielen barbarischen Gewohnheiten, die an jener Stelle eingeführet worden, sich befindet, und welche gleich wie ein Schutt und Unflath die Trümmern einer ehmals prächtigen Stadt bedecken.

Gewißlich hegte der römische Rath die tiefste Ehrfurcht für den höchsten Gott, und eine ungemeine, für die unsterblichen Götter, die in einem niederen Range unter dem höchsten Beherrscher stunden, so wie wir für die Heiligen haben. A Ioue principium: mit dem Jupiter muß man den Anfang machen, war die gewöhnliche Formel. Plinius fängt seine Lobrede auf den guten Trajanus an, mit der Versicherung, daß die Römer niemals, weder beym Anfang ihrer Reden, noch ihrer Thaten, Gott anzurufen, unterließen. Cicero, Titus Livius bezeugen es. Kein Volk war religiöser als sie; aber dieses Volk war viel zu weise, und zu großmüthig, als daß es sich hätte sollen herunterlassen, unbesonnene Reden, oder philosophische Meynungen zu bestrafen. Sie waren nicht fähig, einen barbarisch zu züchtigen, der an der Wahrsagerey zweifelte, wie Cicero, der, ob er gleich ein Wahrsager war, doch daran zweifelte, noch der im versammleten Staatsrath wie Cäsar gesagt hätte, daß die Götter die Menschen nicht nach dem Tode straften.

Man

Man hat hundertmal beobachtet, daß der Rath erlaubte, daß das Chor auf der römischen Schaubühne, in der Trojanerin sang:

Nach dem Tode ist nichts mehr, und der Tod selbst nichts;
Du fragst wo die Todten sind? an eben demselben Orte,
wo sie waren ehe sie geboren worden *).

Hat es jemals Entheiligungen gegeben, so sind es diese außer Zweifel, und vom Ennius bis auf den Ausonius trift man lauter Entheiligungen an, ohnerachtet aller Ehrerbietung für den Gottesdienst. Warum steuerte der römische Rath denselben nicht? Weil sie nicht den geringsten Einfluß auf die Regierung des Staates hatten, keine gute Ordnung oder gottesdienstliche Cerimonie zerstörten. Die Römer besaßen eine vortrefliche Staatsklugheit, und waren bis auf Theodosius den II. unumschränkte Herren des schönsten Theiles der Welt.

Der Grundsatz des Raths war, wie schon anderwärts gesagt worden: die Götter tragen für die ihnen angethanen Beleidigungen selbst Sorge. Die Rathsherren, welche an der Spitze der Religion waren, vermittelst der allerweisesten Einrichtung, durften nicht fürchten, daß eine Priesterzunft sie zwingen würde ein Werkzeug ihrer Rache, unter dem Vorwande, den Himmel zu rächen, zu werden. Sie sagten nicht: laßt uns die Gottlosen niedermetzeln, damit wir nicht auch für Gottlose gehalten werden. Wir wollen

*) Dieses singen Troganische von Verzweiflung ganz außer sich gebrachte Weiber, um zu verneinen, daß die Seelen nach dem Tode übrig blieben; weil die Griechen vorgegeben, Achilles wäre erschienen, und hätte ihnen gesagt, sie könnten nicht eher abreisen, bis sie die Polyxena geopfert hätten. Es wurde also nicht gesungen, als eine in Rom angenommne Lehre. A. d. U.

wollen die Priester unsre Grausamkeit sehen lassen, und ihnen dadurch beweisen, daß wir so religiös wie sie sind.

Unsre Religion ist unendlich viel heiliger als der alten Römer, und die Gottlosigkeit ist bey uns ein größer Verbrechen als es bey ihnen war. Die wird Gott bestrafen; die Menschen müssen nur das strafen, was bey öffentlicher Unordnung straffällig ist, wodurch die Gottlosigkeit veranlasset worden. Wenn aber bey einer Gottlosigkeit nicht einmal ein Schnupftuch gestohlen worden, wenn niemanden die geringste Beleidigung wiederfahren, wenn die Religionsgebräuche nicht gestöret worden, sollen wir denn (ich sage es noch einmal) eine solche Gottlosigkeit wie einen Vatermord bestrafen. Die Marschallin von Ancre hatte beym Vollmond einen weissen Hahn schlachten lassen: sollte man die Marschallin von Ancre deswegen verbrennen?

Ein jedes hat sein Maas und festgesetzten Gränze
Wer einen Streich verdient, kriegt nicht den Staupenschlag.

§. VII.

Vom Verbrechen des Predigens und vom Antonius.

Wenn in einer gewissen Provinz ein calvinischer Prediger entdecket wird, daß er seinen Schafen prediget, muß er die Todesstrafe ausstehen, und diejenigen, welche ihm eine Mahlzeit oder Lagerstatt gegeben haben, werden zur Galeerenstrafe auf Zeitlebens verurtheilet.

Wenn in andern Ländern ein Jesuit prediget, wird er gehangen. Will man etwa auch göttliche Rache ausüben, wenn man den Prediger oder den Jesuiten hänget? Sollen etwan diese Strafen sich auf den Ausspruch des Evangeliums gründen?: Wenn er die Gemeine nicht höret, so halte ihn als einen Helden, oder einen Zöllner. Das Evangelium befiehlt aber doch nicht, daß dieser Heide oder Zöllner soll umgebracht werden.

Vielleicht ist sie auf die Worte des fünften Buchs Mose gegründet?: wenn ein Prophet aufstehet — und es erfolgt was er gesagt hat, — und er spricht zu euch, lasset uns andern Göttern folgen — und wenn dein Bruder, oder dein Sohn, oder das Weib in deinen Armen, oder dein Freund, oder dein Herz dir sagt, lasset uns andern Göttern dienen — so tödte ihn, und deine Hand sey die erste über ihn, und das ganze Volk nach dir. Aber weder der Jesuit noch der Calviniste haben zu euch gesagt: lasset uns andern Göttern nachfolgen.

Der Rath Düburg, der Domherr Johann Chauvin, Calvin genannt, der spanische Arzt Servet, der Gentili aus Calabrien, dienten einem Gott. Demohngeachtet ließ der Präsident Minard den Rath Düburg verbrennen, und die Freunde des Düburg ließen den Minard ermorden, und Johann Calvin ließ den Aezt Servet schmäuchen, und hatte das Vergnügen behülflich zu seyn, daß dem Gentili aus Calabrien der Kopf abgeschlagen wurde; und die Nachfolger des Calvins ließen den Antonius verbrennen. Alle diese Hinrichtungen aber, stützten sich auf Recht und Gerechtigkeit und Gottseeligkeit?

Die Geschichte des Antonius ist eine von den allersonderbarsten, die sich in den Jahrbüchern der Narrheit erhalten hat. Hier ist das, was ich in einer merkwürdigen

digen Handschrift gelesen habe, wovon Jacob Spon etwas anführet. Dieser Antonius war zu Brieu in Lothringen von katholischen Aeltern gebohren, und hatte zu Pont a Mousson bey den Jesuiten studiret. Der Prediger Feri brachte ihn zu Metz zur protestantischen Religion. Bey seiner Rückunft nach Nancy wurde er als ein Ketzer angeklagt, und wenn ihm ein Freund nicht zur Flucht beförderlich gewesen, wäre er gehangen worden. Da er sich nach Sedan geflüchtet, kam er als Papist in Verdacht, und man stellte ihm nach dem Leben.

Da er sahe, daß sein Leben auf eine seltsame Art weder bey den Protestanten noch bey den Katholiken sicher war, gieng er nach Venedig und wurde ein Jude. Er pflichtete dem Judenthum aufrichtig bey, und behauptete bis an den letzten Augenblick seines Lebens, daß die jüdische Religion die einzige wahre wäre, und daß, da sie es einmal gewesen wäre, sie es auch immer seyn müsse. Die Juden beschnitten ihn nicht aus Furcht vor der Obrigkeit; er war aber nichts destoweniger innerlich ein Jude, und bekannte sich nur äußerlich nicht dazu. Hierauf gieng er unter dem Namen eines Predigers nach Genf, war daselbst anfänglich ein Lehrer bey einem Collegium, und wurde endlich ein solcher, welchen die Genfer (ministre) einen Geistlichen nennen.

Wegen des beständigen Streites, der in seinem Herzen, zwischen der Lehre des Calvins, die er predigen mußte, und der mosaischen Religion, an die er allein glaubte, entstand, war er lange Zeit krank. Endlich verfiel er in eine tiefe Schwermuth, und in einer entsetzlichen Raserey und großem Anfall der Schmerzen, sagte er, er wäre ein

Jude. Einige Geistliche kamen ihn zu besuchen und bemüheten sich, ihn zu sich selbst zu bringen; er antwortete ihnen aber, daß er allein den Gott Israel anbetete; es wäre unmöglich, daß Gott eine Aenderung machte, er könnte unmöglich vor sich selbst ein Gesetz gegeben, und mit seiner Hand geschrieben haben, um es abzuschaffen. Er redete auch wider das Christenthum, wiederrufte aber hernach, und setzte sein Glaubensbekenntniß auf um der Verdammung zu entgehen; allein die unglückliche Ueberredung die er sich gemacht, ließ ihm nicht zu, solche, nachdem er sie geschrieben, zu bestätigen.

Der Rath der Stadt versammlete die Prediger um zu vernehmen, was man mit diesem Elenden vornehmen sollte. Ein kleiner Theil dieser Priester gab sein Gutachten, man müße Mitleiden mit ihm haben, und vielmehr sich bemühen sein zerrüttetes Gehirn zu heilen, als ihn zu strafen. Der größte Theil aber fällte das Urtheil, er sollte verbrannt werden, welches auch geschah. Diese Begebenheit trug sich 1632 zu. Es werden hundertjährige Vernunft und Tugend erfordert, um ein dergleichen Urtheil auszusöhnen.

§. VIII.

Geschichte des Simon Morino.

Das traurige Ende des Simon Morino ist nicht weniger schrecklich als des Antonius. Dieser Unglückliche wurde zu Paris 1663 verbrannt, eben bey der größten Ausgelassenheit wegen der Festtage, eines unter Wollust und Lustbarkeiten glänzenden Hofes. Es war derselbe ein verrückter Mensch, welcher Gesichte gehabt zu haben glaubte

glaubte, und seine Narrheit so weit trieb, daß er vorgab, er sey von Gott gesandt und Jesu Christo einverleibet. Das Parlament verurtheilte ihn weislich ins Tollhaus zu bringen; und es traf sich, daß in eben demselben Spital, ein andrer Narr war, der sich vor den ewigen Vater ausgab, dergestalt daß seine Narrheit ein Sprüchwort veranlaßte. Simon Morino wurde von der Narrheit seines Gefährten so betroffen, daß er zur Erkenntniß der seinigen kam. Und einige Zeit schien es als wenn er wieder zu seinem Verstande kommen wäre, er bezeugte vor der Obrigkeit seine Reue, und erhielt von ihr zu seinem Unglück Vergebung, und kam auf freyen Fuß.

Nach einiger Zeit, verfiel er wieder in seine Narrheit und gab einen Lehrer ab. Sein übles Schicksal wollte, daß er den Herrn Sortin Desmarets kennen lernte, welcher viele Monate sein Freund war, bald aber aus Handwerksneid, sein grausamster Verfolger wurde.

Dieser Desmarets war eben ein solcher Schwärmer wie Morino, seine närrischen Einfälle waren in der That unschuldig: es waren die Trauerlustspiele von Erigonus und Miramus mit einer Uebersetzung der Psalmen gedruckt; es waren ferner der Roman von der Arianna und das Gedichte vom Clodoveus, wo neben an, die Gebete der heil. Jungfrau in Versen befindlich, sodann waren auch dithyrambische Gedichte, voller Anzüglichkeiten gegen Homer und Virgil. Von dieser Art der Narrheit gerieth er auf eine andre ernsthaftere: er zog nämlich auf Port-Royal los, und nachdem er bekannt hatte, daß er einige Weibsleute zur Gottesverläugnung verleitet hatte, wollte er gar einen Propheten abgeben. Er gab vor, Gott hätte ihm mit seinen Händen, den Schlüssel zum Schatze der Offenbarung Johannis, gegeben, indem er sagte, er hätte mit diesem Schlüssel, eine allgemeine Verbesserung des ganzen menschlichen Geschlechtes zuwege gebracht, und daß er ein Heer von hundert und vierzig tausend Mann gegen die Jansenisten anführen werde.

Nichts wäre vernünftiger und billiger gewesen, als ihm eben den Aufenthalt anzuweisen, welchen Simon Morino bewohnte; wie hätte man sich aber jemals einbilden können, daß dieser bey dem königlichen Beichtvater dem Jesuiten Annet sich in Ansehen setzen könnte? Er wußte denselben zu überreden, Simon Morino errichtete eine Sekte, die eben so gefährlich, als der Jansenismus wäre, und erlangte endlich, nachdem er die Schandthat so weit getrieben und ein Angeber worden, von dem Criminallieutenant den Befehl zum Verhaft gegen seinen unglücklichen Nebenbuhler. Darf man es wohl sagen? Simon Morino wurde verurtheilt, lebendig verbrannt zu werden.

Als man ihn zum Tode führte, fand man in einem seiner Strümpfe ein Papier, worauf er Gott um Vergebung aller seiner Irrthümer bat; und das sollte ihn eben retten; das Urtheil aber war gebilliget worden, und wurde ohne Barmherzigkeit an ihm vollzogen.

Bey solchen Vorfällen müssen einem die Haare zu Berge stehen. Und in welchem Lande hat man leider nicht dergleichen klägliche Begebenheiten gesehen? die Menschen, an welchem Orte sie seyn mögen, vergessen, daß sie Brüder sind, und verfolgen einander bis auf den Tod. Zum Trost der Menschlichkeit hoffet man mit Vergnügen, daß solche abscheuliche Zeiten nicht wieder kommen werden.

§. IX.

§. IX.

Von Zauberern.

Im Jahr 1748 wurden im Bißthum Würzburg, die der Zauberey überwiesen worden, verbrannt. Das ist in unserm Jahrhundert eine außerordentliche Erscheinung. Ist es aber wohl möglich, daß Völker, die sich rühmeten, verbessert zu seyn, und den Aberglauben höchlich zu verabscheuen; die endlich in der Meynung standen, ihre Vernunft vollkommen gemacht zu haben, noch an Hexereyen glaubten, noch arme Weiber die als Hexen angeklagt worden, haben verbrennen lassen, und daß das hundert Jahr nach der vorgeblichen Verbesserung ihrer Vernunft geschehen sey?

Im Jahr 1652 traf eine Bäuerin mit Namen Michela Chaudron, unter das kleine Genfergebiet gehörig, da sie aus der Stadt kam, den Teufel an. Der gab ihr einen Kuß, nahm ihre Verpflichtung an, und drückte in ihre Oberlippe und die rechte Brust das Zeichen ein, welches er denjenigen Personen ertheilet, die er für seine Günstlinge hält. Dieses Siegel ist, nach dem Vorgeben der von Hexereyen schreibenden Rechtsgelehrten damalliger Zeit, ein kleines Mahl, welches die Haut unempfindlich macht.

Der Teufel befahl der Michela Chaudron zwey Mädchen zu behexen, sie gehorchte ihrem Herrn genau. Die Aeltern dieser Mädchen belangten sie wegen der Teufelsbannerey gerichtlich. Die Mädchen wurden befragt, und mit der Angeklagten zusammen verhöret, und bezeugten, daß sie in ihrem Leibe, wie ein Ameisengekriebel empfänden, und daß sie besessen wären. Man zog die

Aerzte zu Rathe, oder wenigstens solche die man damals dafür hielt. Sie besichtigten die jungen Weibsleute, und suchten auch an dem Leibe der Chaudron das Siegel des Teufels, welches in dem Protocoll das satanische Zeichen genannt wird. Sie stachen eine lange Nadel hinein, welches schon eine schmerzhafte Strafe war, indem, außer daß das Blut herauslief, die Michela durch ihr Wimmern zu erkennen gab, daß die satanischen Zeichen nicht im mindesten unempfindlich machen. Da die Richter sahen, daß sie gegen sie keinen völligen Beweis hatten, ließen sie sie martern, und hatten nunmehr einen untrüglichen Beweis; weil diese Elende durch die Gewalt der Marter gezwungen, alles was sie verlangten, bekannte.

Die Aerzte suchten nochmals das satanische Zeichen, und fanden es in einem kleinen schwarzen Fleck, der über einer Hüfte war. Sie stachen die Nadel tief hinein, da aber die heftigen bey der Marter erlittnen Schmerzen so grausam gewesen waren, empfand das arme Weib den Nadelstich nicht sehr, und heulete nicht. Auf solche Weise hatte es mit dem Verbrechen seine völlige Richtigkeit. Und weil die alten Gewohnheiten anfiengen gelinder zu werden, wurde sie erst, nachdem sie erdrosselt worden, verbrannt.

In allen Gerichtshöfen des christlichen Europa erschallten dergleichen Urtheile in damaligen Zeiten. Allenthalben wurden Scheiterhaufen für die Hexen, so wie für die Ketzer angezündet. Man setzte an den Türken aus, daß sie unter sich keinen Zauberer, noch Beseßne hätten, und machte daher den sichern Schluß, daß ihre Religion falsch wäre.

Ein

Ein für das allgemeine Wohl, für die Menschlichkeit, und für die wahre Religion sehr eifernder Mann, hat in einer seiner Schriften, aus Neigung zur Unschuld angemerkt, daß die christlichen Gerichtshöfe, mehr als hunderttausend angebliche Zauberer und Hexen verbrannt haben. Füget man nun zu diesen von Rechtswegen angethanen Tödtungen, die unendlich größere Zahl aufgeopferter Ketzer hinzu, so muß dieser Theil der Welt als eine große Blutbühne aussehen, die mit Henkern und Opfern bedeckt, mit Richtern, Gerichtsdienern und Zuschauern umringet ist.

§. X.

Von der Todesstrafe.

Man hat schon vor langer Zeit gesagt, daß ein gehenkter Mensch keinen guten Nutzen schaffe, und daß die zur Wohlfart der Gesellschaft erfundnen Züchtigungen, der Gesellschaft selbst nützlich seyn müssen. Es ist ausgemacht, daß zwanzig starke und handfeste Diebe, die lebenslang zu öffentlicher Arbeit verdammt, dem Staat durch ihre Strafe Dienste leisten, da ihr Tod niemanden als dem Henker Nutzen bringt, der dafür bezahlet wird, daß er Menschen öffentlich umbringt. In England werden die Diebe selten mit der Todesstrafe belegt, sondern nach ihren Pflanzstädten geschickt. Eben dieses geschiehet in den weitläuftigen rußischen Staaten; und während der Regierung der Selbstherrscherin Elisabeth, ist kein Todesurtheil vollzogen worden. Catharina die II. die mit einem weit erhabnern Geiste ihr nachgefolget, beobachtet eben diese Grundsätze. Und doch haben sich durch diese Menschlichkeit, die Verbrechen nicht im geringsten gehäufet, ja es trägt sich fast immer zu, daß die nach Siberien Verwiesene, rechtschaffne Leute daselbst werden. Eben dieses bemerkt man auch in den englischen Pflanzstädten. Diese glückliche Veränderung erstaunet uns, und doch ist nichts natürlicher. Diese Verurtheilten sind zu einer beständigen Arbeit gezwungen, um ihr Leben zu erhalten; wo man arbeiten muß, da fällt die Gelegenheit zum Laster weg. Sie verehligen sich, und bevölkern das Land. Zwinget die Menschen zur Arbeit, so werdet ihr ehrliche Leute aus ihnen machen. Auf dem Lande fallen nicht große Verbrechen vor, ausgenommen wenn viele Feyertage sind, die den Menschen zum Müßiggang zwingen, und zur Lüderlichkeit verleiten.

Ein römischer Bürger wurde nur wegen Staatsverbrechen zum Tode verurtheilt. Unsre ersten Gesetzgeber und Herren giengen behutsam mit dem Blut ihrer Mitbürger um, wir aber verschwenderisch mit der unsrigen ihrem.

Es ist vor langer Zeit die kitzlich und gefährliche Frage aufgeworfen worden, ob es den Richtern frey stehe in den Fällen auf die Todesstrafe zu erkennen, wo sie das Gesetz nicht ausdrücklich bestimmt. Diese Schwierigkeit wurde vor dem Kaiser Heinrich den IV. feyerlich entschieden, durch Ausspruch und Urtheil, daß kein Richter dieses Recht hätte, noch jemals gehabt.

Es giebt strafwürdige Vorfälle, die entweder unversehen, oder dergestalt verwickelt, oder mit so seltsamen Umständen verknüpfet sind, daß das Gesetz nothwendiger Weise in mehr als einem Lande ist gedrungen worden, dergleichen sonderbare Fälle, der Klugheit der Richter zu überlassen. Wenn aber würklich ein solcher Fall vorkommt, wo es das Gesetz verstattet, einen Angeklagten zum Tode zu bringen, welcher nach dem Inhalt nicht dazu verdammet ist; so werden hingegen tausend Fälle sich zutragen, wo die das Gesetz überwiegende Menschlichkeit, das Leben derjenigen schonen muß, die das eigentliche Gesetz zum Tode verurtheilet hat.

Wir führen das Schwerdt der Gerechtigkeit in der Hand, aber wir müssen es eher stumpf als gar zu scharf machen. Denn daß man es den Königen in der Scheide vorträgt, soll uns zur Belehrung dienen, daß man es selten ausziehen solle.

Es hat Richter gegeben, die sich es zum Vergnügen machten, Menschenblut zu vergießen; dergleichen war Jeffrei in England, dergleichen war in Frankreich ein Mann, dem man deswegen den Zunamen, Köpfer (Taglia teste) gegeben hatte. Dergleichen Leute waren zu obrigkeitlichen Aemtern nicht geboren, sondern von der Natur zu Scharfrichtern bestimmt.

§. XI.

Von Vollstreckung der Urtheile.

Soll man bis an das Ende der Erde gehen? Muß man erst zu den chinesischen Gesetzen seine Zuflucht nehmen, um daraus zu lernen, wie sparsam man mit Vergießung des Menschenbluts seyn soll? Es sind mehr als viertausend Jahre, daß man in diesem Lande Gerichtshöfe hat, und noch länger als seit viertausend Jahren, wird gegen den geringsten Bauer am Ende des Reichs keine Verurtheilung vollzogen, ohne daß man seinen Proceß an den Kaiser schickt, der ihn dreymal von einem

seiner

seiner Gerichtshöfe untersuchen läßt; worauf er erst das Todesurtheil bestätiget, oder in eine andere Strafe verwandelt, oder völlige Begnadigung ertheilet *).

Jedoch wir dürfen die Beyspiele nicht so weit herholen; Europa hat deren die Fülle. In England wird keiner zum Tode geführt, ehe der König das Urtheil bestätiget hat. In Deutschland wird es eben so gehalten, und in allen nordischen Ländern. Das war auch ehemals in Frankreich üblich, und so sollte es bey allen aufgeklärten Völkern seyn. Die Kabale, das Vorurtheil, die Unwissenheit, können fern vom Throne, Urtheile fällen. Kleine Berückungen, davon man bey Hofe nichts weiß, können daselbst keinen Eindruck machen, weil wichtige Beschäftigungen ihn einnehmen. Der Staatsrath ist mehr zu Geschäften gewöhnt, und mehr über die Vorurtheile erhaben, die Fertigkeit alles im Großen zu betrachten, vermindert die Unwissenheit, macht ihn weiser. Daher siehet er besser als ein Provinzialuntergericht, ein, ob der Staatskörper, strenge Beyspiele nöthig habe, oder nicht.

*) Der Verfasser von dem Geist der Gesetze, der so viel ausnehmende Wahrheiten in seinem Werke ausgestreuet hat, scheinet sich gröblich geirret zu haben, wenn er, um seinen Lehrsatz zu behaupten, daß ein unbestimmtes Gefühl von Ehre, der Grund auf dem die Monarchie beruht, sey, so wie die Tugend in den Republiquen, von den Chinesern sagt: Ich weiß nicht, was diese Ehre bey Völkern vorstellen soll, die durch nichts anders, als durch Stockschläge thätig gemacht werden. Denn von einer solchen Behandlung, welcher man sich daselbst gegen den geringen Pöbel, und grobe Bengel bedient, läßt sich nicht der Schluß machen, daß in China keine Gerichtshöfe sind, die ein wachsames Auge auf einander haben, noch daß daselbst nicht eine vortrefliche Regierungsart sey.

nicht. Wenn demnach das Untergerichte, sein Urtheil nach dem Buchstaben des Gesetzes abgefasset hat, welches strenge ausfallen kann, so mildert der Staatsrath das Urtheil, nach dem eigentlichen Sinn des Gesetzes, welcher nicht zuläßt, daß man Menschen ohne unumgängliche Noth aufopfere.

§. XII.

Von der Marter oder peinlichen Frage.

Da alle Menschen den Anfällen der Gewalt, oder der Treulosigkeit ausgesetzt sind, so verabscheuen sie die Verbrechen höchlich, denen sie könnten zum Opfer werden. Sie verlangen mit gemeiner Uebereinstimmung die Strafe der Haupt- und Mitschuldigen, und dennoch empören sie sich alle, durch ein von Gott, in unsre Herzen eingepflanztes Mitleiden, wider die Marter, die man den Angeklagten anthut, um sie zum Bekenntniß zu zwingen. Das Gesetz hat sie noch nicht verurtheilet, und man beleget sie doch, da es noch ungewiß, ob sie ein Verbrechen begangen haben, mit einer Strafe, die abscheulicher als der Tod selbst ist, den man ihnen anthut, wenn es gewiß ist, daß sie ihn verdienen. Je nun, ich weiß wohl vor jetzo noch nicht, ob du schuldig bist, ich muß dich also peinigen, um es zu erfahren; und wenn du unschuldig bist, so werde ich dir den tausendfachen Tod, den ich dich habe ausstehen lassen, an statt eines einzigen den ich dir zubereitete, nicht abnehmen. Muß nicht jeder bey dieser Vorstellung schaudern! Ich will nicht erwähnen, wie sehr der heil. Augustinus in seinem Buche von der Stadt Gottes, gegen die Marter eifert.

Ich übergehe, daß sie zu Rom gegen niemanden, als gegen leibeigene Knechte gebraucht wurde, und daß Quintilian, wenn er daran gedenkt, daß die Knechte auch Menschen sind, solche Barbareien mißbilliget.

Wenn auch nur ein einziges Volk auf der Welt wäre, welches den Gebrauch der Marter abgeschaffet hätte; wenn bey einem solchen Volke nicht mehr Verbrechen vorgehen, als bey einem andern; und wenn solches von der andern Seite, aufgeklärter und blühender nach dieser Abschaffung ist, so muß die ganze übrige Welt seinem Beyspiel folgen. Es ist demnach alles entschieden. Völker, welche sich brüsten, aufgekläret zu seyn, wollen sich nicht rühmen, menschlich zu seyn? Wollen sie bey einem unmenschlichen Verfahren hartnäckig beharren, unter dem einzigen Vorwand, daß es so üblich sey? So wendet doch wenigstens diese Grausamkeit nur auf überwiesene Bösewichter an, die einen Hausvater, oder den Vater des Vaterlandes ermordet haben; suchet ihre Mitschuldige auf. Ist es denn aber nicht eine unnütze Grausamkeit, einen Jüngling der ein Verbrechen begangen, welches keine Spur nach sich läßt, dieselbe Marter anzuthun, die man bey einem Vatermörder gebrauchet? Ich schäme mich fast, über diesen Vorwurf geredet zu haben, nach dem, was der Verfasser von den Verbrechen und Strafen davon gesagt hat. Ich muß mich nur dahin einschränken, zu wünschen, daß man das Werk dieses wahren Menschenfreundes öfters nachlesen möge.

§. XIII.

§. XIII.

Von einigen Blutgerichten.

Wer sollte wohl glauben, daß es ein oberstes Gerichte gegeben habe, welches abscheulicher als die Inquisition, und von Karl dem Großen errichtet war? Es war dieses das Westphälische Gerichte, gemeiniglich das Vehmgerichte genannt. Die Strenge oder vielmehr die Grausamkeit dieses Gerichtes gieng so weit, daß es einen jeden Sachsen mit der Todesstrafe belegte, der in der Fastenzeit Fleisch gegessen hatte. Eben dieses Gesetz wurde in Flandern, und in der Franche-Comté im 17. Jahrhundert angenommen.

Die Archive eines kleinen Winkels des Ländleins S. Clodius genannt, welches in den steilesten Gebürgen der Grafschaft Burgund lieget, verwahren ein Urtheil, und Beschreibung der Vollziehung desselben, an einem armen Edelmann mit Namen Claudius Guillon, welchem 1629 den 28. Julius der Kopf abgeschlagen wurde. Dieser in bittre Armuth versetzte Mann, hatte von dem heftigsten Hunger gereizt, an einem Fasttage, ein Stück Fleisch von einem Pferde, welches auf einer nahen Wiese war erstochen worden, gegessen. Das war sein Verbrechen. Er wurde als ein Schänder des Heiligthums verurtheilt. Wäre er reich gewesen, und hätte eine kostbare Mahlzeit von Fastenspeisen zurichten lassen, anstatt den Armen die vor Hunger umkamen, zu Essen zu geben, so hätte man ihn als einen Mann, der seine Pflichten beobachtet, angesehen. Allein lasset uns den Ausspruch des richterlichen Urtheils besehen.

Nach-

Nachdem wir den ganzen Proceß durchgesehen, und die Meynung der Rechtslehrer erwogen, erkennen wir, daß der benannte Claudius Guillon, rechtmäßig angeklagt, und überwiesen worden, daß er das Fleisch eines, auf der nahe an der Stadt gelegnen Wiese, geschlachteten Pferdes, weggetragen, solches Fleisch den 31. März an einem Sonnabend kochen lassen, und gegessen u. s. w.

Was ist das für ein Gezüchte von Rechtslehrern, die dieses Gutachten abgefasset. Hat sich dergleichen wohl jemals bey den Topinambous oder Hottentotten zugetragen? das Vehmgerichte war noch viel abscheulicher. Und noch weit schrecklicher war das Westphälische Gerichte. Dieses schickte insgeheim Verordnete ab, die ohne erkannt zu seyn, in alle deutsche Städte giengen, Erkundigungen einzogen, ohne den Beklagten solche bekannt zu machen, sie verurtheilten, ohne sie zu hören. Ja sogar geschahe es oft, daß wenn kein Henker zur Stelle war, der jüngste unter den Richtern sein Amt verwaltete, und mit seinen Händen, den Verurtheilten aufhieng *). Man mußte, um den Mördern dieses Gerichtes zu entgehen, Befreyungs- oder Freygeleits-Briefe von den Kaisern lösen, wiewohl auch die manchmal ohne Nutzen waren. Maximilian der I. hat allererst dieses Mordgericht aufgehoben, welches mit dem Blut der Richter hätte sollen geendiget werden.

Was für traurige Vorstellungen, werden durch diese, und andre diesen ähnliche Abscheulichkeiten rege gemacht? Kann

*) Man sehe das vortrefliche Compendium der Chronologischen Geschichte von Deutschland, und des öffentlichen Rechts nach, unter dem Jahr 803.

Kann man wohl Thränen genung über die menschliche Natur vergießen. Es hat jedoch Fälle gegeben, wo man sie hat rächen müssen.

§. XIV.

Von dem Unterschied der politischen und natürlichen Gesetze.

Ich nenne das natürliche Gesetze, welche die Natur zu allen Zeiten alle Menschen lehret, wodurch diejenige Gerechtigkeit erhalten wird, welche die Natur (was auch andre dawider immermehr sagen mögen) in unsre Herzen eingedrückt hat. Der Diebstahl, die Gewalt, der Mord, die Undankbarkeit gegen Wohlthäter, ein um andern zu schaden, nicht um einen Unschuldigen zu retten, gethaner falscher Eid, die Verschwörung gegen sein eignes Vaterland, sind allenthalben ausgemachte Verbrechen, die bald strenger, bald gelinder, aber immer rechtmäßig bestraft werden.

Politische Gesetze aber heisse ich die, welche eine gegenwärtige Beründnis, entweder nm seine Macht mehr zu befestigen, oder Unglücksfällen vorzubeugen, erzeuget hat.

Man will nicht, daß der Feind Kundschaft von einer Stadt erhalte, man verschließt die Thore, man verbietet bey Lebensstrafe, daß niemand außerhalb den Festungs-Werken gehe.

Man fürchtet eine neue Sekte, welche öffentlich sich gegen die Obrigkeit gehorsam stellet, heimlich aber Ränke macht, sich diesem Gehorsam zu entziehen, welche lehret, alle Menschen wären einander gleich, um sie dadurch auf gleiche Weise, ihren neuen Einrichtungen zu unterwerfen; und die endlich unter dem Vorwand, man müsse Gott mehr gehorchen, als den Menschen, wie auch, daß die herrschende Sekte voll Aberglauben und lächerlicher Ceremonien sey, das, was im Staat für hochheilig gehalten wird, zerstören wolle, man setzt die Todesstrafe auf diejenigen, welche, da sie die Lehren einer solchen Sekte öffentlich vortragen, das Volk zu einem Aufruhr anreizen können.

Zwey Hochmüthige streiten um einen Thron mit einander, der Stärkere behauptet ihn, und setzt die Todesstrafe auf die Anhänger des Schwächern. Die Richter werden die Werkzeuge der Rache des neuen Regenten, und die Stützen seines Ansehens. Wer zur Zeit des Hugo Capetus mit Carl von Lothringen hätte in Verbindung gestanden, lief Gefahr zum Tode verurtheilt zu werden, wofern er nicht etwa sehr mächtig war.

Als Richard der II. der Mörder von zwey seiner Neffen, als König von England war erkannt worden, so ließ der Oberrichter (Grand Iury) den Ritter Wilhelm Colimbun viertheilen, weil er an einen Freund des Grafen von Richemond, welcher damals einiges Volk warb, und nachmals unter dem Namen Heinrichs des VII. regierete, geschrieben hatte. Es waren zwey Zeilen im Briefe mit seiner Hand geschrieben, die sehr lächerlich waren, und dieses war hinlänglich, diesen auf eine so schmähliche Weise hinzurichten. Die Geschichte ist voll von solchen Beyspielen der Gerechtigkeit.

Das Recht der Wiedervergeltung gehöret auch unter die Gesetze, die von den Völkern angenommen worden.

Euer

Euer Feind hat einen von euren tapfern Hauptleuten henken lassen, welcher eine kleine baufällige Festung einige Zeit gegen eine ganze Armee vertheidiget hat. Nun fällt ein feindlicher Hauptmann in eure Hände, ihr haltet ihn für einen rechtschaffenen Mann und liebet ihn, und doch laßt ihr ihn nach dem Vergeltungsrecht henken. Ihr sprecht, so ist das Gesetz, welches eben so viel heißt: da euer Feind sich mit einem schändlichen Verbrechen besudelt hat, so müsset ihr nothwendig ein dergleichen anders begehen.

Alle diese Gesetze einer blutigen Staatskunst, haben nur eine gewisse Zeit, und sind eigentlich keine Gesetze, weil sie nur so überhingehend sind. Man muß sie mit der Noth vergleichen, worinnen sich zuweilen Menschen befunden haben, da sie vor heftigem Hunger Menschen fressen mußten. Nun aber frißt man sie nicht mehr, da man Brod hat.

§. XV.

Von dem Verbrechen des Hochverraths, vom Titus Oates und von dem Tode Augustinus von Thou.

Ein Anschlag gegen das Vaterland, oder gegen den Landesherrn, wird ein Hochverrath genennt. Wer einen solchen Anschlag macht, wird als ein Vatermörder angesehen; man muß also einen Anschlag nicht bis auf jene Verbrechen ausdehnen, die mit dem Vatermorde nicht in Verwandschaft stehen. Wenn ihr daher einen Diebstahl, der in einem dem Staate zugehörigen Hause begangen worden, eine Brennerey, ein aufrührisches Gespräche, wie einen Hochverrath behandelt, so verringert ihr gar sehr den Abscheu, welche das Verbrechen des Hochverraths, der beleidigten Majestät erregen muß.

Es ist deswegen nicht nothwendig, daß in dem Begrif, welchen wir uns von großen Verbrechen machen, nichts willkührliches anzutreffen sey. Denn wenn ihr wollet einen Diebstahl, den ein Sohn gegen seinen Vater begangen, eine Verwünschung eines Sohnes gegen seinen Vater, in die Reihe der Vatermorde setzen, so zerreißet ihr die Bande der kindlichen Liebe; denn so wird ein Sohn seinen Vater, nicht anders als einen schrecklichen Herrn halten. Das Uebertreiben eines Gesetzes dienet nur zur Zerrüttung desselben.

Bey den gewöhnlichen Verbrechen ist das Gesetz in England dem Beklagten günstig, aber im Hochverrath ist es ihm zuwider. Da der Jesuit Titus Oates im Hause der Gemeinen gerichtlich war befraget werden, und mit einem Eide versichert hatte, er hätte weiter nichts zu sagen, und doch hernach den Secretair des Herzogs von York, nachmals Jacob II. und viele andre Personen des Hochverraths anklagte, wurde sein Angeben angenommen. Plözlich schwur er vor dem königlichen Rath, er hätte diesen Secretair gar nicht gesehen, und hernach schwur er, er hätte ihn gesehen. Ohngeachtet dieser Widersprüche mußte der Secretair die Todesstrafe ausstehen.

Eben dieser Oates und ein andrer Zeuge sagten aus, daß funfzig Jesuiten ein Complot gemacht hätten, den König Carl II. zu ermorden, und daß sie die Ernennung der Officiere, welche ein Heer der Rebellen commandiren sollten, welche der P. Oliva General der Jesuiten geschrieben hätte, gesehen hätten. Diese zwey Zeugen waren hinlänglich, zu bewürken, daß vielen Angeklagten das Herz aus dem Leibe gerissen und ums Maul geschlagen wurde. Aber ist denn um Himmels willen die Aussage zweyer Zeugen genug, diejenigen ums Leben zu bringen, die es ihnen beliebt? Wenigstens sollte es doch ausgemacht seyn, daß dergleichen Angeber nicht berüchtigte Bösewichter wären, und daß sie nicht unwahrscheinliche Dinge aussagten.

Und dennoch ist es gewiß, daß wenn zwey der untadelhaftesten obrigkeitlichen Personen des Reichs, einen Menschen anklagten, er hätte mit dem Mufti eine Verschwörung gemacht, daß er den ganzen Staatsrath, das Parlament, die Rechnungskammer, den Erzbischof und die Mitglieder der Sorbonne wollte beschneiden lassen; so würde man doch allezeit eher glauben, diese beyde Personen wären närrisch worden, als ihrer Aussage Glauben beymessen, wenn sie auch eydlich erhärteten, sie hätten die Briefe des Mufti gesehen. Nun war es aber eben so ungereimt anzunehmen, der General der Jesuiten würde eine Armee in England anwerben lassen, als es wäre, wenn man glauben wollte, der Mufti wollte nach Frankreich schicken, und den französ. Hof beschneiden lassen. Dem ohngeachtet, wurde zum Unglück dem Titus Oates geglaubet, weil es keine Art auch grausamer Narrheit giebt, die nicht in der Menschen Gehirn Eingang finden könnte. Die englischen Gesetze sehen diejenigen nicht als einer Verschwörung Schuldige an, die davon Wissenschaft haben und es nicht anzeigen. Sie halten den Angeber fur eben so ehrlos, als sie einen Verschwornen schuldig achten. In Frankreich hingegen, werden diejenigen, so um eine Verschwörung wissen,

 und

und sie nicht anzeigen, mit dem Tode bestrafet. Ludwig der XI., gegen welchen so oft Verschwörungen gemacht wurden, gab dieses schreckliche Gesetz. Ludwig der XII. und Heinrich der IV. hätten es sich nie in Sinn kommen lassen.

Ein dergleichen Gesetz zwinget nicht allein einen rechtschaffenen Mann, der Angeber eines Verbrechens zu werden, dem er durch kluge Rathschläge, und durch seine Standhaftigkeit zuvor kommen könnte, sondern es setzet ihn auch dem Fall aus, als ein Verläumder bestraft zu werden, indem es sich leicht zutragen kann, daß die Verschwornen solche Maaßregeln nehmen, daß sie nicht können überführet werden.

Dieses war der wirkliche Fall des verehrungswürdigen Staats-Raths Augustinus von Thou, eines Sohns des einigen guten Geschichtschreibers, dessen sich Frankreich rühmen konnte, welcher dem Guicciardino der Einsicht nach gleich kam, an Unpartheylichkeit aber ihn übertraf.

Die Verschwörung war vielmehr gegen den Cardinal Richelieu gerichtet, als gegen Ludwig XIII. Man hatte keine Absicht, Frankreich in die Hände seiner Feinde zu liefern; angesehen, der Bruder des Königs als der vornehmste Urheber dieser Verbindung, diese Absicht, als der vermeintliche Erbe, nicht haben konnte, indem zwischen ihm und dem Throne, ein dem Tode naher älterer Bruder und zwey Söhne in Windeln waren.

Der von Thou war vor Gott und Menschen unschuldig. Ein Agent des einzigen Bruders des Königs, des Herzogs von Bouillon, souverainen Prinzen von Sedan, und des Groß-Stallmeisters d' Effiat St. Mars, hatte den Entwurf der Verschwörung dem Staatsrath mündlich mitgetheilt. Dieser gieng zum Groß-Stallmeister St. Mars, und gab sich alle ersinnliche Mühe, von dieser Unternehmung ihn abzubringen, dadurch, daß er ihm die Schwierigkeit vor Augen legte. Hätte er die Verschwornen angegeben, so hätte es ihm am Beweise gegen sie gefehlet, und er würde durch das Ableugnen des vermeintlichen Kronerben, eines souverainen Prinzen, eines Lieblings des Königes, und endlich der allgemeinen Verwünschung zu Schanden worden seyn.

Der Canzler Seguier überzeugte sich davon, da der Groß-Stallmeister mit dem de Thou zusammen vorgenommen wurden. Bey dieser Zusammenstellung sagte der de Thou zum St. Mars diese Worte: Erinnert euch mein Herr, daß kein Tag vergangen ist, da ich nicht von diesem Handel mit euch geredet habe, um euch davon abzurathen. St. Mars gestand es völlig zu. De Thou verdiente also vielmehr eine Belohnung als den Tod, vor einem billigen menschlichen Gerichte. Zum wenigsten verdiente er, daß der Cardinal Richelieu ihn verschonte, aber die Menschlichkeit war eben seine Tugend nicht. Diese Begebenheit ist noch weit über das Sprichwort: Summum Ius, summa iniuria, das höchste Recht ist das größte Unrecht. Das Todesurtheil dieses rechtschaffnen Mannes lautet, weil er Wissenschaft von besagter Verschwörung, und Theil daran gehabt hätte, aber es lautet nicht, weil er sie nicht offenbaret hätte. Es scheinet ein Verbrechen zu seyn, wenn man von einem Verbrechen Wissenschaft hat, und daß der den Tod verdienet habe, wer dergleichen Wissenschaft hat, weil er nämlich Augen und Ohren hat.

Alles was man von so einem Urtheil sagen kann ist, daß es von der Gerechtigkeit nicht ist gefället worden, sondern von Commissarien. Der Buchstabe des Gesetzes war genau bestimmt. Nun gehört es nicht allein für Rechtsgelehrte, sondern für alle Menschen zu beurtheilen, ob der Sinn des Gesetzes verdrehet worden, oder nicht. Es ist doch ein trauriger Widerspruch, zu sehen, daß einige wenige jemanden als einen Verbrecher hinrichten lassen, welchen ein ganzes Volk für unschuldig erkennet.

§. XVI.

Von der Offenbarung durch die Beichte.

Jaurigni, Balthasar Gerard, die Mörder des Prinzen Wilhelms I. von Oranien, der Dominicaner Jacob Clement, Chatel, Ravaillac und alle die andern Königsmörder selbiger Zeit, beichteten zuvor, ehe sie ihre Verbrechen begiengen. Der Fanatismus war in diesen kläglichen Jahrhunderten so ausschweifend, daß die Beichte eine neue Verbindlichkeit gab, die Schandthaten zu vollziehen, welche dadurch geheiliget werden, weil die Beichte ein Sacrament ist.

Strada selbst sagt, daß Jaurigny die That sich nicht eher zu unternehmen getrauet, bis er seine sündige Seele bey einem Dominicaner versöhnet, und mit dem himmlischen Brod gestärket habe.

Man ersiehet aus dem Verhör des Ravaillac, daß dieser elende Kerl, der einem Pastetenbecker entlaufen um ein Jesuit zu werden, sich an den Jesuiten d' Aubigni gewendet hatte, dem er, nach Erzählung vieler Erscheinungen,

nungen, die er gehabt hatte, ein Messer zeigte, auf dessen Klinge ein Herz und ein Kreuz eingeschlagen war, wobey er die ausdrücklichen Worte zum Jesuiten sprach: dieses Herz zeigt an, daß des Königes Herz dazu muß gebracht werden, daß er die Hugonotten bekrieget.

Hätte nun der Jesuit d' Aubigni so viel Eifer und Klugheit gehabt, dem König diese Worte bekannt zu machen, und ihm den Kerl, welcher solche gesprochen, abgemahlet, vielleicht wäre der Beste der Könige nicht ermordet worden.

Den 20. August 1610. drey Monate nach dem Tode Heinrichs des IV. dessen Wunden das Herz aller Franzosen ritzten, forderte der General-Advocat Servin die Jesuiten auf, diese vier folgende Artikel zu unterschreiben:

1. Daß ein Concilium über den Pabst sey.
2. Daß der Pabst den König keines seiner Rechte, vermittelst des Bannes berauben kann.
3. Daß die Geistlichen in allem dem König eben so unterworfen sind, als die andern.
4. Daß ein Priester, welcher in der Beichte, eine Verschwörung gegen den König und den Staat entdecket, sie der Obrigkeit offenbaren soll.

Den 22. machte das Parlament eine Verordnung, vermöge deren es den Jesuiten verbot nicht eher Schule zu halten, bis sie besagte vier Artikel bestätiget hätten. Allein der römische Hof war damals so mächtig, und der französ. so schwach, daß diese Verordnung nicht befolgt wurde.

Sonst ist noch zu bemerken, daß während dem der römische Hof nicht gestatten wollte, daß die Beichte offenbaret würde, wenn es auf das Leben eines Regenten ankam, er doch die Beichtväter verpflichtete, den Inquisitoren diejenigen bekannt zu machen, welche in der Beichte von den Beichtkindern angeklagt worden, daß sie sie verführet, und unerlaubte Dinge vorgenommen hätten *). Paul der IV. Pius der IV. Clemens der VIII. Gregorius XV. befahlen diese Offenbarungen. Das war eine beschwerliche Nachstellung für die Beichtväter und für die Beichtkinder, und hieß aus einem Sacrament ein Verzeichniß von Angebungen zu machen und Entheiligungen zu veranlassen (sacrilegi), weil nach den alten Kirchensätzen, und vornehmlich nach der Verordnung des lateranischen Conciliums, welches unter Innocentius dem III. gehalten worden, ein jeder Priester, der eine Beichte, von was für Art sie auch immer seyn mag, offenbaret, abgesetzet, und zu ewigem Gefängnis verurtheilet seyn soll.

Das ist aber noch lange nicht das schlimmste. Vier Päbste im 16. und 17. Jahrhundert, befahlen die Offenbarung

*) Es ist eine grobe Verläumdung, daß die katholische Kirche und die römischen Päbste jemals den Beichtvätern befohlen hätten gewisse Sünden aus der Beichte zu offenbaren, sondern sie haben lediglich den Beichtvätern verboten, die Beichtenden in gegewissen ausnommen Fällen loszusprechen, wenn dieselben nicht vorher ihre Mitschuldigen bey dem Inquisitions-Gerichte angezeiget haben, wodurch das Siegel der Beichte unverlezt bleibet. Es war entweder also Bosheit oder Unwissenheit, aus welcher die voller Sticheleien angebrachte Beschuldigung herfließt, die der Herr von Voltaire über die Ohrenbeichte der Katholiken vorbringt.

barung der Sünden der Unreinigkeit, erlaubten aber nicht einen Vatermord zu offenbaren. Ein Frauenzimmer beichtet oder giebt vor bey einem Carmeliter, daß sie ein Franciscaner verführet habe; der Carmeliter soll also den Franciscaner angeben. Ein schwärmerischer Mörder glaubt Gott einen Dienst zu thun, wenn er seinen Regenten ermordet, er fraget deshalben einen Beichtvater um Rath über diesen Gewissensfall, der Beichtvater begehet ein Sacrilegium, wenn er seinem Fürsten das Leben rettet. Ein ähnlicher ungereimter und abscheulicher Widerspruch, ist die abscheuliche und schädliche Folge, der des beständigen Streites, welcher seit vielen Jahrhunderten zwischen den geistlichen und bürgerlichen Gesetzen herrschet. Der Bürger wird in unzählichen Vorfällen, in die Verlegenheit gesetzet, entweder ein Kirchenverbrechen (Sacrilegium), oder das Verbrechen des Hochverraths zu begehen, denn die Vorschriften des Guten und Bösen sind in einer solchen Verwirrung, aus der man sie noch nicht heraus gebracht hat.

Das Bekenntnis seiner Vergehungen ist zu allen Zeiten und fast bey allen Völkern im Gebrauch gewesen. Bey dem geheimen Götzendienst des Orpheus, der Isis, der Ceres und dem Samothracischen klagte sich ein jeder an. Die Juden bekannten ihre Sünden an dem großen Versöhnungstage, welches sie bis auf den heutigen Tag noch thun. Ein Beichtender wählet sich seinen Beichtvater, welcher wiederum desselben Beichtkind wird, und einer nach dem andern empfängt von seinem Cameraden, neun und dreyßig Geißelstreiche, während dem er dreymal die aus dreyzehn Worten bestehende Beichtformel hersaget, und folglich nichts ins besondre anzeiget.

Keine

Keine von diesen Beichten erstreckte sich auf einzele Fälle, und wurde nicht zu einem Vorwande geheime Gewissensfragen zu thun, gebraucht, wie solches einige schwärmerische Beichtkinder zuweilen gethan haben, um einen Freybrief, ungestraft sündigen zu können, dadurch zu erlangen. Es ist dieses aber ein schädlicher Gebrauch, weil er eine heilsame Einrichtung verderbet. Die Beichte, welche der größte Kapzaum gegen Verbrechen war, ist in den finstern und verwirrten Zeiten sehr oft eine Anreizung, das Verbrechen selbst zu begehen, worden, und es ist wahrscheinlich, daß aus allen diesen Gründen, so viele christliche Gesellschaften eine so heilige Uebung abgeschafft haben, weil sie ihnen eben so schädlich als nützlich schien.

§. XVII.

Von der falschen Münze.

Das Verbrechen, die Münze zu verfälschen, ist wie das Verbrechen des Hochverraths im zweyten Grade geachtet worden, und zwar mit allem Recht, denn es ist einerley den Staat zu verrathen, oder alle Mitglieder des Staates zu berauben. Nun ist die Frage, ob ein Kaufmann, der Silberbarren aus Amerika kommen läßt, und in seinem Hause gut Geld daraus münzet, des Hochverraths schuldig sey, und den Tod verdiene? Er wird fast in allen Reichen zur Todesstrafe verurtheilet; und doch hat er niemanden beraubet; sondern dem Staat vielmehr Vortheil verschafft, indem er eine größere Menge Geld in Umlauf gebracht. Er hat aber in die Rechte des Regenten einen Eingrif gethan, und den kleinen Gewinn sich zugeeig-

zugeeignet, welchen der König von der Münze zieht. Er hat zwar gut Geld geprägt, aber er setzt andre der Versuchung aus, böse Geld zu machen. Die Todesstrafe ist zu hart. Ich habe einen Rechtsgelehrten gekannt, welcher meinte, man sollte einen solchen Schuldigen, als einen geschickten und nützlichen Mann mit Fesseln an den Füssen, in der königl. Münze zu arbeiten verurtheilen.

§. XVIII.

Vom Hausdiebstahl.

Ist denn in den Ländern, wo ein kleiner Hausdiebstahl mit dem Tode bestrafet wird, eine solche unmäßige Strafe nicht der Gesellschaft schädlich? Ist es nicht noch dazu eine Anreizung zu stehlen? Denn wenn es sich zuträgt, daß ein Herr seinen Diener wegen eines kleinen Diebstahls den Gerichten überliefert, und dieser Unglückliche mit dem Tode bestraft wird, so hat die ganze Nachbarschaft vor diesem Herrn einen Abscheu; man fühlet es alsdenn, daß die Natur mit dem Gesetze im Widerspruch stehet, und daß das Gesetz folglich nichts taugt.

Was folgt daraus? Die Bestohlenen wollen sich nicht Schmach zuziehen, und begnügen sich, ihre Bedienten fortzujagen. Diese stehlen anderwärts, und gewöhnen sich zu diesem Handwerke. Stehet die Todesstrafe auf einem kleinen Diebstahl, sowohl als auf einem großen, so ist es klar, daß sie lieber suchen werden, einen großen zu begehen.

Wenn aber die Strafe nach dem Verbrechen verhältnißmäßig eingerichtet ist, wenn ein Hausdieb zur öffentlichen Arbeit verurtheilet wird, so kann ihn sein

Herr

Herr ohne Bedenken angeben, die Angebung wird ihm keine Schande bringen, und der Diebstähle werden weniger seyn. Dieses alles stimmt überein, diese Wahrheit zu beweisen, daß ein strenges Gesetz zuweilen Verbrechen veranlasset.

§. XIX.

Vom Selbstmord.

Der berühmte Du Verger de Havranne, Abt von St. Ciran, welcher als der Stifter von Port-Royal angesehen wird, schrieb um das Jahr 1608 eine Abhandlung über den Selbstmord, welches zum seltensten Buche in Europa worden ist *).

„Die Zehngebote, sagt er, verbieten zu tödten. Der „Selbstmord scheinet in diesem Verbot eben so wohl be„griffen zu seyn, als der Mord seines Nächsten. Wenn „es aber Fälle giebt, in welchen es erlaubt ist, seinen „Nächsten zu tödten, so giebt es auch dergleichen wo es „erlaubt ist, sich selbst umzubringen.

„Man muß sich aber selbst nicht um das Leben brin„gen, als bis man die Vernunft zu Rathe gezogen hat. „Die verordnete Obrigkeit, welche an Gottes statt einge„setzet, hat die Gewalt über unser Leben. Die Vernunft „des Menschen ist ein Strahl des ewigen Lichtes, und „kann anstatt der göttlichen Vernunft dienen."

St. Ciran treibt diesen Beweis so weit, daß man ihn für einen völligen Trugschluß ansehen kann. Wenn er

*) Es wurde in 12 in Paris bey Tousfaints de Brai mit königl. Privil. 1609. gedruckt, und muß sich in der königl. Büchersammlung befinden.

er aber zur Erklärung kommt, und zur Zergliederung, so ist er schwer zu beantworten, „man kann sich, spricht er, „umbringen, dem Vaterland, dem Regenten, oder seinen „Anverwandten, zum Besten."

In der That konnte man doch die Codrus und Curtius nicht verurtheilen.

Es ist niemals ein Regent gewesen, der sich unterstanden hätte, die Familie eines Menschen, der sich für ihn aufgeopfert, hätte, zu bestrafen, was sage ich bestrafen, der sie nicht vielmehr belohnet hätte. Der heil. Thomas hat eben dieses vor dem St. Ciran schon gesagt. Es braucht aber hier keines Thomas noch Bonaventura, noch Havranne, um einzusehen, daß ein Mensch, der für sein Vaterland stirbt, unsers Lobes würdig ist.

Der Abt von St. Ciran schloß, daß es erlaubt wäre, das für sich zu thun, was man für einen andern thun dürfte. Wir wissen zur Gnüge, was Plutarch, Seneca, Montagne und hundert andre Philosophen, zur Vertheidigung des Selbstmordes geschrieben haben. Ich verlange nicht im mindesten einer Handlung, die die Gesetze verdammen, eine Schutzrede zu halten *), allein weder

*) Es ist eine falsche Angabe, daß weder das alte Testament, noch das Evangelium den Selbstmord verbiete, angesehen das Gebot, du sollst nicht tödten, sich ganz richtig auf den Selbstmord beziehet, und es schlechterdings eine Sünde ist, dieses Gebot zu übertreten. Gott hat eigentlich den Menschen zum Hüter seines Lebens bestimmt, nicht aber zum Herrn, und er wollte, daß derselbe allerley Leiden, die unumgänglich mit diesem Leben verbunden sind, erdulden sollte. Ueberdieses werden diese Uebel nur allzuoft durch die Einbildung vergrößert, und die, wenigstens ihrer Heftigkeit nach, nicht von Dauer sind. Hätte er nicht ein solches Verbot

der das alte Testament noch das Neue haben dem Menschen verboten, das Leben zu verlassen, wenn er es nicht mehr ertragen kann. Es giebt kein römisches Gesetz, welches den Selbstmord verdammte. Im Gegentheil ist ein Gesetz vom Kaiser Marcus Antonius vorhanden, welches niemals wiederrufen worden, dessen Innhalt folgendermaßen lautet *): Wofern dein Vater oder dein Bruder,

bot gegeben, daß der Mensch sich nicht tödten sollte, wie oft würde es sich zutragen, daß sich Menschen eines in der That kleinen, aber in Ansehung einer gewissen Lage großen Uebels wegen, umbrächten, wovon sie aber in kurzem einsehen würden, daß es gar nicht hinreichend, sie zur Verzweiflung und Selbstmord zu bewegen.

*) Cod. de bonis eorum qui sibi mortem L. 3. sq. eodem. Hierbey ist wohl zu merken, daß dieses hier angeführte Gesetz von Wort zu Wort also lautet: Eorum demum bona fisco vindicantur, qui conscientia delati admissique criminis, metuque futurae sententiae manus sibi intulerunt. Ea propter fratrem vel patrem tuum, si nullo delato crimine, dolore aliquo corporis, aut taedio vitae, aut furore vel insania aut, aliquo casu suspendio vitam finisse constiterit: bona eorum tam ex testamento quam ab intestato ad successores pertinebunt.

Derjenigen Vermögen ist alsdenn nur verfallen, welche aus Bewußtseyn eines angezeigten begangnen Verbrechens, aus Furcht des zu erwartenden Urtheils Hand an sich geleget haben. Wenn es also seine Richtigkeit hat, daß dein Bruder oder dein Vater, ohne eines Verbrechens beschuldiget worden zu seyn, entweder wegen heftiger Schmerzen, oder aus Ueberdruß des Lebens, Raserey oder Wahnsinn oder sonst eines Zufalls halben, sich erhenket hat: so gehöret ihr Vermögen den Erben mit oder ohne Testament.

Der ganze Inhalt zeuget deutlich, daß hier nicht eben die Rede ist, ob der Selbstmord erlaubt oder nicht sey, sondern ob in den angeführten Fällen das Vermögen

gen

Bruder, ohne ein Verbrechen begangen zu haben, sich umbringt, entweder um sich der Schmerzen zu entledigen, oder aus Ueberdruß des Lebens, aus Verzweifelung, oder Wahnsinn, so soll sein Testament gültig seyn, und auch Erben ohne Testament darnach sich richten.

Ungeachtet dieses, von denen, die unsre Lehrmeister sind, gegebnen menschlichen Gesetzes, belegen wir denjenigen,

gen eines solchen Menschen solle dem Staate verfallen seyn, welches unrecht wäre, weil solchergestalt die Erben und nahen Anverwandten gestrafet würden. Es ist nicht zu leugnen, daß der Selbstmord bey den Heiden größtentheils für erlaubt gehalten worden. Allein dieser Meynung haben nicht alle beygepflichtet, sondern die Vernünftigsten und Weisesten, haben ihn als etwas unerlaubtes und sträfliches angesehen. Virgil, welcher in seiner Aeneis viele aus der Philosophie entlehnte Lehren anführt, verwirft ebenfalls die herrschende Meynung: wenn er, bey Beschreibung der Hölle, von denen daselbst befindlichen, die sich selbst das Leben genommen, sehr zierlich meldet, wenn sie nur wieder ins Leben zurückkehren könnten, sie würden gerne, alle Arten von Leiden und Widerwärtigkeiten ausstehen. Und Cicero führet den Ausspruch des Pythagoras an, wo er verboten, daß man ohne Befehl des Oberherrn, das ist, Gottes, aus dem Dienst, und von dem Posten des Lebens abgehen solle. Welche Meynung in dem Traume des Scipio noch vortreflicher ausgedrücket wird. Da der ältere den jüngern, welcher das Leben enden will, nun bald zu ihm zu gelangen, antwortet: Wenn nicht derjenige Gott, dessen Tempel alles das ist, was du hier siehest, dich aus diesem Gefängniß des Leibes befreyet hat, so kannst du hieher keinen Zugang haben. Du darfst nicht, ohne Befehl desjenigen der dir die Seele gegeben hat, aus dem sterblichen Leben entweichen, damit du nicht dafür angesehen werdest, daß du dich der von Gott dir aufgetragnen Pflicht eigenmächtig entzogen habest.

A. d. U.

nigen, der sich freywillig entleibet hat, mit einem ehrenrührigen Andenken, und schänden so viel an uns ist, seine Familie. Wir bestrafen den Sohn daß er seinen Vater verloren hat, und die Witwe, daß sie ihres Mannes beraubet worden. Des Todten Vermögen wird noch dazu confiscirt, welches eben so viel ist, als wenn man den Lebenden, welchen es gehöret, ihr Vermögen raubet. Diese Gewohnheit hat so wie viele andre ihren Ursprung aus dem kanonischen Rechte, welches den Selbstmördern das Begräbniß versagt. Man schliesset nämlich daraus,* daß man von einem Menschen nicht erben könne, dem man keinen Anspruch auf die himmlischen Güter zugesteht. Das kanonische Recht versichert im Titel de poenitentia, daß Judas eine größere Sünde begangen, da er sich erhenket, hat, als da er unsern Herrn Jesum Christum verrathen habe.

§. XX.

Von einer Art der Verstümmelung.

In den Pandekten stehet ein Gesetz des Kaisers Hadrian, welches den Aerzten die Todesstrafe bestimmet, welche Verschnittne machen, indem sie die Testikuln ausschneiden, oder zerquetschen; vermöge der Verordnung dieses Gesetzes, wurde derjenigen Vermögen confiscirt, die sich auf solche Weise verstümmeln ließen. Origenes hätte können gestraft werden, der dieses an sich unternehmen ließ, weil er die Stelle im Matthäus allzustrenge erkläret hatte: Selig sind, die sich des Himmelreichs wegen verschnitten haben. (Seelig sind, steht nicht im Text, Voltaire hat es zugesetzt.)

Die

Die Sache wurde unter den nachfolgenden Kaisern ganz anders angesehen, die sich der asiatischen Schwelgerey ergaben, und vornehmlich im morgenländischen Reich zu Konstantinopel, wo man Verschnittne fand, die Patriarchen und Heerführer wurden.

Heut zu Tage ist es zu Rom gewöhnlich die Knaben zu verschneiden, um sie würdig zu machen, päbstliche Musikanten zu werden, dergestalt, daß ein Verschnittner und ein päbstlicher Musikant von gleicher Bedeutung sind. Es ist noch nicht gar lange, daß man zu Neapel über der Thüre gewisser Barbiere, mit großen Buchstaben angeschrieben sahe: hier werden die Kinder vortreflich verschnitten.

§. XXI.

Von der mit allen bisher gemeldeten Verbrechen verbundnen Confiscation.

Es ist ein bey Gerichten angenommner Grundsatz, wer den Leib confiscirt, confiscirt auch die Güter. Ein Grundsatz welcher in den Ländern gilt, wo die Gewohnheit an die Stelle der Gesetze getreten. Daher kommt es, daß man die Kinder derjenigen Hunger sterben läßt, die ihre traurigen Tage freywillig geendiget haben, nämlich als Kinder der Selbstmörder. Auf die Art wird eine ganze Familie, in allen Fällen, wegen eines einigen Vergehens bestraft.

Auf solche Weise, werden die Frau und Kinder desjenigen ihr Brod zu betteln gezwungen, welcher durch ein ungegründetes Urtheil auf die Galere Zeitlebens verdammet worden, weil er einem Prädikanten in seinem Hause

Auffenthalt gegeben, oder in einer Höhle oder Wüste, seiner Rede zugehöret hat.

Eine dergleichen Rechtsgelehrsamkeit, welche darinn besteht, daß man armen Waisen das Brod aus dem Munde reißet, und jemandes Vermögen andern Leuten giebt, war in der römischen Republik gänzlich unbekannt. Sylla führte sie bey seinen Verweisungen ein; man muß aber doch zugeben, daß diese vom Sylla erfundne Räuberey, kein nachahmungswürdiges Beyspiel sey.

Ein dergleichen Gesetz, welches die Unmenschlichkeit und der Geiz ausgebrütet zu haben scheinet, wurde weder vom Cäsar, noch von dem guten Kaiser Trajan, noch von den Antoninen, deren Namen noch alle Nationen mit Ehrfurcht und Liebe aussprechen, befolget. Auch unter dem Justinian war die Confiscation nicht üblich, als bey dem Verbrechen der beleidigten Majestät.

Es ist wahrscheinlich, daß zu den Zeiten wo kein Oberhaupt war, bey Einführung der Lehne, da die Fürsten und Herren nicht sehr reich waren, sie darauf verfielen, durch Verdammung ihrer Unterthanen ihre Schätze zu vermehren, und die Verbrechen zu einer Quelle ihrer Einkünfte zu machen Die Gesetze waren bey ihnen willkührlich, die römische Rechtsgelehrsamkeit unbekannt. Daher bekamen die seltsamen und grausamen Gewohnheiten die Oberhand. Da aber heutiges Tages die Macht der Regenten unermeßliche und zuverläßige Reichthümer zum Grunde hat, so hat ihr Schatz nicht nöthig, sich mit dem geringen Vermögen einer unglücklichen Familie zu vergrößern; daher wird es gemeiniglich dem ersten besten, der darum anhält, überlassen. Woher aber hat ein

ein Bürger ein Recht, sich mit dem Blut seines Mitbürgers zu mästen?

Die Confiscation findet in den Ländern nicht statt, wo das römische Recht eingeführet ist, ausgenommen in dem Gebiete des Parlaments von Toulouse. Auch selbst in den Ländern, in welchen das Gewohnheitsrecht gültig ist, als in Bourbon, Berri, Maine, Poitou, Bretagne, wird es angenommen, wenigstens erstrecket es sich nicht auf die liegenden Gründe. Es galt ehedem in Calais, die Engländer aber schafften es ab, da sie diesen Ort inne hatten. Es ist doch was seltsames, daß die Einwohner der Hauptstadt unter einem noch strengeren Gesetze als jenes ist, leben, unter welchem nur die Einwohner der kleinen Städte stehen. Dieses aber beweiset, daß die Rechtsordnung gewöhnlicher Weise, nach dem Zufall ist bestimmet worden, ohne Uebereinstimmung und richtigem Verhältniß, bey nahe so unordentlich wie die Bauerhütten auf dem Dorfe errichtet werden.

Denn wer sollte wohl glauben, daß im Jahr 1673 in dem schönsten Jahrhundert von Frankreich der Advokat Omer Talon in öffentlichem Parlamente, in Betreff der Sache einer Demoiselle von Canillac sich so sollte ausgedrückt haben;

Im 13 Kapitel des 5ten Buches Mose sagt Gott: „Wenn du dich in einer Stadt oder an einem Orte befindest, wo die Abgötterey herrschet, so sollst du alles mit „der Schärfe des Schwerdtes umbringen ohne Ausnahme des Alters, Geschlechtes oder Standes. Sammle „allen Raub der Stadt auf die öffentlichen Plätze, und „verbrenne die Stadt mit allem Raube, daß von diesem Orte des Gräuels nichts als ein Aschenhaufe übrig

 „bleibe

„bleibe. Mit einem Worte, mache sie dem Herrn zu „einem Opfer, und hüte dich, daß von diesem verfluch„ten Orte nichts in deinen Händen bleibe.

„So ward auch in dem Verbrechen der beleidigten „Majestät, der König Herr des Vermögens, und die „Kinder wurden dessen beraubet. Als Naboth war ver„urtheilet worden, weil er dem Könige geflucht hatte, „setzte sich der König Achab in Besitz seiner Erbschaft. „Da David benachrichtiget worden, daß Mephiboseth „in die Empörung sich verwickelt hatte, gab er sein ganz „Vermögen dem Ziba, der der Angeber war: Alles was „Mephiboseths gewesen, soll deine sein.“

Es ist hier die Rede wer das Vermögen der Demoiselle Canillac haben soll, welches ihrem Vater ehemals war confisciret und einem von der Garde über den königlichen Schatz, verliehen, und von diesem der Erblasserin gegeben worden. In dieser Angelegenheit einer Tochter von Auvergne gründete sich der Generaladvokat auf das Verfahren des israelitischen Königes Achab, der den Weinberg des Naboths einzog, nachdem er den Eigenthümer mit dem Schwerdt der Gerechtigkeit ermordet hatte; eine abscheuliche That, die zum Sprüchwort worden ist, um den Menschen einen Abscheu gegen alle unmäßige Anmassung beyzubringen. Sicherlich hatte der Weinberg des Naboths keine Aehnlichkeit mit der Erbschaft der Demoiselle von Canillac. Der Aufruhr und die Einziehung des Vermögens des Mephiboseth eines Enkels des Königes Saul, und Sohns des Jonathan eines Freundes und Beschützers des Davids, haben eben so wenig Verwandschaft mit dem Testament dieser Demoiselle.

Mit

Mit einer solchen Pedanterey ist von Menschen, die in ihrem Fache sehr geschätzet wurden, die Rechtsgelehrsamkeit betrieben worden, mit solchen ungereimten Ausführungen, mit solchen ungesunden und elend angebrachten Vorurtheilen. Man überläßt es dem Leser selbst zu beurtheilen, was überflüßig wäre, noch dabey zu erinnern.

§. XXII.

Von dem peinlichen Verfahren und einigen andern Verfassungen.

Wenn einmal in Frankreich menschliche Gesetze, verschiedne gar zu strenge Gebräuche mildern dürften, ohne deswegen die Verbrechen gemeiner zu machen; so könnte man hoffen, eine Verbesserung des Verfahrens in verschiednen Artickeln zu erhalten, bey denen die Verfasser eine gar zu große Strenge gezeiget haben. Es hat fast das Ansehen, als wenn die peinliche Gerichtsordnung, in vielen Punkten, nur auf das Verderben der Angeklagten abzielete. Das ist das einzige Gesetz welches im ganzen Reiche einerley ist. Sollte es denn aber nicht dem Unschuldigen so günstig seyn, als es dem Schuldigen schrecklich ist? In England wird ein zur Ungebühr verhangner Verhaft, von dem Minister, welcher ihn anbefohlen sogleich abgestellet. In Frankreich aber hat ein Unschuldiger, der ins Gefängniß gesetzt worden die peinliche Frage ausgestanden, nicht den Trost, die Ersetzung einiges Schadens von jemanden zu hoffen. Er bleibt ein auf immer entehrtes Mitglied der Gesellschaft. Ein Unschuldiger entehrt! und warum denn? weil er ist gemartert worden! Er hätte vielmehr Mitleiden und Achkung verdienet. Die Untersuchung der Verbrechen erfordert Strenge. Es ist dieses ein Krieg, welchen die menschliche Gerechtigkeit mit der Bosheit führet. Allein man soll doch auch im Kriege Großmuth und Mitleiden beweisen. Ein tapfrer Kriegsmann ist mitleidig; sollte der Rechtsgelehrte ein Barbar seyn?

Laßt uns blos in einigen Punkten, das peinliche Verfahren bey den Römern gegen unsres halten.

Bey den Römern wurden die Zeugen öffentlich in Gegenwart des Angeklagten abgehöret. Derselbe konnte ihnen antworten, sie selbst befragen, oder einen Advokaten ihnen entgegen stellen. Dieses Verfahren war edel und aufrichtig; man erblickte die römische Großmuth darinnen.

Bey uns geschiehet alles insgeheim. Ein einiger Richter mit seinem Kanzler hört einen jeden Zeugen, nach dem andern ab. Eine dergleichen unter Franz I. gemachte Einrichtung, wurde von den Abgeordneten bekräftiget, welche Ludwigs des XIV. Verordnung zusammen trugen. Ein einziger Irrthum war die Ursache davon.

Wenn man im Codex den Titel von den Zeugen lieset, so glaubt man, daß die Worte, praecipimus — testes intrare iudicantis secretum bedeuteten, daß die Zeugen insgeheim sollten abgehöret werden. Aber secretum bedeutet hier die Gerichtsstube. Denn Intrare secretum wäre nicht Lateinisch geredet, wenn es heißen sollte, heimlich reden. Dieses war ein Irrthum, welcher einen Theil unsrer Rechtsgelehrsamkeit ausmacht.

Die Zeugen sind gemeiniglich der Abschaum des Pöbels, welche der mit ihnen eingeschloßne Richter kann aussagen lassen, was er will. Dergleichen Zeugen werden

hen zum zweytenmal in geheim abgehöret, und wenn sie nach diesem Verhör ihre Aussage wiederrufen, oder in den wesentlichen Umständen anders aussagen, werden sie als falsche Zeugen bestrafet. Wenn also ein einfältiger Mensch, der sich nicht gehörig ausdrücken kann, ob er gleich sonst ein redliches Gemüthe hat, sich erinnert, daß er zu viel oder zu wenig gesaget, daß er den Richter oder der Richter ihn unrecht verstanden, und daher sich fürchtet als ein falscher Zeuge angesehen, und als ein Bösewicht bestrafet zu werden, wenn er aus Liebe zur Wahrheit seiner Aussage wiederrufen wollte, so ist er genöthiget ein falsches Zeugniß zu behaupten.

Fliehet er, so setzet er sich der Gefahr aus, verurtheilet zu werden, das Verbrechen mag bewiesen seyn oder nicht. Einige Rechtsgelehrte haben behauptet, das ist wahr, daß der, welcher sich nicht gestellet (contumax) nicht sollte verurtheilet werden, wenn das Verbrechen nicht klar erwiesen ist. Aber andre weniger erleuchtete Rechtslehrer und die vielleicht mehr Beyfall haben, sind von der gegenseitigen Meynung. Diese sind so dreist gewesen zu behaupten, die Flucht des Angeklagten, wäre ein Beweis des Verbrechens. Die Verachtung welche er gegen das Gerichte bewiese, indem er sich weigerte zu erscheinen, verdiente eben die Strafe, als wenn er überzeuget worden wäre. Auf die Art muß ein Unschuldiger, nach dem es der Richter mit der oder jener Meynung der Rechtslehrer hält, entweder losgesprochen oder verurtheilet werden.

Es ist ein großer Misbrauch in der französischen Rechtsgelehrsamkeit, daß man mehrentheils wahnsinnige

Meynungen für Gesetze und die manchmal grausamen Irrthümer von Leuten ohne Ansehen, die ihre Meynungen als Gesetze angegeben haben, annimmt.

Unter der Regierung Ludwigs XIV. wurden zwey Verordnungen gemacht, die im ganzen Reiche einerley sind. In der ersten, die den bürgerlichen Gerichtsgebrauch (procedura ciuile) zum Gegenstand hat, wird den Richtern verboten, in Civilsachen jemanden zu verurtheilen, wenn die Klage nicht erwiesen ist; in der zweyten aber, welche den peinlichen Proceß betrifft, wird nicht befohlen, daß in Ermanglung des Beweises der Angeklagte losgesprochen werden soll. Ein seltsames Verfahren! Das Gesetz befiehlt, daß ein Mensch, gegen den eine bürgerliche Klage wegen einer Schuldforderung angestellet worden, nicht verurtheilet werde, als nur in dem Falle, wenn die Forderung erwiesen ist; wenn es aber auf das Leben eines Menschen ankommet, so wird es erst einer rechtlichen Zänkerey ausgesetzt, ob ein nicht erschienener soll verurtheilet werden, wenn das Verbrechen nicht erwiesen ist, und das Gesetz nichts bestimmet.

Wenn der Angeklagte die Flucht genommen hat, so fangt ihr gleich an zuzugreifen, sein ganzes Vermögen aufzuzeichnen, und wartet nicht bis der Proceß geendiget sey. Noch habet ihr keinen Beweis, ihr wisset noch nicht, ob er schuldig oder unschuldig sey, und fanget an, ihm unmäßige Kosten zu verursachen! Das ist eine Strafe, sprecht ihr, wegen seines Ungehorsams, gegen den Befehl der Verhaft. Zwinget ihn denn aber nicht die äußerste Strenge eures peinlichen Verfahrens zu diesem Ungehorsam?

Ein

Ein Mensch wird wegen eines Verbrechens angeklagt. Sogleich wird er in ein abscheuliches Gefängniß geworfen; ihr erlaubet ihm nicht die Unterredung mit einem Menschen; ihr leget ihm Fesseln an, eben als wenn ihr ihn schon schuldig befunden hättet. Die Zeugen, welche gegen ihn aussagen, werden in geheim verhöret. Er siehet sie nur einen Augenblick, wenn sie gegen ihn gestellet werden. Ehe er ihre Aussagen höret, soll er schon die Ursachen ihrer Unzuläßigkeit, die er gegen sie hat, anführen, und umständlich erörtern. In eben dem Augenblick soll er alle Personen benennen, die diese Ursachen bewähren können, und es wird ihm, nach vorgelesenen Aussagen nicht mehr verstattet seine Einwendungen zu machen; wenn er den Zeugen darthut, daß sie entweder einige Sachen übertrieben, oder einige andre ausgelassen haben, oder daß sie sich in ihrer Aussage geirret, wird doch die Furcht der Strafe sie zwingen, bey ihrer beschwornen Aussage zu verharren; haben die Zeugen anders ausgesaget als der Angeklagte in seinem Verhör bekannt hat in Ansehung einiger Umstände, so kommt es nunmehr auf der Richter Unwissenheit oder vorgefaßte Meynungen an, einen Unschuldigen zu verdammen.

Und wo wird man wohl einen Menschen finden, der nicht durch eine solche Behandlung in Schrecken gesetzt wird? Wo ist ein solcher gerechter Mensch, der sich versichern könnte, daß er nicht unterliegen müßte. O ihr Richter! wollet ihr, daß ein unschuldig Angeklagter nicht die Flucht ergreife? so erleichtert ihm die Mittel sich zu vertheidigen.

Es scheinet fast, als wenn das Gesetz die Obrigkeit verpflichte, gegen den Angeklagten sich mehr als einen

Feind, als einen Richter zu erzeigen. Es stehet in des Richters Belieben *) die Zusammenkunft des Angeklagten mit den Zeugen zu verfügen oder zu unterlassen. Wie kann eine so nothwendige Sache, als die Gegeneinanderstellung ist, dem Willkühr anheim gestellet werden?

Es scheinet als wenn der Gebrauch in diesem Punkte, dem Gesetze, welches zweydeutig ist, zuwider wäre; man hat zwar immer dem Angeklagten die Zeugen vorgestellet, der Richter aber stellet sie ihm nicht immer alle vor, er lässet oft diejenigen weg, die seiner Meynung nach dem Angeklagten nicht sonderlich schwer fallen. Da doch der Zeuge, welcher gegen den Angeklagten bey der Aufnahme des Verhöres nichts ausgesagt hat, bey der Vorstellung zu seinem Vortheil aussagen kann. Der Zeuge kann ja einige Umstände, die dem Angeklagten zu statten kommen, anfänglich vergessen haben; und der Richter kann auch das, was diese Umstände dem Angeklagten helfen können, vergessen haben niederzuschreiben. Es ist also von der größten Wichtigkeit, daß alle Zeugen, dem Angeklagten vorgestellet werden, und dieses nicht blos aufs Belieben ankomme.

Wenn von einem Verbrechen die Rede ist, kann der Angeklagte keinen Advokaten haben: er entschließt sich also zur Flucht, und dazu reizen ihn die gerichtlichen Maasregeln: wenn er nun aber fliehet, so kann er so wohl, wenn das Verbrechen erwiesen, als wenn es nicht erwiesen ist, verurtheilet werden. Hingegen ein Mann von dem man die Bezahlung einer Schuld fordert, kann nur

*) Und wenn es die Noth erfordert, stellet sie gegen einander, sagt die Verordnung von 1670. art. 1. tit. 15.

nur in dem Fall verurtheilet werden, wenn die Forderung gehörig erwiesen ist; dahingegen wenn es auf das Leben eines Menschen ankommt, er verurtheilt werden kann, wenn auch das Verbrechen nicht erwiesen ist. Das Gesetz legt also den Sachen einen größern Werth bey, als dem Leben der Menschen. O ihr Richter! laßt euch den mitleidigen Antonin und den gütigen Trajan belehren, diese verbieten die Verdammung der Abwesenden *).

Nun wohl! euer Gesetz erlaubet einem Brenner, einem betrüglichen Bankerottirer, seine Zuflucht zu einem Advokaten zu nehmen, und ein Mann von Ehre soll dieser Hülfe beraubet seyn!

Ist wohl ein einziger Fall, wo ein Unschuldiger durch den Beystand eines Advokaten sich vertheidigen darf, so ist es klar, daß das Gesetz, welches ihn dessen beraubt, ungerecht ist.

Der Präsident von Lamoignon sagte gegen dieses Gesetz, „daß einem Angeklagten einen Advokaten oder „einen Rath zu geben kein Privilegium wäre, welches „die Verordnungen oder Gesetze verstatteten, sondern „eine durch das Recht der Natur, welches das älteste „aller menschlichen Gesetze ist, verliehene Freyheit. Die „Natur belehret jeden Menschen, seine Zuflucht zu an„drer ihren Einsichten zu nehmen, wenn es ihm an ei„gnen fehlet, und um Beystand sich bewerben, wenn „er nicht mächtig genug ist sich selbst zu vertheidigen. „Unsre Verordnungen haben den Angeklagten diese Vor„theile benommen, und es ist also recht und billig, das „was ihnen übrig bleibt zu erhalten, und vornehmlich „den

*) ff. L. 1. tit. de absentibus et L. 5. Tit. de poenis.

„den Advokaten, der den wesentlichsten Theil davon aus„macht. Wenn man unser Verfahren mit der Römer „und andrer Nationen ihrem vergleichen wollte, wird „man finden, daß das allerstrengste dieses sey, wel„ches in Frankreich beobachtet wird, insbesondre nach „der Verordnung von 1539. Processo verb. dell. Ord. „pag. 163.“

Dieses Verfahren ist noch weit strenger, seit der Verordnung von 1670. Dieselbe würde gelinder gewesen seyn, wenn der mehrere Theil der Abgeordneten wie der Hr. Lamoignon gedacht hätte.

Das Parlament zu Toulouse hat einen ganz sonderbaren Gebrauch bey dem Beweise durch Zeugen. Anderwärts wird ein halber Beweis angenommen, der im Grunde doch immer nur zweifelhaft ist; weil man weiß, daß es keine halbe Wahrheit giebt. Zu Toulouse aber werden viertel und achtel Beweise angenommen. Man kann zum Beyspiel, ein Hörensagen, als einen viertel Beweiß, ein noch ungewisser Hörensagen als einen achtel Beweiß ansehen; dergestalt, daß acht Klatschen, welche nur ein Wiederschall, einer übelgegründeten Rede sind, einen vollständigen Beweiß ausmachen können; und beynahe würde Johann Calas nach diesen Maasregeln zum Rade verdammet. Die römischen Gesetze erfordern Beweise (luce meridiana clariores) die heller als die Mittagssonne wären.

§. XXIII.

Vorstellung einer etwannigen Verbesserung.

Das Richteramt ist so verehrungswürdig, daß das einige Land wo es feil ist, mit Sehnsucht wünschet von einem

einem solchen Gebrauch befreyet zu werden. Man verlangt, daß der Rechtsgelehrte mit seinen Verdiensten dazu gelangen möge die Gerechtigkeit zu verwalten, welche er mit seinen Bemühungen, mit seiner Stimme und mit seinen Schriften vertheidiget hat. Vielleicht würde man alsdenn, vermittelst glücklicher Bemühungen eine regelmäßige und einförmige Rechtswissenschaft entstehen sehen.

Soll denn immer einerley Sache anders in der Provinz und anders in der Hauptstadt entschieden werden? Und doch ist es wahr, daß eben derselbe Mensch in Bretagne Recht haben kann, und in Languedoc Unrecht. Und was soll ich sagen? Es sind so viele Rechtsverordnungen als es Städte giebt. Und bey einerley Parlament hat die eine Cammer andre Grundsätze als die andre benachbarte *).

Was ist das für ein erstaunender Widerspruch unter den Gesetzen eines und eben desselben Reiches? Zu Paris wird ein Mann, der ein Jahr und einen Tag lang in der Stadt seine Wohnung gehabt hat, für einen Bürger geachtet. In der Franche Comté wird ein freyer Mensch der Jahr und Tag in einem Hause, welches die todte Hand main mortable genennet wird, gewohnet hat, zum Sclaven **), seine Seitenverwandten könnten

*) Sehet hierüber den Präsident Bouhier nach.

**) Ohne auf die alten Zeiten der Römer zurück zu gehen, so hatten die barbarischen Nationen, welche das Reich anfielen, und hernach mit einander selbst Krieg führeten, es sich zu einem Völkerrecht gemacht, daß die den im Kriege Ueberwundnen die Freyheit nahmen, so daß dieselben der Ueberwinder Knechte werden mußten. Bey den Franken

ten das nicht erben, was er anderwärts erworben hätte; und seine eigne Kinder würden an den Bettelstab gebracht, wenn sie ein Jahr lang von dem Hause weg wären, in welchem der Vater gestorben ist. Das wird eine freye Provinz genennt; aber Himmel was ist das für Freyheit!

Wenn man Gränzen zwischen der bürgerlichen Macht, und den geistlichen Gebräuchen setzen will, was müssen da für unendliche Zänkereyen entstehen? Wo sind denn solche Gränzen? Wer vermag die ewigen Widersprüche des fiscalischen Rechts, mit den gemeinen Rechten zu vereinigen? Und warum werden endlich in solchen Ländern,

Franken ereigneten sich die Gelegenheiten noch öfter ein solches Völkerrecht auszuüben; weil durch die beständigen Theilungen der Monarchie, beständig bürgerliche Kriege zwischen den Brüdern und Enkeln waren; dergestallt daß die Knechtschaft in Frankreich sich so sehr ausbreitete, daß um den Anfang des dritten Geschlechtes, alle Landleute und alle Einwohner der Städte Knechte waren, und einer Herr, das war, wie ein berühmter Schriftsteller anmerkt, eine von den Ursachen, welche den Unterschied zwischen den französischen, italiänischen und spanischen Gesetzen die das Lehnrecht betreffen, ausmacht. Da nun in Frankreich die Anzahl der freyen Leute, die Eigenthümer von Ländereyen waren, sehr klein war, so schien es, daß diese der grösseren Zahl den dienstbaren Stand beneideten. Und da sie glaubeten, daß sie an der Heiligkeit der Kirchen durch ihre Dienstbarkeit Theil nehmen könnten, begaben sie sich freywillig in die Knechtschaft derselben, indem sie den Kirchen, die Ländereyen, welche sie besaßen, schenkten, mit Bedingung solche für einen den Kirchen zu entrichtenden Zins, zu behalten. Dergleichen geschenkte Güter wurden Main mortables genennt. Esprit de Lois Liv. 30. Chap. 11. Der Verleger.

dern, niemals die Entscheidungs-Gründe den Bescheiden beygefügt? Schämet man sich etwan, Rechenschaft von seinem Urtheil zu geben? Warum übergeben diejenigen, welche im Namen des Regenten richten, ihre Todesurtheile dem Regenten nicht, ehe sie vollzogen werden?

Man mag seinen Blick richten wohin man will, so findet man Widersprüche, Unempfindlichkeit, Ungewisheit, Willkühr. Wir suchen in diesem Jahrhundert alles vollkommen zu machen; ey laßt uns doch die Gesetze vollkommen machen, von welchen unser Leben und Wohlfahrt abhängt.

Brief des Herrn Franz Zacchiroli an den Herrn Franz Albergati Capacelli.

Warum beschäftigen sich doch die Menschen nicht mit ihren wahren Vortheilen, und folglich mit ihrer gründlichen Glückseeligkeit? Wie konnten, zum Beyspiel, unsre Voraltern ihr Leben zubringen, damit, daß sie sich vollsoffen, und aus einer verblendeten Ehrsucht einander niedermetzelten, ohne auch nur einen Augenblick an die gothische peinliche Halsgerichtsordnung zu denken, der sie unterworfen waren? Wie konnten sie die unendlichen und abscheulichen Misbräuche nicht bemerken, die mit dieser ungereimten und barbarischen Verfassung verbunden waren? Sahen sie denn nicht ein, daß man der Selbstrache, dem Haß, der Verläumdung, der Nachstellung Thor und Thüren öfnete, und die Unschuld und Tugend unterdrückte? Daß man der Grausamkeit, der wilden Herrschsucht freyen Lauf ließ, der Gerechtigkeit aber sehr wenig, der Billigkeit und Gnade aber gar nicht? Mußten nicht unsre unglückseelige Vorfahren in einer so schrecklichen unaufhörlichen Lage, alle Augenblicke ihres Lebens wegen besorgt seyn? Wir wollen nur, Hr. General, zum wenigsten bey einem Theil dieser Gesetzverfassung stehen bleiben, welcher die Verbrechen betrift, und einige Untersuchungen anstellen, ob sie würklich so grausam, und ausschweifend ist, als die Philosophen sie uns abschildern.

So bald die Verwalter der Gerechtigkeit die General-Untersuchung des Verbrechens vorgenommen haben, schreitet man zur gefänglichen Haft des Unglücklichen, gegen welchen sich Anzeigen hervorthun, die einen Verdacht des begangnen Verbrechens erwecken. Bemerken Sie, verehrungswürdiger Freund, daß die ganze Lehre von den Anzeigen, dem Willkühr des Richters überlassen wird. Wenn also derselbe von einem besondern Hasse gegen den vermeynten Schuldigen eingenommen ist, oder bey den Gerichtsstühlen das Ansehen eines strengen Mannes sich verschaffen will, und also die trüglichsten Anzeigen nach seinem Kopfe ausleget, er den Verhaft eines Bürgers verhängen, und ihn des kostbarsten aller natürlichen Güter, ich meyne der Freyheit berauben kann. Bemerken Sie ferner, daß nach dem allgemeinen Gerichtsgebrauch festgesetzt ist, daß man zur gefänglichen Verhaft schreiten solle, wenn gleich ganz und gar keine klare Anzeigen vorhanden wären; und zwar aus dem Grunde, damit nicht, wenn man sich wegen des Schuldigen mehr vergewissern wollte, derselbe indessen die Flucht ergriffe. Mir scheinet es aber immer ein kleineres Uebel zu seyn, daß ein Mensch aus dem Lande gehet, der eine

Ta-

Tobacksdose gestohlen hat, als daß ein armer Unschuldiger, eine Zeit im Gefängniß schmachten soll, gegen welchen man, einige zweydeutige Anzeigen hat.

Ist nun vollends ein Verbrechen an einem einsamen Orte begangen worden, o! da sind nicht allein ungewisse Anzeigen hinlänglich, sondern man begnüget sich mit den leichtesten Muthmaßungen um einen Bürger in ein Gefängnis zu schließen. Es ist freylich wahr, daß die Vernunft fordern möchte, daß je schwerer ein Verbrechen zu entdecken ist, um so viel klärer sollten auch die Beweise seyn, damit man nicht Gefahr liefe, einen Unschuldigen in Verdammung zu bringen. Aber es ist auch wahr, daß unsre Gesetzgeber bey Verfassung ihrer peinlichen Gerichtsordnung die Vernunft nicht allzusehr zu Rathe gezogen.

Die Engländer, diese glücklichen Insulaner, welche von uns, als von der ganzen Welt Abgesonderte angesehen wurden, haben in dieser höchst wichtigen Sache ganz andre Gesetze. Die berufene Akte Habeas corpus, welche in dem 31. Regierungsjahre Karls II. errichtet wurde, setzt die Freyheit der Unterthanen in Sicherheit, kommt allen willkührlichen Verfügungen boshafter oder unwissender Richter zuvor, und wird mit allem Recht von den Engländern als eine zweyte große Karte angesehn. Uns ist zwar sehr wohl bekannt, daß Newton die Gesetze der Schwere erfunden; Pope in dem zärtlichsten Gedichte eine Satire auf den Menschen gemacht; Bolingbroke und Shaftsbury die größten Metaphysiker gewesen, aber wenigen unter uns sind die sechs Hauptartikel der vortreflichen Akte Habeas corpus bekannt.

Wenn es mit dem begangnen Verbrechen seine Richtigkeit hat, und sich bey der General-Untersuchung Anzeigen gegen jemanden hervorthun, so schreitet man zur besondern (Special) Untersuchung. In diesem nachtheiligen Zeitpunkt wird der Eingezogene, aus aller öffentlichen Verbindung gesetzet, aller Ehre beraubet, von dem Verkehr mit allen ehrlichen Leuten abgesondert, und entweder zum Theil oder völlig auf immer seines guten Namens beraubet. Belieben Sie nur beständig in Acht zu nehmen, daß eine dergleichen Untersuchung, als die Quelle solcher traurigen Folgen, von der Willkühr des Richters, gar nicht klaren Anzeigen, und bisweilen von den entferntesten Muthmaßungen abhängt. Eine wunderliche und unglaubliche Sache! Es ist ausgemacht, daß blos ein Verbrechen einen Bürger verunehren kann; es ist aber auch richtig, daß so lange derselbe nicht überwiesen worden, er auch nicht einmal des öffentlichen Schutzes und der öffentlichen Achtung beraubet werden kann. Dem ungeachtet bleibet er doch vermöge unsrer peinlichen Gesetze entehrt, so unschuldig er auch ist, so bald als einige unglückliche Verwickelungen sich gegen ihn vereinigen.

Die Verbrecher in dem Königreiche Tunquin, wenn sie nehmlich als solche überwiesen worden sind, werden nicht im geringsten entehret, wenn sie zur Strafe ihres Vergehens die honpade, d. i., Ruthenstreiche auf die Hüften bekommen, oder eine bestimmte Anzahl Schläge mit einem hölzernen Hammer auf das Knie. Diese Strafen haben keine andre Folgen als den Schmerz. Eben dergleichen geschieht in einigen Inseln in Japan. Nun ist aber bekannt, daß die Tonquineser und Japoneser barba-

barbarische und wilde Völker, und wir allein gesittet, aufgekläret und menschlich sind.

Diese besondre Untersuchung (Special-Inquisition) wird auf ganz eigne Art, gegen Leute von geringem Stande ausgeübt, hingegen werden so viel als möglich die so sich vornehmer Geburt rühmen, damit verschonet. Und wozu soll immermehr dieser höchst verhaßte Unterschied dienen? Was für Verdienste hat der Edelman denn über Leute von gemeinem Stande, wofern man nicht etwan einen mehrentheils ungeziemenden Stolz und die Räubereyen ihrer Vorfahren ihnen zum Verdienste anrechnen will? Sind denn die prahlenden, oft von blinder Gunst ertheilten, oder durch zufällige Geburt ererbten Titel allein genung, vor dem Richterstuhl der Gerechtigkeit, einen gründlichen und würklichen Unterschied auszumachen? Sind denn der Handwerksmann, der Becker, der Tischler etwan gar nicht Mitglieder der Gesellschaft, Mitbürger des gemeinen Wesens, Einwohner, mit einem Worte sind sie keine Menschen? Haben sie nicht auch auf ihren ehrlichen Namen zu halten, der das einzige Gut ist, was ihnen übrig bleibt?

Ich will mich hier nicht einlassen von der Marter zu reden, nach dem unrichtigen Verhältnis, was zwischen den Verbrechen und den Strafen obwaltet. Der wohlthätige Marchese Beccaria hat diese Sache vortreflich abgehandelt. Sein Buch ist in den Händen aller rechtschaffnen Leute; und von dem vornehmsten aller Schriftsteller ausgelegt worden. Ich will mich nur dahin einschränken, Ihnen Nachricht zu geben, daß zum Ruhme unsres Jahrhundertes, und unsrer Nation der Herr

Vinzens Malerba ein Advocat zu Catana, vor zwey Jahren zu Palermo ein Buch von 119. Seiten in Quarto herausgab, worinnen er heftig wider die in dem goldnen Buche von den Verbrechen und von den Strafen, angezeigte Gründe losziehet. Da nun das übrige Italien in weniger Verbindung mit Sicilien stehet, so ist auch des Hrn. Malerba Buch sehr wenig unter uns bekannt. Ich hoffe, daß er mir Dank wissen wird, daß ich es bey uns aus der unbilligen Vergessenheit, worinnen es lag, gerissen habe. Aber laßt uns den Brief fortsetzen.

Die Anzeigen, welche, gegen zur gefänglichen Haft gebrachte, sich hervor thun, sind von zweyerley Art. Einige werden entfernte genannt, und haben nur einen sehr geringen Grad der Wahrscheinlichkeit, im Gegensatz derjenigen, welche die nächsten genannt werden. Zur peinlichen Frage werden nothwendiger Weise viele erfordert; weil sie einzeln genommen nicht hinreichend sind. Welche überflüßige Gnade! Dem ohnerachtet kommet es auch hier auf des Richters Gutachten an, das heißt so viel, er kann auch wegen einer oder zweyer entfernter Anzeigen zum Strick verurtheilen, oder einen dergleichen Menschen auf die Folter spannen lassen, der nicht als ein Schuldiger überwiesen ist, sondern vielleicht unschuldig seyn kann. Böhmer führet zum Beweise, daß der Richter dieses befugt sey, den Quintilian, im 5. Buch des Unterrichts der Redekunst an. Sollte aber Quintilian wieder aufstehen, so glaube ich gewiß, daß er sich sehr wundern würde, daß ihn ein deutscher Rechtsführer wegen der Galgenstrafe anführte.

Die nächsten Anzeigen sind nun solche, welche aus der Beschaffenheit des angezeigten Verbrechens hergenommen

nommen werden. Sie machen also nur einen halben Beweis aus. Es giebt verschiedne Fälle, in welchen dieser halbe Beweis vorhanden seyn soll. Die Rechtslehrer behaupten solchen, wenn z. B. ein einziger unverwerflicher Zeuge, oder doch auch viele obgleich nicht allerdings fähige, ohne Anstand ihre Aussage über das Verbrechen ablegen, oder doch wenn zwey Zeugen von dieser nämlichen Beschaffenheit die nächste Anzeige bekräftigen.

So ist die Lehre beschaffen, und mit dieser Lehre stimmt der Gebrauch unsrer Criminalisten überein.

Ich will gerne glauben, daß diese Lehre auf die Vernunft gegründet sey. Da aber im Jahr 1772. zwey Zeugen in Lyon aussagten, sie hätten gesehen, daß einige junge Bursche unter Singen und Tanzen, ein Mädchen, welches sie erst geschändet und hernach umgebracht hätten, getragen hätten, so frage ich, ob die Aussage zweyer solcher Zeugen, gesetzt auch, daß sie von derselben Beschaffenheit gewesen wären, einen halben Beweis ausmachen konnte? Nein. Einige freche Jünglinge können wohl in der Wuth der Leidenschaft ein Mägdchen schänden, sie können auch, nach diesem Verbrechen das andre begehen, und sie ermorden, um das Zeugnis ihrer Bosheit zu vertilgen. Aber es ist doch nicht so was leichtes, daß sie nach solchen wiederholten Abscheulichkeiten noch fähig wären, bey einer Leiche, die noch in dem von ihnen vergoßnen Blute schwimmet, zu singen und zu tanzen. Eine dergleichen übertriebene Wildheit ist nicht natürlich, und noch unnatürlicher bey frechen Jünglingen. Es ist also sehr wahrscheinlich, daß die beyden Zeugen, die diese That aussagten, entweder träumten, oder Verläumder waren. Da inzwischen dieser Fall nicht ganz und gar unmöglich ist; so hätte das Gericht oder vielmehr die Gerichtsbeamten am besten gethan, wenn sie die einförmige Aussage der zweyen Zeugen, nicht eben für einen halben Beweis, sondern für ein Licht den Abgrund dieser Bosheit auszuforschen, angenommen hätten.

Merken Sie indessen wohl, daß eine einzige der nächsten Anzeigen, zur Verurtheilung auf die Folter d. h. die Knochen aus den Achseln auszurenken, hinreichend ist. Man muß gestehen, daß dieses ungemein tröstlich ist. In London müssen zwölf Geschworne den Hauptspruch über den Werth einer Anklage thun. Bey uns ist eine einfache Anzeige genug auch einen Unschuldigen zu martern.

Ich will in dieser traurigen Untersuchung der Vergleichungen mit Zittern weiter gehen. Mich dünkt, ich habe zur Gnüge erwiesen, daß unser Leben, unsre Ehre, unsre Freyheit, unser Vermögen in den meisten Fällen lediglich von dem Gutdünken eines Richters abhängen. In alten Zeiten suchte man die Verbrechen, und die Verbrecher durch Zauberkünste, durch das Astrolabium, durch das Sieblaufen, und andre dergleichen höchst abentheuerliche Beweise, die mit den Künsten und Wissenschaften aus Asien zu uns gebracht worden, zu entdecken. So sehr wahr ist es, daß die Menschen zu allen Zeiten ein Spiel des Glücks gewesen sind, und ihre wichtigsten Vortheile, an die nichtswürdigsten Kleinigkeiten geknüpfet worden!

O ihr Richter, die ihr das Schicksal der Menschen eures Gleichen in Händen habet, bedenket wohl, daß es besser ist einen Schuldigen loszulassen, als einen Unschuldigen zu martern oder umzubringen. Dieser Grundsatz

ist

ist wohl nicht neu; aber es ist nöthig ihn von neuem einzuschärfen, bis er recht fest dem Verstande, oder noch vielmehr dem Herzen unsrer Criminallehrer eingepräget ist. Es ist wahr, die Menschen sind böse, aber die Gesetzgeber sind auch oft barbarischer gewesen.

Ich schlage den Codex auf, in welchem jene blutdürstigen Verordnungen eingetragen sind, denen man auf eine sehr unschickliche Weise den ansehnlichen Namen der Criminalgesetze beygeleget hat. Ich sehe den Unschuldigen mit dem Schuldigen, in einerley Gefängniß beysammen, mit einerley Ketten gefesselt, wo beyde in einem garstigen Gemach, die stinkende vergiftete Luft einathmen, und die Quaal eines finstern, engen und unbequemen Loches ausstehen müssen; ich sehe an den Wänden, Bande, Stricke, Beile hängen: welch abscheulliches Geräthe! das Herz wird beklommen; die Einbildung schaudert, und die Feder fällt mir aus der Hand.

Der andre Brief des Herrn Zacchiroli an den Herrn Franz Albergati Capacelli.

Erlauben Sie mir, daß ich an diesem heutigen Tage noch einmal auf unsre Criminalverfassung komme: diesen wichtigen und der Aufmerksamkeit aller Philosophen würdigen Gegenstand.

Gewiß ist nichts ungereimteres und unschicklicheres, als die Art und Weise, mit welcher bey uns die peinlichen Sachen verhandelt werden. Man fängt damit an, daß man der Aussage eines gedungnen Angeders Gehör giebt; das heißt, einem Kerl, der sich öfters zum Verräther, eines ihm unter dem Siegel der heiligsten Freundschaft, anvertrauten Geheimnisses, welches er unter der theuresten Versicherung eines Menschen, der durch Entdeckung die heiligsten Pflichten verletzen würde, angenommen hat, macht. Einen Kerl, der der Gegenstand der öffentlichen Verwünschung ist, der von den Gerichtspersonen selbst mit Abscheu und der äußersten Verachtung angesehen wird, welchen er verdienet. Diese Angabe wird in der größten Stille und Heimlichkeit angenommen: andre dergleichen Ausspäher werfen sich heimlich auf, die erste Anzeigung zu bestätigen, und neue Merkmale zu sammlen. Es werden Zeugen abgehöret, aber in der Stille und insgeheim. Der unglückliche Angeklagte wird endlich vorgefordert, aber allein, und nur in Gegenwart seiner Richter, deren grimmige Mine die Verwirrung und die zerrüttete Einbildung vergrößert, worein der Verhaft, das garstige Gefängniß, die Furcht vor der Folter, und die grausame Ungewißheit, was seine Sache für einen Ausgang nehmen werde, ihn versetzet hat. Es scheinet als wenn dieses ganze Verfahren nur erfunden worden, mehr um blos ein Bekenntniß, wie es auch damit beschaffen seyn mag, ihm auszupressen, als das Verbrechen zu erweisen; und mehr die Unschuld zu unterdrücken als einen Schuldigen zu strafen. Wir heißen die Gothen, Barbaren, weil sie bey ihren Gebäuden die dorische und jonische Ordnung nicht verstunden; aber diese Barbaren hielten ihre gerichtliche Untersuchungen unter freyem Himmel, ohne einige solche hinterlistige Formalitäten. Das Volk, der Himmel, die ganze Natur, waren bey der aufrichtigen und freymü-

thigen

thigen Art, mit welcher sie die Wahrheit von der Lüge, und die Unschuld vom Verbrechen abzusondern wußten, gegenwärtig.

Wie barbarisch muß nicht unsre Rechtsverfassung seyn, bey welcher so sehr oft dasjenige, was mit allgemeiner Uebereinstimmung für unverletzlich gehalten worden, doch zu verletzen erlaubt wird? Die Ausleger des Codex, welchen man in der Anwendung nachfolgt, behaupten, daß ein Sichergeleitsbrief alle seine Kraft verlöhre, sobald sich gegen den Angeklagten Anzeigen hervorthun, die zur Folter jemanden zu bringen, hinlänglich sind. Wie so?

Können also einige unglückliche Muthmaßungen, die zufälliger Weise zusammentreffen den Regenten seines Versprechens entbinden? Sind sie hinreichend die öffentliche Treue und Glauben zu brechen. Warum soll ein Landeseinwohner seiner Freyheit beraubet werden, nachdem man ihm die heiligste Versicherung gegeben, daß sie unverletzt bleiben soll?

Was für eine barbarische Rechtsordnung muß die unsrige seyn, in welcher der Mord gehandhabt wird, nämlich ein Gebrauch der allerabscheulichsten Verbannung, die von einer blutdürstigen rachsüchtigen Grausamkeit nur immer kann erdacht worden seyn? Wenn die Obrigkeiten den Mord verordnen, so sagen sie zu jedem Einwohner also: Geh, suche denjenigen, welcher der Gegenstand unsres Unwillens ist. Wir geben dir hiermit einen Dolch in die Hand, stoße solchen verrätherischer Weise dem Unglücklichen in Rücken, ohne Rücksicht auf den Landesherrn, in dessen Staaten er eine Zuflucht bekommen. So wollen wir in deine Hände, die noch mit dem Blute deines Freundes, deines Anverwandten,

vielleicht

vielleicht gar deines eignen Bruders gefärbt sind, und davon rauchen, den Lohn für die Mordthat dir zahlen. Du sollst reich und adlich seyn, weil du das Herz gehabt hast einen schändlichen Mörder abzugeben. Was denken Sie von einem so abscheulichen Gebrauch, welcher alle Bande der Gesellschaft zerreisset, alles Völkerrecht mit Füssen tritt, zum Verbrechen reizt, die Schändlichkeit belohnet, die Verrätherey und Ehrlosigkeit adelt?

Ich habe das Herz nicht, Herr General, in der Untersuchung eines Codex weiter fortzugehen, welchen verfertiget zu haben, die Cannibalen selbst sich schämen müßten. Und wozu sollte auch eine weitere Untersuchung nützen? Etwan die glückliche Wendung zu beschleunigen, und zur Reife zu bringen, welche so lange der Wunsch aller rechtschaffnen und empfindsamen Herzen ist? Allein da ich von der Vorsehung nur bestimmet worden, in der unzähligen Menge geringer Mitbürger, die keinen Einfluß auf öffentliche Geschäfte haben, meinen beynahe unmerklichen Wunsch bekannt zu machen; so sehe ich nur allzuwohl ein, daß mein Ausrufen nicht vermögend seyn wird, eine Sylbe in unserm peinlichen Rechtsbuche abzuändern. Die furchtsame Stimme der bescheidnen Vernunft und des zärtlichen Mitleidens, wird von dem lärmenden Geschrey einer stolzen Unwissenheit, die nur herrschen will, und einer grausamen Barbarey die nur zu unterdrücken sucht, immer erstickt werden. Mit Gewalt einem Vorurtheile, das Jahrhunderte hindurch heilig geachtet worden, sich widersetzen; ein Gebäude der Gewohnheiten, welche von einem Geschlechte auf das andre sich fortgepflanzet haben, einreissen; den Götzen eines

eines Irrthums, der je älter, desto verehrungswürdiger er ist; eine Umänderung in den Vorstellungen des allgemeinen Haufens zuwege bringen; das kann nur das Werk der öffentlichen Macht seyn. Als der Czaar Peter der Große, zum erstenmal sagte, ich will es, und den Bojaren den Bart abscheeren ließ, da legte er, vielleicht ohne es zu vermuthen, den Grund zu der neuen Größe seines Reiches.

Wir sind unstreitig die Abkömmlinge von den Curiussen, Camillus, Fabius und Scipionen; und wie damals diese Helden die Ueberwinder der Völker, und Ausbreiter unsres Ruhmes, auf das Capitol stiegen, saßen wir vor ihnen, und gaben durch unsern Beyfall den Gesetzen Kraft, womit die damals bekannte ganze Welt beherrschet wurde. Die Zeiten aber haben eine große Veränderung hierinnen gemacht. Von diesem alten kostbaren Vorrechte ist uns weiter nichts als ein betrübtes und schmerzliches Andenken übrig geblieben. Entkräftet unter den ersten Cäsarn, verächtlich behandelt unter den nachfolgenden Kaisern, von den Vandalen und Gothen unterdrückt, dumm gemacht unter einem eisernen Joch, niederträchtig durch die lange Gewohnheit der Knechtschaft, da wir alle 10 Jahr einen neuen Herrn haben, alle Vorstellung unsrer Rechte verlohren, alles Bewußtseyn unsrer Stärke, zitternd vor dem Anblick unsrer Henker, haben wir niemals Herz gehabt gegen die Ungerechtigkeit zu schreyen, und die Tyranney zu entwaffnen.

Wie mag aber wohl immermehr diese ungeheure Rechtssatzung, die den ersten allgemeinen Gründen der Gerechtigkeit, der Billigkeit und Wohlthätigkeit zuwider ist, entstanden seyn? Ist denn etwan die Sittenlehre und

und das Recht der Natur, nach den Jahren veränderlich? Ich antworte, Nein. Allein eben dieselben Gründe so ewig und unveränderlich sie auch sind, verlieren ihre Stärke ganz oder zum Theil, so oft sie mit gewaltsamen Leidenschaften und der Unwissenheit in Streit gerathen, welche die Verhältnisse der Sachen nicht weiß auseinander zu setzen.

Lassen Sie uns, Herr General, einen flüchtigen Blick auf die Zeiten werfen, in welchen diese Gesetze zusammengetragen wurden, die bis auf den heutigen Tag, über unsre Ehre, Vermögen, Leben und Freyheit entscheiden, welche gräuliche und finstre Zeiten! Europa in der tiefsten Finsterniß begraben, der Geschmack an schönen Künsten verwildert, der Keim des zärtlichen Gefühls, welches durch den Anblick der Meisterstücke des Zirkels und Pinsels erreget wird, erstickt; die Wissenschaften verbannet, nebst der Freyheit der Leiber auch jene andre weit kostbarere Freyheit des Geistes verlohren; alle wenige Gelehrsamkeit derselben unglückseeligen Zeiten, war bey einigen unwissenden, und eben so sehr unbekannten Mönchen zu finden, welche, wenn es um und ankam, doch nur lesen, schreiben und über unverständliche Sätze streiten konnten. Die Künste und Wissenschaften hatten mit uns ein gleiches Schicksal. Die Philosophie in den Versen des Lucretius verschönert, die Beredsamkeit, Staatskunst und Sittenlehre so erhaben im Cicero vorgetragen, die Dichtkunst so prächtig im Virgil, so zärtlich und reizend im Horaz und Catull; alles wurde von dem Strome neuer Veränderungen verschlungen. So waren wenige Jahre vermögend, den Glanz des herrlichen und vortreflichen Jahrhunderts Augusts zu verdunkeln.

Andern

Andern Theils hatte das römische Reich auf seinem Throne seit langer Zeit, in ununterbrochner Folge keine andre als ganz ausgelaßne oder rasende Beherrscher erblickt. Das Verderben des Hofes verbreitete sich unter die Unterthanen; eine natürliche gewöhnliche und schnelle Folge! die Verderbniß der Sitten, die Ansteckung der Laster waren allgemein. Die Caracalla, die Heliogabali, die Commodi und andre dergleichen grausame Ungeheuer, hatten die friedlichen und sanften Tugenden eines Titus, Trajans und der Antoninen ganz ins Vergessen gebracht, dergestalt daß man in einem Zeitraum von vielen Jahren, keine erhabne Heldenthat, keine tugendhafte Handlung, wenigstens in einem vortheilhaften Lichte erscheinen sah. Daher man in allgemeiner Betrachtung nicht einmal wußte, was die Namen Tugend und Heldenmuth sagen wollten.

Wie wäre es also möglich gewesen, daß bey solchen Zeiten eine gerechte und billige Gesetzverfassung zu stande kommen wäre? Wie, ist man es nicht, bis auf gestern gewahr worden, daß in einer solchen Finsterniß von Vorstellungen, und bey einem solchen Aufruhr von Leidenschaften, die Begriffe von Recht und Unrecht äußerst verwirrt seyn mußten. Die Verbrechen, Gewaltthätigkeiten, Abscheulichkeiten, welche täglich ausgeübet wurden, brachten ganz natürlich auf den Entschluß, daß die äußerste Strenge nothwendig wäre. Man glaubte den großen Vergehungen vorzubeugen, wenn man mit einer blutdürstigen Strenge auch kleine bestrafte: eine Staatsklugheit die auf gleiche Art schädlich und unnütze war, weil sie auf eine schlechte Kenntniß des menschlichen Herzens

zens sich gründete! Daher fand kein Verhältniß zwischen Verbrechen und Strafen statt. Es wurde nur alles nach dem Maasstab der Härte und Unmenschlichkeit abgemessen. Es schien als wenn das peinliche Gesetzbuch mehr von einem mit der Grausamkeit eines Henkers erfüllten Herzen, als von dem empfindsamen Geist, eines der Vernunft folgenden Gesetzgebers abgefasset wäre. Wir durften nicht im geringsten den Griechen das Gesetzbuch vorwerfen, welches Draco mit Blut geschrieben hatte.

Auf solche Art sind wir aus dem Stande freyer und unabhängiger Menschen, in das klägliche Joch von Unterthanen und Knechten gerathen. Es erforderte lange Zeit, und einen großen Zusammenfluß von Umständen, um bis zu diesem Grad erniedriget zu werden. Das Gefühl der Freyheit ist einer von den ersten Eindrücken, welche die Natur in unsre Herzen gepflanzet hat. Die Nothwendigkeit in einer Vereinigung zu stehen, war die Ursache, daß man einen Theil dieser Freyheit aufopfern mußte, um der übrigen, die man sich vorbehalten hatte, ungestört zu genießen. Unsre Väter mußte dieses verdrüßliche aber doch nothwendige Opfer schwer ankommen; denn es war der erste Schritt zur Knechtschaft. Ihre Nachkommen, die in der Gesellschaft gebohren waren, befanden sich nunmehro der natürlichen Unabhängigkeit beraubt. Nach und nach wurde diese Beraubung größer; weil diejenigen, denen die öffentliche Gewalt in Verwahrung war gegeben worden, ungestraft es wagen konnten, die Gränzen derselben zu erweitern; und so wurde die Knechtschaft ausgedehnter härter und schwerer. Je zahlreicher nun die Gesellschaften wurden, um so viel größer

wuchs

wuchs die Sclaverey. Da der gesellschaftlichen Verbindungen mehr wurden, vermehrten sich die Bedürfnisse derselben: es wurden Künste, Wissenschaften und Lustbarkeiten erfunden. In dem Gedränge neuer Nebenvorstellungen, verschwanden die Hauptvorstelluugen dessen, was wir uns selbst schuldig wären; und bey dem Streit erkünstelter Empfindungen, blieb das Gefühl unsrer Freyheit unterdrückt und so zu sagen erstickt. Es kostete Mühe und Arbeit den übrig gebliebnen Theil derselben zu erhalten. Der von Natur träge und nachläßige Mensch, fing an ein Gut fahren zu lassen, was ihm lästig und unnütz schien. So überläßt sich eine junge Schönheit, einer beschwerlichen Tugend müde, dem Verführer; und um nicht vor Verdruß zu sterben, zieht sie ein Leben voller Schande und Unehre vor. Die Geschichte aller Völker zeiget uns, daß dies der gewöhnliche Lauf der Natur sey. Ich will nicht so keck wie Rousseau behaupten, daß die Gesellschaft, die Künste und Wissenschaften, unsre Tugend verdorben haben; das will ich nur sagen, daß sie uns der Freyheit beraubet haben.

Ob nun aber gleich die Tyranney sich der Macht gemißbrauchet hat, so unterließ die Natur doch nicht, auf ihre Gerechtsame Anspruch zu machen. Die stillen, aber doch allgemeinen und ewigen Klagen, beweisen zu aller Zeit, daß die Menschen eine Verfassung mit Widerwillen trugen, wozu sie nicht waren geschaffen worden. Die Nothwendigkeit einer Verbesserung war immer fühlbar, wenn auch die Unterdrückten nicht das Herz hatten, sie zu fordern, und die willkührliche Gewalt solche anzubieten, verabscheuete Es müssen viele Jahrhunderte vergehen, ehe sich ein Philosoph findet, der dreist genug ist, den Menschen zu zeigen, daß mit Ketten an den Füssen zu tanzen, eine übertriebne Schändung und Herabsetzung sey. Der großmüthige, der wohlthätige Marchese Beccaria (ein Name der bey allen Rechtschaffnen immer heilig und verehrungswürdig bleiben wird) ist bey uns in Ansehung der Staatskunde das gewesen, was Cartesius in der Philosophie war. Er folgte den aufgeklärten Gründen des Montesquieu, und wandte sie so allgemein an, als es nur möglich war. Da sein durchdringender, scharfsinniger und empfindsamer Geist sie so auseinander gesetzt, hat er die Tyranney mit so häßlichen Farben abgemahlet, die Trüglichkeit der Beweise gezeiget, welcher man sich bey Gerichten bedienet, um die Wahrheit zu bestätigen; er hat die Nothwendigkeit bewiesen, die Strafe mit dem Verbrechen in ein richtiges Verhältnis zu setzen; mit einem Worte, er hat sich der großen und kostbaren Rechte der Menschheit angenommen.

Hier sehen Sie kürzlich, Herr General, die Geschichte unsrer Rechtsverfassung und unsrer Knechtschaft; Sehen Sie wie weit es mit unsrer peinlichen Gerichtsordnung kommen ist. Die Zeiten sind heute zu einer weisen Gesetzverbesserung so günstig, als die Zeiten der Barbarey, und der Unwissenheit der Abfassung eines Gesetzbuches zuwider waren. Die Weisheit die sich nun auch auf Throne gesetzet hat; der allgemeine Geist der brüderlichen Zuneigung und Wohlthätigkeit, der alle einzelne Glieder im Ganzen belebet; die vollkommne Kenntnis der menschlichen Pflichten, und der verschiednen Beziehungen derselben, auf vielerley Gegenstände, worinnen sich Menschen befinden; alles dieses scheinet uns eine gelindere, menschlichere, und vernünftigere Gesetzverfassung anzukündigen.

Wenn diese glückliche Epoche erscheinen wird (vielleicht werden weder Sie noch ich dieselbe erleben: so wahr ist es, daß die nützlichsten Einrichtungen nur in langen Zeiten zu stande kommen) so halte ich mich versichert, daß die neuen Gesetzgeber die seltsamen Mißbräuche abschaffen werden, die unser Schicksal bisher bestimmet hatten; daß sie ein genaues Verhältnis zwischen dem Verbrechen und der Strafe festsetzen, und mehr darauf bedacht seyn werden den Uebelthaten vorzubeugen, als den Missethäter zu bestrafen. Das ist, meinem Bedünken nach der Hauptpunkt, und der wichtigste Gegenstand einer weisen Gesetzgebung. Was hilft es, zum Beyspiel, den Zweykampf zu verbieten, und dagegen die Ehrlosigkeit zur Strafe zu setzen, so lange diese unsinnige Wuth den Beyfall eines Volkes hat; so lange man den für ehrlos hält, der einen Zweykampf ausschläget; so lange als derjenige der, indem er den Zweykampf ausschläget, zwar dem Gesetze ein Genüge thut, aber unter seinen Mitbürgern auf immer einen Schandfleck hat, von aller ehrlichen Gesellschaft ausgeschlossen, und mit allen Merkmalen der Verachtung angesehen wird? Warum bemühet man sich nicht vielmehr, diese närrische Denkungsart bey einem Volke auszurotten. Warum beleget das Gesetz, welches den Zweykämpfer ehrlos machet, denselben nicht mit einem öffentlichen Schandzeichen? Ich wollte wetten, daß wenn diejenigen, welche so rasend sind, ihre Rechtfertigung auf die Spitze des Degens zu setzen, angehalten würden, an des Henkers linker Seite durch die Stadt zu spazieren, und von ihm auf einem hohen Gerüste eines öffentlichen Platzes eine Maulschelle auszuhalten; so wollte ich sicherlich wetten, daß dergleichen öffentlich geschändete, von dem unbesonnenen Pöbel nicht mehr für Helden würden angesehen werden, dessen Ausspruch, ob schon eines dummen Pöbels, dennoch die Strenge der Richter, und den Eindruck der Strafe überwiegen wird. So lange aber, als man gestatten wird, daß der allgemeine Wahn mit den Gesetzen im Widerspruch stehet: so lange das Volk dieser, und die Obrigkeit einer andern Meynung zugethan seyn wird, so werden die Gesetze, so vortreflich sie auch sind, die vorgesetzte Absicht nicht erreichen; die Strenge wird immer Uebertreter zu bestrafen haben; die Gesetze aber werden nicht einen Menschen gebessert haben.

Ich schließe hiermit, Herr General, meinen langen Brief, über eine Materie, über welche meine Gedanken zu eröfnen, Sie mir durch ihre Fragen Anlaß gegeben haben. Ich habe blos mit aufrichtigem Herzen die Wahrheit gesucht, habe ich mich geirret, so ist doch so viel richtig, daß ich Sie nicht habe in Irrthum setzen wollen; es ist richtig, daß ich von mir das Urtheil von Ihnen höre, welches ein großer Minister vom Abt St. Pierre fällte: Er ist ein ganz guter Mann, aber läppisch.

Ich verdiene auch, daß Sie sich von mir versichert halten, daß ich einer von denen bin, die die gröste Hochachtung und Liebe für Sie hegen, und daß wenige von ihren Freunden seyn werden, die gleiche Ehrfurcht und Ergebenheit für Sie haben.

Nachricht

Nachricht an das Publicum, über die dem Calas und Sirven zugerechneten Mordthaten.

Zwey Anklagen wurden in einem Jahre in Frankreich angebracht, daß Eltern ihre Kinder, der Religion wegen umgebracht hätten, und zwey Familien wurden nach der Form Rechtens der Schwärmerey aufgeopfert.

Eben das Vorurtheil, welches den Calas zu Toulouse auf das Rad brachte, schleppte die ganze Familie Sirven, in einem Gerichtsbezirk eben derselben Provinz an den Galgen; und eben derselbe Vertheidiger der Freyheit, der berühmte Herr Elias von Bonion *) Parlaments-Advokat zu Paris, welcher den Calas vertheidiget hatte, hatte auch mit einer Schrift die von vielen Advokaten unterschrieben war, den Sirven zu vertheidigen; eine Schrift welche beweiset, daß das Urtheil gegen die Sirven noch ungereimter ist als der Ausspruch gegen den Calas.

Hier ist kürzlich die Geschichte: Die Erzählung kann den Fremden zum Unterricht dienen, welche des beredten Herrn Bonion Aufsatz nicht haben lesen können, und wird einen jeden überzeugen, daß es Richter und Minister giebt, die kein anderes Gesetzbuch haben, als das, welches ihnen der Geiz und die Unwissenheit, troz aller Gesetze, der Wachsamkeit des Regenten, und der Pflichten der Menschheit, eingeben.

Im Jahr 1761. zu einer Zeit, da die protestantische Familie Calas in Ketten lag, weil sie angeklagt worden, den

*) Er heißt eigentlich Beaumont und nicht Bonion, wie hier der Ital. Verfasser schreibt.

Mark Anton Calas ermordet zu haben, von dem man vorgab, daß er sich zur katholischen Religion habe wenden wollen, trug es sich zu, daß eine Tochter des Herrn Paul Sirven Commissar zu Terrico in der Landschaft Castres von ihrer Hofmeisterin dem Bischof von Castres vorgestellet wurde. Da der Bischof vernahm, daß dieses Frauenzimmer aus einer reformirten Familie war, ließ er sie zu Castres in eine Art eines Klosters einschließen, welches den Namen la maison des Regentes führet. Diese Jungfer wurde mit der größten Strenge zur katholischen Religion angeführet; sie konnte diesen Zwang nicht ertragen, sondern wurde verrückt: entlief aus dem Gefängnis, und stürzte sich nach einiger Zeit in einen Brunnen, mitten auf dem Felde, weit von ihres Vaters Hause, bey einem Dorfe mit Namen Mazamet. Der Dorfrichter urtheilt auf davon erhaltne Nachricht gleich also: Zu Toulouse wird man bald den Calas rädern, und seine Frau verbrennen, die ihren Sohn ohne Zweifel gehenket haben, damit er nicht in die Messe gehen sollte. Ich werde nicht unschicklich dem Beyspiel meiner Obern folgen, wenn ich es mit den Sirvens eben so mache, die ihre Tochter unfehlbar aus eben der Ursache ersäuft haben. Ich habe wohl freylich keinen Beweis, daß der Vater, die Mutter und die beyden Schwestern sie umgebracht haben; ich höre aber doch, daß man keinen größern Beweis gegen die Calas habe; also bin ich nicht gefährdet. Vielleicht möchte es für einen Dorfrichter zu viel seyn, rädern und verbrennen zu lassen, indessen halte ich es doch für ein gutes Werk eine ganze hugonottische Familie henken zu lassen. Meine Bemühungen werden mir aus ihren eingezognen

Gütern

Gütern schon vergolten werden. Zu mehrerer Sicherheit läßt dieser dumme Schwärmer den Leichnam von einem Arzt besichtigen, der eben so geschickt in der Arzneikunst als er in der Rechtswissenschaft war.

Der Arzt, erstaunt, den Magen des Frauenzimmers nicht voll Wasser zu finden, unwissend, daß es unmöglich, daß Wasser in einen Körper eindringe, aus welchem die Luft nicht heraus kann, machte den Schluß, die Jungfer wäre erst erschlagen, und hierauf in den Brunnen geworfen worden. Ein Andächtiger aus dem Dorfe sagte aus, daß alle protestantische Familien dieses zu thun gewohnt wären.

Endlich nach vielen eben so unrechtmäßigen Verfahren, als die Schlüsse unvernünftig waren, verordnete der Richter die Gefangennehmung des Vaters, der Mutter, und der beyden Schwestern der Verstorbnen.

Auf diese, dem Sirven mit Vorsicht ertheilte Nachricht, läßt er seine Freunde zusammen kommen. Sie sind alle von seiner Unschuld überzeugt, allein das den Calas widerfahrene Unglück, erfüllte die ganze Provinz mit Schrecken. Sie geben der Sirvenschen Familie den Rath, sich der schwärmerischen Raserey nicht auszusetzen: er rettet sich mit seiner Frau und beyden Töchtern durch die Flucht, bey einer sehr rauhen Jahreszeit. Diese unglückliche Gesellschaft ist genöthiget zu Fuße über mit Schnee bedeckte Berge zu wandern. Eine Tochter, welche seit einem Jahre verheirathet war, gebieret unterweges von Hülfe beraubt, auf Eis und Schnee. Sie muß so todtkrank den halblebenden Sohn auf ihren Armen tragen.

Die erste Zeitung, welche diese Familie bekommt, da sie an einem sichern Orte war, ist, daß der Vater und die Mutter zum Tode verdammt sind, die beyden Schwestern gleich schuldig auf immer verwiesen, ihr Vermögen verfallen, und daß für sie in der Welt nichts als Schande und Elend übrig ist. Wem es beliebt, kann dieses weitläuftiger, in der gerichtlichen Verhandlung des Herrn Bonion, nebst den vollständigen Beweisen der reinesten Unschuld, und der verabscheuungswürdigsten Ungerechtigkeit ersehen.

Die Vorsehung, welche erlaubt hat, daß die ersten Versuche, welche die Rechtfertigung des Calas der in Languedoc auf dem Rade gestorben ist, zu wege gebracht haben, aus dem inneren Gebürge, und den benachbarten Wüsten bis zu den Schweizern gelangeten; hat auch gewollt, daß die Rechtfertigung des Sirven aus dieser Einöde hervordrang. Die Söhne des Calas nahmen ihre Zuflucht dahin. Die Familie Sirven suchte zu gleicher Zeit ihre Freystätte daselbst. Mitleidige und würklich religiöse Leute, die das Vergnügen hatten, diese beyde unglückliche Familien zu unterstützen, und die ersten waren ihr Elend zu beherzigen, konnten damals noch keine Bittschreiben für die Sirven, so wie für die Calas anbringen; weil der peinliche Proces gegen die Sirven, viel langweiliger betrieben wurde, und längere Zeit dauerte. Und wie konnte eine vertriebene Familie, 400 Meilen von ihrem Vaterlande entfernt, das Ziel der Verfolgung und des Jammers, die nothwendigen Beweisurkunden zu ihrer Rechtfertigung herbeyschaffen? Was konnte ein bedrängter Vater, eine sterbende Gattin, welche auch würklich vor Betrübnis gestorben ist, zwey auf gleiche Weise als ihre Aeltern unglückliche Töchter denn thun? Sie hätten um die Abschrift ihres Processes gerichtlich müssen Ansuchung thun, die gewöhnlichen Formalitäten beobachten, deren Erfolg aber öfters kein anderer als die Unterdrückung des Unschuldigen und Armen ist. Ihre Anverwandten ließen es nicht im mindesten zu, ja sie wagten es nicht einmal an sie zu schreiben, so erschrocken und furchtsam waren sie. Alles, was dieser Familie in einem fremden Lande zu statten kommen konnte, war, daß sie in ihrem Vaterlande zur Todesstrafe waren verurtheilet worden. Die Schlauigkeit jenes Richters, der ihnen nachstellete, hatte tausend Schwierigkeiten ihnen in Weg geleget, um alle Gelegenheit zu vernichten, die ihnen nur den mindesten Beweis zu ihrem Vortheil hätte verschaffen können.

Wie kläglich ist es doch, daß man jemanden so leicht unterdrücken, und so schwer erretten kann? Haben denn für die Sirven nicht eben die Wege der Gerechtigkeit betreten werden können, die man für die Calas wählte? Die Calas waren ja von einem Parlament verurtheilet worden, und die Sirven nur von einem Unterrichter, dessen Ausspruch der Berufung auf eben dasselbe Parlament unterworfen war. Wir wollen hier nicht das geringste wiederholen, von demjenigen, was der beredte und großmüthige Herr Beaumont gesagt hat. Doch haben wir, in Betrachtung wie genau die Sache dieser beyden Unglücklichen mit der Wohlfarth des menschlichen Geschlechtes verknüpfet, geglaubet, daß eben diese Wohlfarth fordre, die Schwärmerey, welche solches verursacht hat, in ihrer Wurzel anzugreifen. Es betrift zwar nur zwey unbekannte Familien, aber wenn auch das allerverächtlichste Geschöpf an eben dieser Pest sterben muß, welche so lange Zeit die Erde verwüstet hat, so machet sie die ganze Welt, auf diese noch wütende Seuche aufmerksam. Jedermann muß auf seiner Hut seyn, und wenn er einen Arzt weis, die Mittel bey ihm suchen, welche diese allgemeine Pest von Grund aus vertreiben, aber nicht ausbreiten kann. Wir empfehlen den Regenten diesen nothwendigen Grundsatz, und ermahnen das Publikum, nicht aufzuhören, sich allezeit um den Schutz derselben zu bewerben.

Eine ungedruckte Nachricht, betreffend die Veranlassung zu der Abhandlung von den Verbrechen und Strafen.

Wenige Zeit nach der in Frankreich vorgefallnen gräßlichen Begebenheit mit der unglücklichen Calassischen Familie, schrieben die Encyclopädisten, die über diese Hinrichtung schauderten, nach Mailand an einen ihrer Freunde, daß dieses der Zeitpunkt wäre, wo man gegen die Härte der Strafen und der Unduldsamkeit, in gerechte Klagen ausbrechen müsse. Der, welcher die Bestellung hatte, gieng mit dem Schreiben des Secretairs der Encyclopädisten in der Hand, zu dem Herrn C. V., in dessen Behausung dazumal die gelehrte Gesellschaft gehalten wurde, die so lange Zeit in Italien unter dem Namen der Coffee-Gesellschaft bekannt gewesen, und machte seinen Auftrag bekannt. Er fand allgemeinen Beyfall, und der Brief wurde herumgeschickt. Der Herr Co. C. würklicher Präsident des höchsten Finanz- und Commerzien Rathes im Mailändischen; der Beschützer i. und alle Gelehrte, welche bey dieser Gesellschaft

schaft standen, beeiferten sich um die Wette, ihr Verlangen zur Ausführung dieses Vorschlages an Tag zu geben; am meisten aber zeichnete sich vor allen der Herr Marchese B. aus, und bot sich hierauf an, eine Abhandlung zu verfertigen, welche die Strenge zu mildern, die Wichtigkeit des Lebens eines Menschen zu beherzigen, und ein gerechtes Gleichgewicht zwischen der Strafe und der Beschaffenheit des Verbrechens an die Hand zu geben, vermögend wäre. Alle fielen und stimmten ihm bey, und die ganze Versammlung erbot sich, zu Verfertigung des Werkes, wenn es nöthig wäre, alle nur mögliche Beyträge zu liefern.

Und so kam es demnach zu stande, wurde als richtig und ordentlich abgefaßt, beurtheilet, und daher von ganz Mailand gerühmet. Der P. F. schickte es dem Herrn d' Alembert nach Paris, von welchem er zur Antwort erhielt, er hätte es nur flüchtig durchgelaufen, aber bey dem allen von großem Werth befunden. Es gieng hierauf bey vielen Philosophen durch die Hände, und alle hielten es für Pflicht ihm das gebührende Lob zu ertheilen, als einer Frucht, eines erhabnen und wohlthätigen Geistes, und ein ausnehmendes Muster eines Werkes und einer Einsicht, welche das Gefühl der Menschheit, der Beredsamkeit auszuführen eingegeben hatte.

Es fand sich hierauf jemand, der den Vorschlag that, es aus dem Italiänischen zu übersetzen, und man gestand, daß die Uebersetzung der Urschrift völlig entspräche. Dieselbe trat auch ans Licht, und der Name des vornehmen Verfassers wurde von ganz Frankreich mit Ruhm gekrönt. So gar hat ihm Mercier in seinen philosophischen

schen Träumen sein Lob nicht versagt, vielmehr bezeigte er seine Verwunderung, daß diese zärtliche und erhabne Stimme, aus dem inneren Italien sich hören ließe. Es fehlte nicht an finstern und übelgesinnten Köpfen, die den Grundsätzen des Werkes, aus übel angemaßten Lehren widerstritten. Ein schwärmerischer Mönch, schmierte eine ungereimte und schimpfliche Beurtheilung zusammen; welchem ein Ungenannter, mit vielem Witz und Scharfsinn antwortete. Voltaire erhob es in seinen Anmerkungen darüber, bis an die Sterne; und die Gesellschaft in Bern, beschloß ihm die Belohnung zu geben, welche sie sonst der besten Abhandlung über eine Aufgabe zu bewilligen pfleget; und machte in Ansehung dieses Werkes, und der Gespräche des Phocions nur allein die Ausnahme, welche sie rechtmäßig verdienten.

Die Begebenheit der Sirven erfolgte nach der Calassischen, die ganze Nation kam darüber in Bewegung, und das Buch des Hr. B. wurde als eine hieher sich schickende Vertheidigung dieser unglücklichen Schlachtopfer angesehen. Eine so erhabne Abhandlung, kann mit allem Recht die ruhmwürdige Aufnahme, die sie bey so vielen Völkern erhalten, ihrem alleinigen Werth zuschreiben. Sie kann mit der größten Billigkeit sich den Titel, einer vollständigen Ausfüllung des Buches, der Geist der Gesetze, sich anmaßen.

www.ingramcontent.com/pod-product-compliance
Lightning Source LLC
Chambersburg PA
CBHW021127270326
41929CB00009B/1080

9783744702713